GAOSU GONGLU JIANSHE XIANGMU DONGTAI GUANLI LILUN YU SHIJIAN

高速公路建设项目动态管理理论与实践

王洪涛　等　编著

人民交通出版社股份有限公司
China Communications Press Co.,Ltd.

内 容 提 要

本书结合浙江省交通投资集团有限公司的高速公路建设管理经验，首先介绍了高速公路建设项目动态管理系统的构建，包括系统建设背景、构建目标、总体方案设计、关键实现技术等内容，然后重点介绍了工程投资管理、工程合同管理、工程设计及变更管理、征地拆迁管理、项目进度管理、工程计量支付管理、项目质量管理、项目安全管理和内部综合管理等若干子系统的功能规划、实现等内容。

本书可供公路建设项目投资人、建设管理人员、工程设计人员、施工技术人员使用，也可作为相关专业大专院校师生的参考用书。

图书在版编目(CIP)数据

高速公路建设项目动态管理理论与实践 / 王洪涛等编著. — 北京 ：人民交通出版社股份有限公司，2014.6

ISBN 978-7-114-11482-3

Ⅰ. ①高… Ⅱ. ①王… Ⅲ. ①高速公路—基本建设项目—动态管理—研究 Ⅳ. ①U412.36

中国版本图书馆 CIP 数据核字(2014)第 129158 号

书　　名：**高速公路建设项目动态管理理论与实践**
著 作 者：王洪涛　等
责任编辑：李　洁
出版发行：人民交通出版社股份有限公司
地　　址：(100011)北京市朝阳区安定门外外馆斜街 3 号
网　　址：http://www.ccpress.com.cn
销售电话：(010)59757973
总 经 销：人民交通出版社股份有限公司发行部
经　　销：各地新华书店
印　　刷：北京市密东印刷有限公司
开　　本：787×1092　1/16
印　　张：11.75
字　　数：278 千
版　　次：2014 年 6 月　第 1 版
印　　次：2015 年 1 月　第 2 次印刷
书　　号：ISBN 978-7-114-11482-3
定　　价：65.00 元

前　言

高速公路作为国民经济的基础设施项目，对国民经济的持续健康增长起着重要的推动作用。然而，由于高速公路建设项目的参建单位较多、建设周期长、投资巨大、技术复杂、交通状况复杂、管理成本高，使得高速公路建设项目管理成为一个复杂的系统工程。如何利用现代化、信息化的管理手段，创新管理思路、提高管理效率、降低管理成本，实现对高速公路项目建设全过程实时动态管理，是摆在各级高速公路建设项目管理者面前的重要课题。

随着国民经济的迅猛发展，我国各级重点建设项目中的廉政问题十分突出，近年来工程建设领域贪腐状况不容乐观。由于工程建设行业包括规划、审批、招投标、施工、采购、质量控制、工程监理、验收评估等多个环节，每一个环节都会产生权力影响，一个项目的提出到完工，权力影响"如影随形"，这种制度安排带来了高效率和高保障，但同时给权力寻租带来了空间，如果没有完善的监督管理机制，腐败的产生是难以避免的。工程建设领域的防腐需要制度的保障。

在浙江省新一轮的高速公路建设中，浙江省交通投资集团作为主力军，承担了云(和)景(宁)高速公路、龙(泉)庆(元)高速公路、杭新景高速公路(衢州段)、杭金衢高速公路改扩建、龙(泉)浦(城)高速公路、乐清湾大桥及接线、临(安)金(华)高速公路等已开工和即将开工项目的投资任务，建设里程超过440km，投资额将超过500亿元，工程规模和投资金额非常大，建设安全、资金安全、干部安全的风险也同步放大。

为了强化建设管理、优化建设环境、提升资金监管水平，根据浙江省的实际情况，浙江省交通投资集团项目实行了"以高速公路板块为依托，以集团资源为支撑，以政府政策环境为保障"的区域专业化建设管理模式。在这样的建设管理机制下，必须解决好长期困扰高速公路建设的廉政问题和项目管理的品质问题，特别是要在招投标、设计变更、征地拆迁等资金和审批环节，通过对高速公路建设管理的制度进行深化改革，使制度执行流程化、执行过程公开化，避免制度执行中的人为操作，将权力运作公开于社会监督之下，以有效消除暗箱操作和腐败滋生。从2010年5月开始，浙江省交通投资集团开始启动"阳光工程"创建工作，开发了高速公路建设项目动态管理系统，并先行在龙庆高速公路项目进行试点。

浙江省交通投资集团推广的高速公路建设项目动态管理系统，以高速公路工程建设为主线，构建了工程投资控制管理、工程合同管理、工程设计及变更管理、征地拆迁管理、项目进度管理、工程计量支付管理、项目质量管理、项目安全管理、建设指挥部内部综合管理等子系统，实现了对工程项目建设全过程的信息化管理。动态管理系统集合建设项目各项管理功能模块，统一权限分配，信息为多模块共享，各参建单位同在一个信息平台上开展管理工作，大幅度提高了项目管理水平。通过动态管理系统，加快了工程项目各种管理流程的流转速度，缩短了管理各方操作流转的时空距离。

浙江省交通投资集团高速公路建设“阳光工程”以运行过程公开化、建设管理规范化、项目管理信息化为主要要求，以建设管理过程中的主动公开、明确责任、强化监督为抓手，接受社会公众、行业部门和项目内部的全方位监督，促使建设项目通过“一控三监督一保证”(控制投资，监督进度、质量、安全，保证廉政建设)，实现了高速公路建设项目管理高效廉洁、运作科学规范、施工安全文明、质量优质耐久。动态管理系统及“阳光工程”平台，把现代管理科学中的风险管理理论方法应用于反腐倡廉工作实际，发挥了廉洁文化引领作用，落实了廉洁从业制度建设，强化推进了信息系统的防腐应用，全力构筑了预防腐败的立体“防护网”。

高速公路建设项目动态管理系统及“阳光工程”项目已成为浙江乃至全国高速公路项目建设公开化、信息化以及制度化的典范，对交通行业的健康持续发展做出了有益的探索与实践。《中国交通报》曾多次做过专题报道，正如交通运输部原纪检组组长杨利民 2011 年 5 月 31 日在《中国交通报》上所说的那样：“浙江省交通投资集团‘十二公开’打造高速公路阳光工程效果很好。龙庆高速公路项目针对容易发生问题的薄弱环节，把管理内容信息化、管理流程公开化，积极实践探索出了阳光下的‘十二公开’，严防权力寻租，使‘软肋’硬了起来，实现了源头治理，反腐增效。”

本书由王洪涛任主编，王伟力、詹元、程义任副主编，参与编写人员还有杨献文、郑文斌、蒋天颖、胡风顺、谢洪波、房根发、金孔月、丛海彬、周廉东等。

本书在编著过程中，参考和引用了部分著作及文献资料，在此对其著作者表示谢意。限于作者水平，书中疏漏之处在所难免，恳请使用本书的单位或个人提出宝贵意见。

作　者

2014 年 5 月

目　录

第一章 绪 论

高速公路作为现代交通的骄子，不但是速度和效率的代表，而且已成为综合国力的象征，成为衡量国民经济现代化的重要标志之一。然而，因为其自身建设的特殊性，使得高速公路建设项目管理成为一个复杂的工程。工程项目管理是管理学科发展起来的新领域，它不仅融入了现代社会中各种项目的一般管理理论和方法，而且充分考虑了工程项目的特殊性。可以说，工程项目管理的理论和方法可以适用于现代社会中各种项目的管理，包括高速公路建设项目管理。本章简要介绍了高速公路建设项目管理的基本概念和发展现状，阐述了国内外高速公路建设项目管理的先进经验和做法。

第一节 高速公路建设项目管理概述

一、高速公路建设项目管理基本概念

1. 项目

我们可以把有组织的活动分为两种类型：一类是连续不断的、周而复始的活动，称为日常活动；另一类是独特的、一次性的活动，称之为项目。

项目是一个侧重于过程的动态概念，例如我们可以把一条高速公路的建设过程视为项目，但不可以把高速公路本身称为项目。除此之外，安排一个演出活动，开发和介绍一种新产品，策划一场婚礼，设计和实施一个计算机系统，进行工厂的现代化改造，主持一次会议等等这些在日常生活中经常可以遇到的一些事情都可以称为项目。

站在不同的角度，对项目含义的理解也不尽相同。比如美国的项目管理协会 PMI 认为，项目是“为创造特定产品或服务的一项有时限的任务”；美国通用公司则认为，项目是“在一段特定的时间内完成一个特定的目标的活动”等。尽管不同的组织和学者对项目的定义有所不同，却都在一定程度上揭示了项目的本质和共性，如有明确的起止时间，有预定目标，都要为目标而付出努力，都是临时的、一次性的独特活动。

概括来讲，项目是一件事情、一项独一无二的任务，也可以理解为是在一定的时间和一定的预算内所要达到的预期目的。它可以是一个组织中各个层次的任务或努力，可以涉及一个人，也可以涉及数万人。有些项目只用很少的时间就可完成，而有的项目则需要成千上万的工时才能完成。

2. 工程项目

工程项目，又称建设工程项目或狭义的建筑工程项目，是以建筑物或构筑物为标的、有起止时间且相互关联的活动组成的特定过程，是最为常见、最为典型的项目类型。在工程项目的

建设过程中，要达到的最终目标应符合预定的使用要求，并应满足标准要求的质量、工期、造价和资源等约束条件。

其中，建筑物即房屋建筑物，它占用建筑面积和体积，满足人们的生产、居住、文化、活动等社会需求；构筑物是指通过建设劳动而得到的公路、铁路、电站和线路、水塔等土木产出物。而相互关联的活动则包括了施工活动、生产活动、经济活动和管理活动等，是社会化大生产所需要的广义的人类集体活动。有起止时间表明了工程项目的开工时间以及竣工时间，突出了工程项目是一次性的。特定的过程表明了工程项目实施的特殊性。

工程项目是投资项目中最为重要的一类，是一种投资行为和建设行为相结合的投资项目。一般来讲，投资和建设是分不开的，投资是建设的起点，没有投资就不能进行建设；反过来，没有建设行为，投资的目的就不可能实现。建设过程实际上是投资的决策和实施过程，是投资目的的实现过程，是把投入的货币转换为实物资产的经济活动过程。

从管理角度看，一个工程项目应是在一个总体设计及总概算范围内，由一个或若干个互有联系的单项工程组成的，建设中实行统一核算、统一管理的投资建设工程。

3. 项目管理

有项目，就有项目管理。西方人提出，人类最早的项目管理是中国的长城和埃及的金字塔，当时人们完成项目的主要想法是完成任务，这就是潜意识的项目管理。

项目管理，顾名思义就是对项目进行的管理，这是一门新兴的管理科学，是现代工程技术、管理理论和项目建设实施相结合的产物。项目管理经历了从传统阶段、近代阶段到现代阶段的发展，甚至已经从国防建设和建筑领域扩展到制造业、信息业、农业、医疗以及政府管理等各行业。通过项目管理，能够大大提高项目质量，缩短建设周期，节约建设资金。

许多组织和学者给项目管理下过精辟的定义，比如美国项目管理协会认为，项目管理是“为了满足甚至超越项目涉及人员对项目的需要和期望，而将理论知识、技能、工具和技巧应用到项目的活动中去”；白思俊认为，项目管理就是“以项目为对象的系统管理方法，通过临时的柔性组织，对项目进行高效率的计划、组织、领导以及控制，从而实现对该项目的协调与优化”；毕星、翟丽认为，项目管理是“项目经理和项目组织共同努力，运用理论和方法对项目进行计划、组织、领导以及控制，使得实现项目的特定目标”。

综上可见，项目管理是指项目的管理者在有限的资源约束下，通过项目经理和项目组织的合作，运用系统的观点、理论和方法，对项目涉及的全部工作进行有效的管理。而一定的约束条件是制定项目目标的依据，也是对项目控制的依据。项目管理的目的就是保证项目目标的实现。项目管理的对象是项目，由于项目具有单件性和一次性的特点，要求项目管理具有针对性、系统性、程序性和科学性。只有用系统的观点、理论和方法对项目进行管理，才能保证项目的顺利完成。

4. 工程项目管理

工程项目管理是项目管理的一个重要分支，它的对象是工程项目，管理的概念在道理上同其他管理是相通的。但是，许多不同的协会对工程项目管理有着更合乎自身的见解。英国皇家特许建造师学会认为，工程项目管理是“对一个项目从开始到结束，进行全过程的规划、协调和控制，其目的是为了满足业主的要求，在功能合格和资金有限的条件下完成一个项目。具体地说即完成其具体目标、投资目标和质量目标”;国际咨询工程师联合会认为,工程项目管理是“在一个统一的负责领导下,对一个多专业组成的小组动员,以在达到业主所要求的进度、质量和费用的目标内,完成项目”。

故此而言,工程项目管理是指通过一定的组织形式,用系统工程的观点、理论和方法对工程建设项目生命周期内的所有工作,包括项目建议书、可行性研究、项目决策、设计、设备询价、施工、签证、验收等系统过程进行计划、组织、指挥、协调和控制,以达到保证工程质量、缩短工期、提高投资效益的目的。由此可见,工程项目管理是以工程项目目标控制(质量控制、进度控制和投资控制)为核心的管理活动。

其中,工程项目的质量、进度和投资三大目标是一个相互关联的整体,三大目标之间既存在矛盾的方面,又存在统一的方面。进行工程项目管理,必须充分考虑工程项目三大目标之间的对立统一关系,统筹兼顾,合理确定三大目标,防止发生盲目追求单一目标而冲击或干扰其他目标的现象。

5.工程项目信息化管理

信息化管理是指以信息化带动工业化,实现企业管理现代化的过程,它是将现代信息技术与先进的管理理念相融合,转变企业生产方式、经营方式、业务流程、传统管理方式和组织方式,重新整合企业内外部资源,提高企业效率和效益、增强企业竞争力的过程。

故而,工程项目信息化管理是指在工程项目规划、招投标、预算、计划、合同、进度、竣工结算等过程中充分利用现代信息技术和信息资源对工程项目进行管理,逐步提高工程项目集约化经营管理程度,使信息对工程项目的贡献达到较高水平的过程。但是,它并不是简单地用IT工具来实现已经陈旧的管理逻辑,不要期望将某种解决方案、ERP等系统套用在传统的管理模式之上就会产生某种神奇的功效。当信息系统与现行的管理制度、组织行为发生剧烈冲击和碰撞时,当需要真正的创新发生在现有的管理层面时,信息系统往往无法提供更多的帮助,而需要的是通过信息化带动工程项目管理的创新,将信息技术融入到新的工程项目管理模式和方法中。

在管理的过程中,应根据工程项目信息的特点,有计划地组织信息沟通,以保证能及时、准确地获得管理者所需要的信息,达到能正确做出决策的目的。

工程项目信息化管理属于基建企业或施工企业信息化范畴,主要包括网络建设以及应用软件的开发与购买这两部分内容,是国家信息化的基础,是国家信息化的重要组成部分。它的根本作用在于通过系统管理工程项目中的各类信息,为各级管理人员及决策者提供帮助。信息的可靠性、广泛性更高,使业主能对该工程项目的管理目标进行较好地控制,较好地协调各方的关系。

二、我国高速公路建设项目管理发展现状

1.我国高速公路建设的发展历程

自20世纪30年代在德国出现以来,高速公路已经走过了半个多世纪的历程,世界上已经建成17万多公里高速公路,在美国、日本等发达国家,高速公路已成为承载运输的主通道。各国不但视发展高速公路为解决交通运输供求矛盾的一种途径,同时也将其作为加强国土整治、

促进经济发展、提高国际竞争力的一种重要手段。而20世纪80年代中期，对许多中国人来说，高速公路还仅仅是西方发达国家的一种标记，它在20世纪80年代出版的中国公路交通图中仍是空白。

正是因为对高速公路重要性的认识，正是因为对国力强盛的渴望，1988年10月31日，我国境内第一条高速公路——沪嘉(上海至嘉定)高速公路建成通车，从此，它为我国在世界公路建设史上掀开了崭新的一页。此后，我国高速公路建设呈加速之势，年增长幅度之大在世界公路建设史上是罕见的：1988年我国境内高速公路取得零的突破；1990年我国高速公路发展到522km；1995年我国高速公路达到2141km；1997年末达到4771km；1998年末达到8733km，居世界第六；2000年末，达到1.6万km；2013年底，我国高速公路总里程达到10.4万km。

20世纪90年代初之前，中国在国家几乎没有财政投入的情况下，实现了公路建设的快速发展，在政策与制度的探索中，逐渐摸索出一套适合自己的项目管理模式。1993年，我国第一条利用世界银行贷款修建的跨省市高速公路——京津塘高速公路建成。也是在这一年，高速公路建设引入了股份制模式，广东佛开高速公路股份有限公司、浙江台州高速公路股份有限公司相继成立。1996年，广东省高速公路发展股份有限公司发行股票，成为国内首家高速公路产业上市公司，被境外传媒誉为“高速公路第一股”，这标志着我国开始利用资本市场筹集高速公路建设资金。1998年以来，党中央、国务院实施积极的财政政策，用经济手段引导基础设施建设，公路建设获得了前所未有的资金投入。

目前，我国已经形成了接近国际先进标准的高速公路建设的成套技术，包括：公路规划与勘测设计新技术、公路路基路面修筑关键技术、高效路面施工机械、大跨径桥梁设计施工技术、高速公路运营管理技术、路桥检测评价与管理技术等。

2. 我国高速公路建设项目管理的现状

从1988年我国境内第一条高速公路——沪嘉高速公路通车以来，我国高速公路发展突飞猛进。国务院新闻办于2013年6月20日在京召开《国家公路网规划(2013—2030年)》新闻发布会，国家发展和改革委员会基础产业司司长黄民披露，我国的高速公路里程已达9.6万km，其中国家高速公路约7万km，在全球范围内位居前列。全国高速公路网的“五纵七横”主骨架也已基本形成。在“十二五”期间我国将加快省际连接线的建设，在2015年基本建成国家高速公路网。

当前，我国的高速公路建设正处于高速发展时期，其投资规模和数量的增加对项目管理提出了规范化、自动化和实时化的要求。同时，高速公路建设项目特有的个性特点，也对政府主管部门、业主、指挥部、监理和承包商等项目参与单位提出了高效协同管理的要求。

经过多年的发展和实践，我国不断研究和探索高速公路管理方面的体制建设，力图建立一整套先进的、科学的管理和监督体系，以提高建设工程管理水平。交通运输部组织课题组撰写了关于《我国高速公路管理研究》的调研报告，对我国现行的高速公路管理体制进行了总结比较，对存在的问题进行了深入分析，并提出了一些具有意义的指导意见。例如，实现高速公路的统一规划、统一建设、统贷统还、统一管理；将高速公路管理的各项工作按照政、事、企分开归口管理，实现规划、审批、执法由政府负责，建设过程监督、收费运营监督由公路管理部门负责，筹资、建设、养护、运营由特许经营的企业负责。

此外，中央政府和各级政府开展了高速公路建设工程管理改革，实行法人负责制、招投标制、工程监理制和合同管理制。具体主要包括以下几个方面：

(1)认真执行项目法人负责制，由项目法定责任人对建设项目，对工程建设的各项法律、法规和技术标准担负法律责任，特别是工程质量总负责。项目法定责任人必须具备相应的政治素养、业务素质和组织能力，具备项目建设系统管理工作的实际经验，能掌握和运用合同管理建设项目。

(2)实行项目建设招投标制度，体现公平、公正和择优、诚信的原则，提高投资效益和工程质量，防止工程建设出现腐败问题。

(3)实行工程监理制。工程监理监督施工单位严格按照设计和技术规范施工，防止出现工程质量问题。

(4)严格执行合同管理制。通过合同管理制度的维护，保障合同双方的正当权益，通过法定契约形式明确责任人，从而保证建设工程质量。

同时，我国还通过行政手段和法律手段加强对高速公路建设工程质量的管理，建立政府主管部门和地区的监督检查机制。

3.高速公路建设项目管理面临的问题

高速公路建设项目管理是一项复杂的系统工程，需要一套综合性的软件系统进行全面管理监控。

(1)高速公路建设项目管理系统应该具备数据库的功能，应该能够全面便捷地提供有关项目建设的相关数据查询和分析。高速公路建设项目在管理过程中存在大量的具有相互联系的数据资源，如果系统单独运行开发，必然会增加各个系统间数据查询和统计的难度，不利于提高项目管理的效率。然而，目前有关高速公路建设管理方面的软件系统基本上是独立运行的，各系统间很难实现数据共享支持和集成一体化开发，因此无法实现跨平台操作。

(2)高速公路建设项目是一个系统工程，具有项目路线长、点多面广、技术复杂、参建单位多等方面的问题，如何通过科学的运行机制和管理系统来推动高速公路建设成为当务之急。为了提高高速公路建设项目管理系统的可扩展性、可复用性、可维护性，提高系统开发的经济效益，满足用户各方面的需求，以及实现数据间相互支持和共享，更好地促进高速公路建设的管理水平，研究一套合理、稳定、高效的高速公路建设系统软件至关重要，同时也是一项刻不容缓的工程。

第二节 国内外高速公路建设项目管理比较及借鉴

一、国内高速公路建设项目管理先进经验和做法

1.江苏

从分散到统一和企业化管理的江苏实践：江苏省高速公路建设项目采取“省领导小组决策、省高指监管、公司筹资、市高指建设”的管理模式，从而逐渐形成了“投资、建设、运营、管理”

四分开的格局。全省高速公路管理资源重组后，成立了江苏交通控股有限公司(公司属于省属国有企业，由省国资委统一管理，以下简称江苏控股)，负责筹资和经营管理。江苏省交通工程建设局(为江苏省交通运输厅管理的副厅级事业单位，在原江苏省高速公路建设指挥部基础上组建)，负责高速公路的建设管理。省交通运输厅负责高速公路建设的质量监管和验收，对经营管理行为进行监管。省公路局成立高速公路路政总队，行使路政管理职能。

江苏模式最突出的优势在于，政府主导下的内部专业化分工，统一领导，各司其职，有效地提高了公路建设管理效率。但其主要存在三大问题：一是高指模式是传统的建管模式，无法实现执行和监管职能的分离，建设与运营管理割裂脱节；二是企业经济利益最大化与高速公路社会公益性之间存在的矛盾明显；三是高速公路集团公司基本上与省交通运输厅处在同一行政序列中，交通行业管理缺乏手段，必要的行业监管无法实施。

2. 辽宁

以事业方式统筹高速公路管理的辽宁实践：辽宁省高速公路建设项目管理坚持“统一规划、统一建设、统贷统还、统一管理”的“四统一”原则。省交通厅负责高速公路项目的前期工作和资金筹集及借款偿还，实行“统收统支、统贷统还”。省高等级公路建设局是省交通厅的下属事业单位，作为省交通厅授权的项目法人单位，对项目的工程设计、施工、质量、进度、资金运作进行管理。省高速公路管理局是省交通厅的下属事业单位，负责全省高速公路的收费、运营和管理工作。

辽宁模式的优势：一是资金有保证，使全省高速公路网规划得以顺利实施；二是实行收费还贷体制，免缴有关税费，有利于增加全省高速公路的还贷资金；三是实行统贷统还，有利于平衡冷线与热线，统筹了高速公路的协调发展；四是全省统一的管理模式，避免管理主体多元化，有利于行业管理政策、标准的贯彻落实。辽宁模式存在的弊端：一是省交通厅作为融资主体，与有关现行法规和政策要求不相一致；二是全省高速公路实行统贷统还，在一定程度上影响了社会资金更广泛的利用；三是事业型的管理模式，在管理职责上存在政事不分、自我监督的现象，管理效率偏低。

3. 四川

从分散到部分集中和准企业化管理的四川实践：四川省高速公路建设开发总公司(以下简称川高公司)负责全省高速公路的融资、建设、经营和资产以及日常养护管理等职能。成都市的高速公路，由市交通局单独建设和管理。

四川模式的特点在于，川高公司是省交通运输厅下属的企业(职能类似于辽宁省的高等级公路建设局加高速公路管理局)，又承担了某些行政管理职能，如建设监管、路政管理等等。该模式将事业型高速公路管理机构进行企业化改造，一定程度上有利于行业管理的实施，保证管理的统一，降低管理的成本。但四川模式的问题也显而易见：一是川高公司集融资、建设、养护、管理多种职能于一身，还承担了部分行政管理职能，政企不分；二是由于川高公司与路公司之间既非资本纽带也无行政关系，对各路公司缺乏有效监管，实行统贷但无法保证统还。

4. 河北

以“十公开”制度进行高速公路项目建设管理的河北实践：从 2005 年 8 月开始，河北省交通运输厅在全省高速公路建设领域试水“十公开”制度，包括招投标、征地拆迁、施工过程管理、设计变更、资金使用等基本内容,“屏蔽”暗箱操作,让权力在阳光下运行。“以公开广纳监督,以监督促进廉政,以廉政构建和谐,以和谐推进建设” 的公开管理模式,为高速公路建设项目管理创造了良好的内部环境。2010 年 4 月河北省交通运输厅出台《河北省高速公路养护项目“十公开”实施方案(试行)》,把高速公路建设“十公开”制度延伸到了高速公路养护项目。高速公路养护项目“十公开”制度明确要求,全省高速公路建设养护项目从编制规划、可研报告审查、招标过程、施工现场交通组织、施工过程管理、设计变更管理到质量监督、资金使用、竣(交)工验收以及从业信息十个方面,都必须实施阳光操作、透明运行。

河北模式最引人注目之处,即在高速公路建设项目管理过程中推行“十公开”制度,保障高速公路建设项目的阳光化。按照“政策透明、制度公开、要求明确、管理有效、监督到位”的总体思路,经过几年实践,河北省交通运输厅在实践中不断探索、不断完善,特别是将“十公开”制度逐步形成长效机制,并采取一系列保障措施,使得“十公开”制度的生命力日益凸显,已对各省市工程项目,特别是交通领域其他工程项目及基础设施建设,起到非常大的借鉴和推广作用。实践证明,“十公开”制度在遏制工程建设领域腐败问题上发挥了积极有效的作用。

5. 福建

采取“全省统筹、垂直管理”进行高速公路建设项目管理的福建实践:福建省高速公路现行的建设管理体制是“省市共建、建设以地市为主、运营全省统一”。该体制有利于调动各方的积极性,形成合力,分清责任,加快推进高速公路建设。

福建省全省的高速公路建设与运营均在省一级行业主管部门的直接领导下展开,分工明确又形成合力。其中,省交通运输厅为行业主管部门;省高速公路公司(由省交通运输厅副厅长兼任董事长)为全省高速公路的投资主体;省高速公路建设总指挥部(由省交通运输厅副厅长兼任总指挥)作为省高速公路建设领导小组的办事机构,赋有行政职能,与省高速公路公司合署办公,负责督促、检查、协调、指导全省高速公路的建设和运营。项目建设期内,无论省、市级投资主体的投资股比多少,均由各市担任项目业主,负责并组织实施项目工程建设。高速公路建成后无论省、市所占股比多少,无论采取何种投资模式,均由省高速公路公司统一负责运营管理,党政工团由省高速公路公司垂直管理。

按该建设、运营管理体制,一方面,既能充分调动地方政府建设高速公路的积极性,发挥地方政府在高速公路建设中的主体作用,又形成了省市上下共同监督管理的局面,大大推动了工程的顺利进展,有效加强了质量控制,促进了廉政建设。另一方面,既可有效落实省高指(省高速公路公司)的行政管理职能,加强对全省高速公路路网规划建设的管理,实现全省“一盘棋”,使全省高速公路得到统筹协调发展;也有助于解决征迁、民事协调等工程建设“瓶颈”制约问题。同时,也实现了高速公路建设与运营管理的有机衔接,提高了高速公路运营效益。

此外,福建省也积极探索适合新时期高速公路管理的一些新机制,采取多种建设模式,比如“施工总承包+顾问公司”模式,突出业主管理协调服务职能,发挥施工总承包单位的集团优势;“部分项目包干”模式,加快进度,优化设计,节约投资;“政府引导+社会投资”模式,激活建设市场,等等。从而推动市场诚信体系、推行“无障碍施工”。

6. 广东

借加快推进高速公路建设步伐的契机,全面推行高速公路建设“双标管理”(即:标准化管理、标杆管理)的广东实践:在项目建设过程中实现“项目管理制度化、工程管理标准化、质量管理精细化、安全生产规范化、廉政建设系统化”。

通过项目部、劳务人员驻地建设的标准化管理,改善施工人员的工作、生活环境,使施工人员具有归属感,有效地提高工人的责任感和工作效率。通过对混凝土拌和站、梁板预制场、钢筋加工场“三集中”制度标准化管理,从源头把好工程质量的工艺关。通过人员管理标准化培训制度的实施,稳定施工劳务人员,保证劳务人员的专业素质,有效促进工程质量。通过实施路基、桥梁、隧道等实体工程施工标准化管理,加强对施工方案、材料、设备、工艺的控制,规范施工工序,有效提高实体工程质量。

7. 浙江

作为沿海地区发展较快的省份之一,浙江省是全国较早开始探索高速公路市场化投资建设途径的省份之一,浙江省高速公路的快速发展,得益于探索出了一条适合当时国情省情的高速公路发展之路。特别是由于公路建设投融资体制的改革,建设资金由单一交通规费向多种投融资渠道发展,投资主体从单一政府交通部门逐步向多元投资主体过渡,投资实施从行政性手段逐步向市场化转变,在一定历史阶段有效解决了财政资金匮乏的难题,形成了以经营性高速公路为运作主体的发展机制。

浙江省高速公路建设投资资金来源的多元化,导致高速公路建设出现了多种管理模式,省政府组建指挥部模式因1999年省高速公路建设指挥部与省交通运输厅合署后不复存在,现行主要建设模式有三种,分别是项目公司与地方政府指挥部联合建设管理(或联合组建指挥部)、项目公司委托代建公司建设管理和项目公司自行建设管理三种模式。几种模式的共同特点是均有沿线地方政府参与组建项目指挥部,有利于通过发挥政府协调的行政优势,调动一切积极因素做好项目前期工作。但同时,也存在几方面的缺陷:一是在项目公司与地方政府联合建设管理及委托代建公司建设管理这两种模式下,项目业主的积极性、主动性没有得到充分发挥,项目业主负责制没有完全落实;二是项目业主和代建管理单位基本上是在工程开工建设前组建,业主项目管理能力和代建单位专业化水平不高;三是一个项目组建一个管理班子,对建设管理人才队伍长远培养不利,特别是缺乏对组织实施重大项目骨干队伍培养的通盘考虑。

二、国外高速公路建设项目管理先进经验和做法

1. 日本高速公路建设项目管理

日本自1957年开始修建高速公路,目前里程已近7000km。日本在智能交通系统(ITS)方面处于世界领先地位,其管理模式经历了四十多年的实践,得到不断的调整、完善、充实,很好地促进了高速公路事业的发展。

日本高速公路资产属建设省所有,管理工作则由道路公团直接参与,公司领导由建设大臣任命。行政上实行三级制,即公团中有总部、下设若干管理局,管理局再下设管理事务所和营业所。整个管理模式属矩阵式管理模式,纵向由政府集中统一行政管理职能;横向经营职能,如收费、小修保养、大中修、新建、改建、道路检查、交通管理等具体业务则委托或外包专业性公司负责。

日本高速公路建设管理的主要特点如下:

(1)法制完善。日本政府自1952年起就陆续颁布了《道路法》、《道路交通法》、《交通安全对策基本法》、《道路公团法》等政策法规,使高速公路管理有法可依,依法治路。

(2)集中统一行政职能,具体业务实行公司化运作,符合市场运行规律,使资源配置达到最优组合。

(3)管理机构的设立先于项目建设,使得公团、处、所三级管理体系目标明确,着眼于长远,建设、管理不脱节,责任无法推卸。

(4)道路公团、普察、消防、医疗机构、协会及其他专业性公司分工协作。日本高速公路建设管理已由封闭式、被动式的单一管理走向开放式、主动式的成熟管理,由社会进行监督,全民参与管理。

日本高速公路建设属于“政府控制下的市场运作”,即由国家调控指导,资本方投资建设、收费,在市场机制下由国家特许经营公司建设、管理高速公路,这在汽车工业发达、交通量大、预期收益高的日本,资本回收周期短,所以投资方愿意主动投资,使高速公路建设形成了良性循环,发展迅猛。此外,他们采取“以人为本”的管理模式,使高速公路公司员工人人都成为资本方“老板”,没有剥削与被剥削的关系,资本淹没在汪洋大海之中,真正意义上调动了员工的工作热情。这种管理模式加之充裕的资金及高度发达的汽车工业,三者完美结合,为日本高速公路的快速发展奠定了坚实的基础。

按照日本《道路法》的规定,道路管理机构被赋予广泛的“道路管理权”,其目的是确保道路的安全和畅通。其管理权一般包括:路线确定、路线变更、建设、重建、养护、维修、禁止通行、道路占用许可等。各级道路管理机构的职责划分总体是:高速公路由国土交通省管理;一般国道的指定部分由国土交通省管理,未指定部分由县管理;县道由县管理;市以下公路由市、町、村管理。根据《道路法》和相关法规,上述“道路管理权”也可以委托有关单位执行,由受托单位承担道路管理机构的职能,多见于收费公路。最典型的就是“日本道路公团”,其管理原属国土交通省的高速公路的建设、维护、管理等,当然包括收费。其他还有首都高速道路公团、阪神高速道路公团、本州四国联络桥公团等,相继受托承担管理者的职能。不过,国土交通省与公团的关系并非道路经营权的转让关系,而是委托与受托的关系,双方之间是一种代理的关系。

2. 美国高速公路建设项目管理

美国是典型的立法、司法、行政分立的联邦制国家,也是世界上拥有高速公路最多的国家,它的高速公路已覆盖国土的80%,形成四通八达的公路网络。高速公路作为公路运输的主要方式,其产值占国民生产总值的29%。这与美国政府的重视与支持是分不开的,其高速公路管理属于“政府操作”。

联邦运输部是主管全美各种运输事务的最高行政机构,成立于1967年,下设联邦公路管理局(FHWA),主管全美公路规划、建设、养护、运营及汽车运输。州及各地政府是高速公路建设、运营的主管机关,具体职能由相应的同级交通部门行使,州运输厅负责州际高速公路建设、运营。养路队按地理区域划分,由各种技术人员与职工以及各种大、中、小型相结合的成套机械组成,属技术密集型的组织。养路队除负责常规养护、全面巡察外,还兼计划、技术、财务等管理职能,同时还负责承包工程成本效益的分析与比较,对所养护的工程采取发包或自营等方式进行管理。管理属分权式管理:①立法健全,机构设置讲求实效;②管理手段先进,采用了大量电子信息技术,对道路交通进行实时控制;③事故率极低,道路管理系统化、网络化;④经营管理费用较高,如新泽西州某高速公路237km长,各项开支占总收入的37%。

对于具体的高速公路建设项目管理，美国采用如下三种模式：

(1)FIDIC 管理。美国的工程管理模式有几种，FIDIC 是最基本的管理方法。FIDIC 管理采用国际咨询工程师联合会编撰的土木工程施工国际通用合同条件。其条款涉及业主、承包人和业主、工程师的责、权、利关系。工程师受业主委托监督业主与承包人签订的合同的执行，并根据合同规定的条款考虑有关的因素，公正行使其权力。

这种管理方式要求工程师具有较高的素质和设计、施工、管理的能力。承包人是完成工程的主体，素质的高低直接影响工程质量的好坏和能否执行合同条款。所以，一个优秀的承包人是一项优良工程的基本保证。业主在一项工程建设中起保障作用，在工程师下达开工通知的同时，按合同要求的工程施工顺序，给承包人提供工地的占用权和出入权，即提供施工用地，保证资金到位。这种管理模式以工程师为核心，对工程质量、工期、投资进行控制管理。

(2)业主项目管理。这是现阶段美国采用较多的管理模式，业主或业主代表把工程设计、环保再定居计划、监理工程师统领起来，并通过监理工程师对承包人实行管理，如图 1-1 所示。

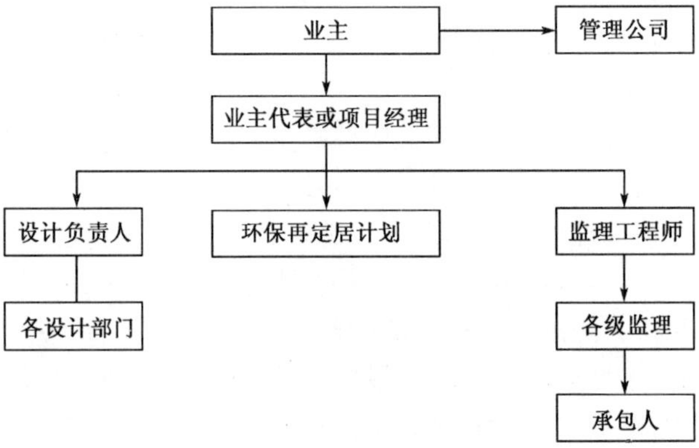

图 1-1　业主项目管理模式

业主项目管理是对 FIDIC 条款管理模式的深化。洛杉矶交通厅在建设高速公路时采用了这种管理模式。交通厅是业主，有自己的设计室，负责工程设计和变更；有专门负责环保再定居计划组；有自己的监理工程师，负责工程质量、工期、投资的控制管理。在业主或业主代表的统一领导下，各部门相互协调，相互配合。

其中，监理工程师队伍的组建可视工程规模大小，采取两种方法：一是工程规模较大，工期较长的，业主可以培养自己的监理队伍，作为相对稳定的一个部门；二是投资规模小、工期短的单项工程，监理工程师可采取聘用的办法等。

(3)伙伴式合作关系。美国在建设管理中也在推荐伙伴合作关系的管理模式，其基本原理与业主项目管理是一致的，只是业主或业主代表与承包人长期合作，建立了伙伴关系，相互信赖、相互协作。

与世界上多数国家不同，美国的高速公路管理方式主要依靠各州交通部门。联邦政府公路管理局本身不直接管理和建设公路，仅负责提供规划、科研、标准和资金。公路项目的建设、实施、管理，主要依靠州政府。州政府交通部门是项目建设业主，但州政府只负责州际公路网和干线公路的建设和管理，其他则由地方政府承担。《联邦赞助公路法案》授权联邦公路管理局对具体项目提供资金，资金一般用于州际公路网的建设。虽然各州仅负责本州的公路建设及管理，但是必须严格执行联邦公路规划、联络成网、避免断头路。除了由各州交通部门负责的高速公路外，美国也有极少数收费高速公路的管理采取了一些特别的模式。

新泽西州收费高速公路公司属国营法人实体，依照新泽西收费高速公路条例于1948年创建。该条例以立法的形式赋予该公司对新泽西高速公路的建设、养护和运营享有权利，并允许该公司发放收费高速公路债券。但是，债券的发放必须经过州长和州财政部长的书面批准，通过收费和路域经营收益清偿。收费高速公路的全部收入须存入储备基金，并依据收费高速公路收入债务协议投入使用。

奥兰多县高速公路管理局是为了适应奥兰多县交通运输发展的需要，于1963年由州议会批准成立，独立于州交通部之外的高速公路管理机构。奥兰多县高速公路管理局领导机构由五人委员会组成，三人由州长直接委派，一人由奥兰多县县长任命，另外一人由佛罗里达州交通部五区负责人担任。全局职员30人，负责总里程80英里的高速公路。资金筹措：由高速公路管理局委托资信很高的咨询公司完成可行性研究，得到银行认可后，将由一个专门的筹资公司进行资金筹措工作。项目建设：由高速公路管理局采用公开招标的方式选择承包商和监理公司负责项目的建设。收费管理：采用公开招标的方式，委托私人收费公司进行收费，双方是合同关系。高速公路管理局所属路段收费人员共计400名，均由收费公司管理。另外，高速公路管理局的车辆也要照章缴费。养护管理：采用公开招标方式选择私人公司从事专业的公路养护作业。高速公路管理局目前的年收入约为8000万美元，建设筹措资金约为91500万美元，每年需还贷4500万美元，收费盈余除用于人员工资及日常开支外，将用于投资新的高速公路项目建设。

3.法国高速公路建设项目管理

法国高速公路的规划由交通部负责，建设项目提出后，要征求公共工程部、环境部以及当地政府的意见，并进行公路沿线的民意测验，待各方批准后，才能由交通部立项，进行特许公路的招投标，进入项目的融资和建设阶段。法国政府1955年颁布法令，将高速公路的建设、管理工作委托某些特许公司或私营道路投资工业公司（这些公司属于混合经济公司）负责，并在同年颁布了《高速公路法》。法国的公路局内设有高速公路特许公司监理部、高速公路管理局、高速公路养护处、安全和用户处等机构。

法国的高速公路建设由国家设立特许企业和私营股份制公路企业投资，政府交通部门负责指导监督，实施特许经营的管理机制，对高速公路实行“建、管、养、收”一体化管理，即将高速公路作为独立体系，通过政府立法，制定相应的政策，授权交通部门负责监督指导。各特许经营公司都建立了自己的经营管理机构，有自己的施工队伍。国家专门负责高速公路建设的规划，当确定建设项目后，由特许经营公司在国家控制之下，负责执行工程前期工作、工程施工、运营管理和养护。

4.德国高速公路建设项目管理

德国是目前欧洲拥有高速公路最多的国家。德国在第二次世界大战以前就开始进行城际高速公路建设，在1953年制定了《联邦干线公路法》；1955年颁布了《交通财政法》，规定通过对汽车使用者征收税来保障干线公路建设资金来源；在1960年制定了《公路建设财政法》，将大部分燃油税收入用于干线公路建设。德国统一后又开始发展州际高速公路。

德国高速公路由联邦交通部公路局负责制定规划和建设计划，委托各州的公路局建设和管理所辖境内的高速公路。联邦政府将燃油税收入作为资金支援高速公路建设，而各个州政府则主要利用汽车保有税和公债收入进行公路的建设和养护管理。在德国，各地均成立了高速公路建设管理委员会，专门负责项目的监管，以保障项目的顺利实施。

三、值得借鉴的经验和做法

我国正处于高速公路建设飞速发展时期，经济体制改革和立法体系改革也在有序开展。在面临高速公路建设项目管理的一系列问题时，我们需要不断学习国外先进的建设经验和管理体制，采用适合社会主义市场经济的高速公路建设项目管理模式。

通过日、美、法、德四种管理模式的分析，我们可以清楚地看到，卓有成效的管理必然有其合理的体系。日本虽然自然资源稀缺，但资金雄厚、技术手段先进、管理细腻；美国的经济一直处于世界领先水平，立法健全，基础配置齐全，服务到位，强调合作与共赢，讲究社会效益；法国政府十分重视私营企业的经济作用，合理引导，达成政府、私人一致，经济效益与社会效益双赢的局面；德国由于高速公路较多，且较早地制定了高速公路建设的相关规章制度，并在统一后发展了州际高速公路，为了方便管理，需要由联邦政府主导管理，各州政府分工协作。各国在管理过程中，都逐步形成了适合本国特点的公路管理法规体系，进行法制化管理，并建立了适合本国特点的组织架构模式，根据各部门的组织特点和管理优势确定所承担的具体职责，采用现代化的信息技术，进行统一集成式管理。

此外，对部分国内外公路工程建设项目的研究发现，通过信息化管理的工程建设项目缺乏动态管理成效，只是单一在工程进度和监理上实现信息管理和数据共享，缺乏从项目前期调研、可行性研究、工程立项、勘察设计、施工到竣工整个过程的动态实时管理，因此在实施性、准确性、高效性上往往大打折扣，未起到很好的公开、透明、监督作用。

不论是国内还是国外，其公路工程建设项目管理都存在几个共同特征：一是各国政府均在高速公路建设和管理中发挥着主导作用；二是各种模式都有相对应的资金来源与使用制度；三是在高速公路的规划、投融资、建设、运营、收益和监督管理方面，都有一套较完整和成熟的法律法规作保障。因此，我国要做到比较完善的高速公路建设项目管理，还应该着重考虑以下几点：

1. 遵循政府的领导

无论是收费高速公路还是不收费高速公路，政府都是高速公路管理的组织者和领导者。由于政治、经济、国防等方面的需要，发达国家非常重视高速公路的建设，都在一定的时期内规划过国家级的高速公路网建设，还通过制定相应的法律法规，颁布与高速公路相关的技术标准和规范来保障高速公路的建设和发展运营。建设高速公路耗资巨大，资金问题是关键，政府在高速公路建设的投资方面发挥着至关重要的作用，承担高速公路全部或绝大部分规划建设、运营和养护所需要的资金。美国采取的是由国家计划投资和建设，建成后交由地方专门公路管理部门管理的高速公路管理模式。法国的高速公路一类是由中央和地方财政拨付所需资金，直接建设和管理的高速公路；另一类是政府间接管理的特许经营高速公路。实行特许经营的高速公路所有权属于国家，这种特许经营权是通过公开招标，由政府主管部门颁布的。这些都表明政府是高速公路建设和管理的组织者和领导者，同时，政府在财务、预算、审计方面还发挥调控和监督作用，这些都反映出政府的领导在实现高速公路有效管理方面的重要作用。

2.完善相关法律法规

健全的法律和严格依法办事是高速公路规范管理的基础，应当建立健全高速公路管理法律法规体系，增强管理部门和公众的法律意识。国外经验证明，大部分发达国家均有较为完善的公路管理法律、法规，涵盖了公路规划、建设、养护和特许经营的各个方面。同时还对各级公路管理机构的权利和义务进行了较为明确的规定，如美国 1956 年通过的《联邦资助公路法案》，法国于 1955 年通过的《高速公路财政法》，日本于 1957 年颁布的《高速公路干道法》。各国还通过制定相应的法律、法规规定高速公路的资金来源，美国的《公路税收法案》规定以燃油税和重要汽车配件消费税收入组成州际公路信托基金，解决了州际公路的建设资金问题。同时还根据高速公路的类型制定不同的法规，对于收费高速公路，通常有专门针对收费高速公路管理的有关立法，这些法律的颁布与实施有力地保障了高速公路健康有序的建设与管理。各发达国家通过立法的形式，对各级政府在路网管理中的职责、公路管理各部门的设置、任务和目标、管理制度、资金来源等事宜进行明确规定，而且法规十分具体，具有极强的可操作性，减少了管理过程中的人为因素。这些法规随着经验的积累已经较为完善，覆盖了高速公路管理的各个方面，具有可操作性和透明度。

3.明确部门职责

经验表明，高速公路的规划建设和运营管理客观上需要各级政府之间以及政府与各部门之间的协作，而这种协作是建立在职责明确、分工协作的基础之上的。各发达国家的高速公路建设大都在法律法规中明确规定各相关主体的责任、权利与义务。他们依据各自在路网建设中的层次和功能而设置相关的职责，而这种职责又是各部门相互协作的依据，是政府及相关部门顺利开展工作的保障。

高速公路的建设和运营，涉及多方面的因素，比如建设期土地的利用、资金的筹集、道路的规划，运营期收费的管理，路政、养护、交通管理等。这些工作涉及的职责分工是高速公路事业发展的保障。此外，发达国家中央或联邦政府在高速公路建设中虽然是组织者和建设者，但都将一定的权力下放到地方政府或特许经营公司，对具体管理业务不做过多干预，只起监督和指导的作用，使地方政府和企业有较大的自主权，有利于高速公路事业的发展。我国高速公路管理部门职能交叉错位、权责关系不清、缺乏统一的管理组织机构，是影响和制约高速公路发展的重大问题。我国应借鉴国外比较成熟的做法，彻底理顺高速公路管理中各相关主体之间的关系，减少矛盾与冲突，提高管理效率。

4.政策扶持与特许经营

发达国家高速公路发展及收费公路历史十分悠久，其发展步伐进入 20 世纪八九十年代后有了进一步加快的趋势，最重要的原因是他们大量引入民间资金，实施特许经营制度。特许经营制度是国际上通用的收费公路经营管理制度。据了解，目前美国、意大利、法国、西班牙、澳大利亚、英国、马来西亚、新加坡等国家在收费公路管理上广泛推行了特许经营制度。推行特许经营制度是这些国家管理经营性高速公路的一项成功经验。实践证明，政府对高速公路的管理理念应从重视个别地段高速公路的盈利能力，转变到重视委托给一家特许公司的所有高速公路项目的财务平衡，并最终转变到重视整个高速公路。

第二章　高速公路建设项目动态管理系统构建

目前，国内交通基础设施正值高速建设期，随着 IT 技术特别是 Internet 技术的迅速发展与广泛应用，网络基础设施也有了广泛的普及，网络传输速度的瓶颈问题已经不复存在，高质、高效的高速公路建设目标要求有规范化、自动化和实时化的项目管理方式，要求参与各方能在同一网络平台上协同工作。目前，我国大批高速公路重点建设项目相继开工，重点高速公路建设项目具有建设规模大、投资数额大、建设周期长、分布范围广、参与单位和人员多、风险大等特点。工程项目管理是一个复杂艰巨的系统工程，涉及合同、计量、质量、安全、进度、费用、文档资料等多方面的工作，众多的参与单位和人员使沟通和协调工作变得很困难，大量的动态信息需要有效的集成管理，传统的项目管理方法已经愈显吃力。为了及时准确地掌握工程项目建设情况，并为工程建设保存完整的建设信息资料，其最好的解决途径就是在工程项目建设初期就应用先进的工程信息管理软件系统化管理、利用各类工程信息。

借助先进的计算机信息技术，实现高速公路工程项目建设的网络化、信息化管理，已逐渐成为高速公路工程建设项目管理部门提高项目管理水平和项目建设品质不可缺少的辅助手段，并已在部分项目取得了良好的经济效益和社会效益。

第一节　动态管理系统建设背景

高速公路建设项目作为政府主导投资的基础工程，项目普遍具有投资大、建设周期长、参建单位多、地域分散、交通不便、受地域与气候因素影响较大等显著特征。这些项目特征及其包含的复杂业务流程、烦琐的工程数据给政府主管部门、项目业主、监理和承包商等项目参与方之间信息的传递、管理行为的落实和及时正确的决策指令的发布造成了客观制约。随着建设规模的不断扩大及建设要求的不断提高，对高速公路建设各参与方的管理水平的要求也将越来越高。作为建设项目的政府主管部门、业主或承包商，如何有效地管理项目，让工程效益最大化已经是摆在管理人员面前的一个重要问题。

已经推广的高速公路项目管理系统为高速公路建设项目提供了一个很好的交流管理平台，但是在系统本身和一些子系统的构建中仍然存在着弊端。

一、整个系统存在的问题

目前市场上存在的有关高速公路建设项目管理方面的软件系统在具体的项目实施过程中，存在难以满足承包人、监理、业主等用户需求，以及当用户提出新的需求后，系统难于更新以及时满足需求等方面的技术问题，从而造成系统的维护成本过高，经济效益下降。同时，大部分的管理软件系统在开发过程中由于未能进行深入的需求分析，对整个高速公路建设流程理解不够，以及采用面向过程程序设计技术的原因，导致无法真正地满足现实的管理需要。即使部分系统采用的是面向对象设计技术，但是由于对整个高速公路建设领域对象分析不够透彻，也没有抽象出高速公路各业务的共性，设计思路比较混乱，因此在实际操作运用中不易发展、复用和维护。

二、各个子系统中存在的问题

1.工程投资控制管理子系统中要注意的问题

高速公路工程项目管理涉及的部门及环节较多，投资大，建设周期长，而且建设过程中存在各种不确定因素，这使得工程项目的投资管理比较复杂和困难。工程项目的投资管理是个复杂的系统工程，投资管理贯穿于投资的全过程。项目投资与建设期的质量、工期紧密相关，投资控制的效果直接关系到企业未来目标的实现，与项目运行效益密切挂钩。对已经推广的项目进行分析，得出投资管理中存在着以下几个问题：

(1)工程投资控制管理子系统中对投资管理的分析大多以静态统计数据为基础，由于公路建设特点以及投资统计周期过长等缺陷的客观存在，常常使得分析结果的质量不尽如人意。研究多集中于时空层面上数据的分析与挖掘，很少从整体上对投资质量进行关联分析和问题诊断，相关分析理论与方法的系统性有待深入探讨。

(2)对公路建设投资统计方法一般通过经验性的定性分析，以判断是否存在风险隐患的问题。系统分析中指标考虑因素过少，难以做出非常准确的评价，可信度就不高，对建设项目所取得的社会效益和经济效益也缺乏必要的描述和反映。

(3)公路建设投资管理体系主要以经验法为主，定量研究较少，风险预防意识和措施没有引起足够重视，并且还没有形成比较成熟的体系结构。对预警系统的研究多集中在理论框架方面，在系统软硬件的设计中很少涉及。

2.工程合同管理子系统中要注意的问题

1)在内容上

仅注重合同法律和合同条款的介绍，有的只给出合同原文参考，没有详细讲解。大多数合同条款本身晦涩难懂，一些法律语言不容易理解，如果只给出原文参考，那就与直接翻看合同范本区别不大，体现不出计算机管理合同的优越性。仅是静态的合同管理，没有将合同在执行过程中出现的变更索赔等事件考虑进去。建设项目的实施必须循序渐进，所以履约方式也表现出连续性和渐进性。这要求项目管理人员要随时依据实际情况的变化来管理合同，以确保合同的顺利履行。而且项目在实施过程中经常会出现设计变更或合同条款的修改，这样，项目的管理人员就必须加强对合同变更的管理，做好记录，作为索赔、变更或终止合同的依据。而静态合同管理软件却难以实现这些功能。

2)在功能上

目前大部分项目管理软件中的工程合同管理子系统是基于文档管理形式，仅仅代替了简单的手工劳动，缺乏数据结构性，达不到数据统计的效果。该子系统使用的也是简单的数据库，限制了数据的存储量、安全性和共享性能。子系统内各模块之间相对独立，数据无法共享，形成信息孤岛从而导致项目数据分离、数据重复、数据不一致等一系列问题，难以相互调用 。

3. 工程设计管理子系统中要注意的问题

工程设计管理主要包括工程设计后续服务和工程变更管理，工程设计主要提供设计详细的阶段性成果、指导性文件、对施工管理有利的所有设计信息。并实现设计后续服务的及时、准确、高效，解决因设计服务不到位而影响施工进展的各类问题。系统使用单位包括各参建施工单位、监理组、设计单位、项目指挥部。由于工程设计管理当中的工程变更比较复杂，在设计变更模块时，一些项目管理系统并没有充分考虑到工程设计中发生变更的一些情况，没有把模块中容易发生变化的部分独立出来以增强系统的应变能力，导致项目设计发生变更的时候，系统的该模块无法满足变更者的需求。

4. 征迁工作管理子系统中要注意的问题

对被征用的土地和被拆迁的房屋、建筑物等属于征地拆迁协调工作范围内的所有补偿项目，在操作中没有真正做到数量如实、量测准确、补偿标准统一、造册登记清楚、合同协议完整、补偿金发放合法、财务手续齐全，以至于对拆迁合同基本信息的查询、统计、信息的动态维护和查询功能造成不好的影响。对补偿标准，包括：补偿类别、单位、标准单价、备注没有进行细致的划分，使系统在做“补偿金跟踪”时，无法依据补偿标准判别实际补偿金是否符合标准。当征迁进度的完成量与征迁计划不相符时，当“实际补偿日期”超出“计划补偿日期”时，系统在项目监察中无法及时进行预警。

5. 项目进度管理子系统中要注意的问题

在进度计划编制过程中，部分计划工作事项因工作失误没有体现在项目进度管理子系统中，因而，系统无法检验出来，导致实际工作量增加。工程建设项目的实施会受到各种不同抗力事件的干扰，或者由于工程建设进程中业主要求变更设计，这些都会导致工程实际进度无法按照事先定的进度计划原样执行。由于在系统模块中，计划制订部门与计划执行人员之间、总包单位与分包单位之间、业主与施工承包企业之间无法进行信息沟通，导致了项目进度的延误。

6. 工程计量支付与资金管理子系统中要注意的问题

一些当前已有的系统中，业务计量、业务审核和系统管理这几大方面工作的条理较为不清晰，常常使得各自的工作相互嵌入，并相互干扰。业务计量、业务审核和系统管理的工作将分别由承包商、监理和系统管理员来完成，但在设计系统时，往往没有注意到设计的多种用户，没有根据他们各自工作的需求对其进行权限分配。在使用过程中，现场施工人员与计量支付人员的工作存在严重的脱节，使得计量数据往往不能具体、直观、正常、严格地反映现场的具体情况，需要相关人员来回检验计算对比，为此浪费了人力、物力、财力。模型图的使用只能以规范的统一的图示来显示相应的具体空间数据，缺乏实际指导作用。采用数学公式对工程量进行计算时，由于受到数据类型的限制以及计算过程的位数控制等因素的影响，计算结果与实际现场和设计图纸的结果相比总有微小的差别，这种差别在一个单独小段桩号范围或者一个小的结构物工序时影响不很明显，但在累加或者汇总时就会出现很大的差别。

7. 质量安全管理子系统中要注意的问题

没有将现场环境全方位的全景图像监控系统与项目管理中质量安全管理子系统连在一

起。没有及时公布质量管理规章制度，如对施工准备阶段质量监控、施工阶段质量监控、竣工验收阶段质量监控的相关规定没有及时公布。没有及时公布试验检测管理、桩基检测、质量评定标准、质量整改督查等资料。

安全生产专栏虽然共享了安全生产法规、政策、管理措施，公示了安全生产组织机构、安全管理的奖惩措施，让业主、承包人、监理人员充分认识到了安全生产的重要性，正确理解了安全生产与工程质量、经济效益的关系，但并未使业主、承包人、监理人员将这些意识贯通到实际当中，而且该模块也无法实现对这些人员的奖惩的实时公布。

第二节　动态管理系统总体需求与系统构建目标

建立高速公路建设项目动态管理系统能为工程建设各方（主管单位、监督单位、建设单位、设计单位、监理单位、施工单位）及其他相关单位或个人建立一个高度统一、全面共享的建设项目信息交流和管理平台。其通过融入先进的国际项目管理知识体系的思想和经验，建立项目参建各方的多项目建设管理服务平台，通过授权为各参建单位提供接入服务，建立和完善一套服务于高速公路建设的信息系统。

应用该系统，有利于加强在建过程管理、工程监督管理、项目预警管理、建设承包管理、建设服务管理、工程在线汇报管理等各方面的信息化辅助管理工作，从而促进高速公路建设管理的业务办公一体化、项目管理信息化、流程管理规范化、决策支持科学化的“四化管理”，并利用计算机强大的计算和数据处理能力，实现互联、互通、互享。同时通过现代信息技术在项目管理中的有效运用，可以大幅度降低项目管理成本，提高项目管理水平与管理效率。

一、系统总体需求分析

通过对高速公路工程建设项目管理的深入调研和经验总结，发现高速公路工程建设项目管理过程中有大量的文字、图表信息需要传送和发布，因此非常有必要建立一个现代、务实、高效、安全的信息管理系统，以实现信息的快速收集、处理和传送，提高办公效率、降低办公成本、加强管理，确保高质量、低成本完成工程项目。

高速公路建设项目动态管理系统是基于互联网，将信息化技术运用在高速公路建设项目管理工作中，并把信息化技术、项目管理技术和专业技术服务相结合，以信息化动态管理平台为工具，实现全体参建单位在同一平台上开展信息交流、建设管理工作，借助专业技术服务，对项目进行动态管理的管理工具，是在学习借鉴当前我国项目建设新理念的基础上，采取的崭新管理措施。

整个动态管理是以高速公路建设项目为对象，对高速公路建设周期中的所有活动进行决策、计划、组织、协调和控制的过程。动态管理系统作为科学的项目建设管理辅助手段，主要是以国家政策、技术规范、制度与管理办法、合同等为依据，有效跟踪、控制设计过程和施工过程中的投资、工期及质量，是工程建设项目管理方面的专家系统。

动态管理系统包括对项目立项、项目设计、合同招标等前期工作和施工建设期的计划进度、计量支付、质量、安全等建设项目全生命周期进行管理。

动态管理系统的使用范围需要能覆盖质监单位、项目指挥部、设计单位、各市征迁办、监理单位、施工单位等高速公路参建单位。动态管理系统为多项目管理，支持多合同段、多路段、多项目统计，报表输出可直接打印也可以导出形成 Excel 文档，并具有动态审批流程、电子签名和痕迹保留等功能。

同时，动态管理系统能按照实际业务需要，对系统采集来的基础数据信息（投资、质量、进度等）进行统计分析，为用户提供及时、可靠的工程建设综合信息，有利于科学、及时地进行决策。要求系统能高效率运行，能实现工程建设信息的综合查询和统计，能以多种方式直观、形象地展示工程各阶段的进展情况，为各级领导及部门提供丰富的决策支持。

二、系统业务需求分析

通过对高速公路建设项目的需求分析，整个系统的主要业务内容包括：投资控制管理、工程合同管理、工程设计管理（含变更管理）、征迁工作管理、项目进度管理、计量支付与资金管理、质量管理、安全管理、竣工验收管理、内部综合管理等，应根据具体的工程类别的特点及高速公路建设参与各方（建设指挥部、设计单位、征迁指挥部、监理单位、施工单位）不同的项目管理业务内容，制定各种符合高速公路建设项目管理的控制流程和控制表格，实现综合管理。

高速公路建设项目动态管理系统由六个模块组成，通过系统可以实现建设项目管理过程中所需要的 OA 办公、招投标、征地拆迁、设计、进度、质量、安全、计量、支付、通信、相关标准、法律法规、廉政建设等等业务流程，基本涵盖了高速公路建设项目管理各个方面，六大模块详细内容为：

（1）项目办公系统模块，包含指挥部信息、企业文化、工程论文栏目、即时通信系统、视频会议系统等功能模块。

（2）工程计量管理系统模块，包含电子签名、资金计划、合同支付台账、工程款支付等功能模块。

（3）工程设计管理系统模块，包含工程设计、设计工作督办、工程变更功能模块。

（4）工程管理系统模块，包含前期工作、合同管理系统、地方工作管理系统、土建施工（监理）管理系统、工程进度管理系统、质量管理系统、安全管理系统等功能模块。

（5）“阳光工程”模块，包含“十二公开”功能模块。

（6）企检共建模块，包含廉洁从业等功能模块。

动态管理系统六大功能模块如图 2-1 所示。主要管理功能模块通过统一入口进行管理，管理员统一权限分配，各模块之间实现高度信息共享。

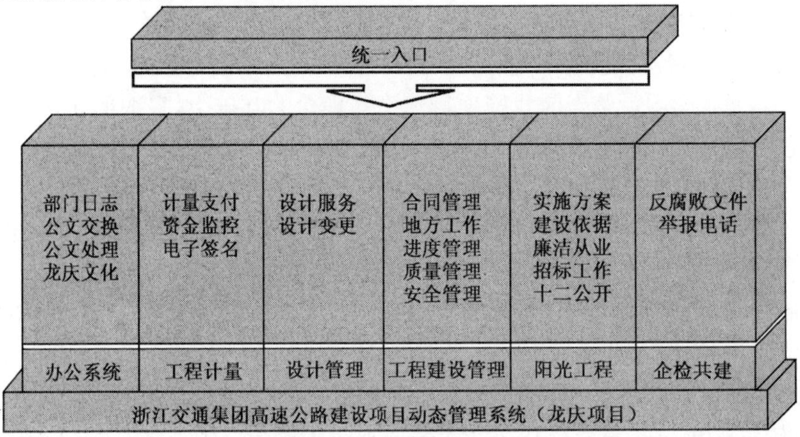

图 2-1　六大系统功能模块

通过动态管理系统首页能够方便地访问各系统功能模块，同时将高速公路“阳光工程”功能模块有机地结合在系统中。即通过系统首页能够直观地访问“办公系统”、“工程计量”、“设计管理”、“工程建设管理”、“阳光工程”、“企检共建”等功能模块，首页界面如图 2-2 所示。

图 2-2　动态管理系统首页

三、系统构建遵循的标准与规范

高速公路建设项目动态管理系统的开发是一个系统工程，它需要考虑硬件网络、操作系统、数据库系统、中间软件、支持软件及应用软件等各个方面的内容，还包括系统信息安全、处理流程定义、信息内容格式、数据交换格式等各个方面的问题。它要求充分利用网络和软件环境，以实现各部门互联互通的目标。要做到这一点，就要求涉及软件开发和应用的各个部门、各层次灵活、有效、多元化管理运作。系统构建应遵循的标准规范包括支持软件平台、开发平台及安全管理平台的标准与规范。

1. 支持软件平台的标准与规范

1)操作系统的标准与规范

选择操作系统的基本方针是：技术上具有先进性、应用上具有安全性、发展上具有可扩展性、投资上具有经济性。

2)网络协议的标准

网络通信协议，如 TCP/IP、HTTP 等。

2. 开发平台的标准与规范

1)数据存储和接口的标准与规范

目前，业界尚未建立国际和国内的标准与规范，为了信息管理系统数据资源便于存储、查询、管理，方便各部门的信息使用，动态管理系统开发单位需要根据自身情况，制定信息的划分、归类、存储方式等规范，还应确定本单位电子文件的组成要素、流传信息、交流和识别格式、描述语言以及测试方法等。对于数据接口部分的规范，推荐采用 XML 数据描述体系来建立。具体的 XML 描述体系标准可参照 W3C 标准体系来建立。

2)数据库系统建设的标准与规范

支持分布式应用体系；支持 Web 技术；具有完善的安全性控制和完善的备份与恢复功能；支持大数据量(VIDB)和大用户数；配备丰富且高效的开发工具。

3)开发工具选取的标准与规范

目前流行的开发工具不胜枚举，应根据实际要求选择实用、先进的工具，并应满足 B/S、ASP. NET、XML 等通用而先进的技术要求。

4)应用软件平台的标准与规范

为规范和保障应用系统的信息安全，以及安全管理、系统管理、身份认证、访问控制、网络检测、病毒防护等方面的有效安全使用，在系统规划和设计时，有必要在信息安全、数字证书、工作流处理等方面制定和/或遵循相关标准与规范。目前可参照的国家管理规范有：《计算机病毒防治管理办法》、《中华人民共和国计算机信息网络国际联网安全保护管理办法》、《中华人民共和国国家安全法》、《中华人民共和国保守国家秘密法》、《商用密码管理条例》、《计算机软件质量保证计划规范》等，设计时还要考虑相关的数据、工作流的信息管理标准（工作流处理规范）。对于某些行业，还需要参照相应的行业标准。

5)用户界面设计的标准与规范

用户界面设计的一般原则是要求用户界面友好、交互性强，屏幕可中文显示、利用率高等。

3. 安全管理平台的标准与规范

1)建设网络处理平台

网络管理软件平台是指一个包含网络管理进程软件和基本网络管理应用的主管系统，它能提供网络系统的配置、故障、性能以及网络用户分布方面的基本管理。所有在管理范围内的设备都运行 SNMP 和 RMON 网络管理协议，同时，利用 VLAN 的管理功能，根据网络平台的功能需求分析，将网络按端口进行划分和管理。

2)制定网络管理制度

应制定网络管理制度，它应包括以下措施：

(1)关闭所有非允许的连接端口。

(2)通过防火墙或路由器中 ACL 的设计，禁止互联网络用户对没有必要开放的主机及客户端口进行访问。

(3)在主机上利用 TCP WRAPPER 控制特定服务所允许的客户机地址范围，并进行记录。

(4)关闭各服务器上不需要运行的服务进程。

(5)禁止使用或设置不经授权即可共享的系统资料，包括硬盘及服务。

(6)制定密码管理制度。加强密码管理，提醒或强制管理员定期修改密码，禁止使用安全性不高的密码。

(7)制定机房管理制度。管理员利用安全监察工具盒软件,定期监察机房和系统的安全问题,以便于系统管理员及时修补系统安全漏洞。

四、系统构建实现目标

借助信息技术建立一个先进、务实、高效、安全的信息管理系统,以实现合同管理、投资控制管理、进度控制管理、质量控制管理、工程形象展示汇报与综合查询等业务管理信息化应用,提高管理效率。

建立的项目管理系统应具有统筹管理、协同指挥、目标控制和决策支持等功能。同时,确保建设项目时刻处于动态的受控状态,并按照项目既定的工期、质量、费用、安全等目标要求,完成各项建设任务。

系统将依托浙江省龙庆高速公路建设项目的项目管理理念及特点进行量身定制,并融入先进的项目管理思想,实现工程项目管理的系统化与网络化管理。

通过 Internet 网络,管理者可在任何地方、任何时间远程查询和监控工程管理,基于移动式的工程动态汇报系统专门为项目管理者考虑设计。

为满足工作要求,系统建设目标应细化到如下指标:

1)并发控制

系统提供的服务在推荐的硬件下,数据记录达到百万条时,支持 50 个并发访问,数据点击相应时间平均在 3s 内。

2)数据处理能力

系统支持数百万条记录的数据量,并对业务活动进行完备的日志记录,对所有业务活动实现可追溯性。

3)跨平台

对服务器端的应用系统采用与平台无关的技术设计,支持主流硬件平台、操作系统平台(包括 Unix Linux 和 Windows 等)及数据库平台(Oracle、SQLServer、SybaseASE、IBM DB2),支持数据在不同数据库之间的导入和导出。

4)系统扩展能力

考虑到网络资源的增长速度,为适应未来巨大的数据量,系统支持集群和负载均衡,未来可以通过增加节点来满足用户增长的需要。支持业务表单的可视化定制,支持业务流程的图形化建模,可满足未来业务扩展的需要。

5)安全控制

整个系统具有良好的安全控制与数据保护机制,运行稳定。支持用户的统一注册、统一管理。支持统一授权管理,可以控制特定用户对业务表单的特定字段的读写权限,对所有业务活动提供完备的日志。

6)培训与支持

系统建设提供完备规范的文档资料,并提供启动时的用户培训和后续的技术支持。

第三节　动态管理系统总体方案设计

一、系统设计要求

优化管理流程，对高速公路建设项目进行全过程管理；及时采集建设过程中产生的数据，实现数据的集中统一共享，实现建设单位与各参建单位的协同工作与及时沟通；对建设过程中产生的大量文档进行规范化管理；解决流程审批、计量支付、变更管理和统计报表等建设过程中最为复杂的问题；使建设单位能够对工程进度、质量和投资进行及时的动态掌握与控制。

1. 系统建设的基本要求

满足高速公路建设项目管理的需求，符合有关建设规范、规程、规定等。

2. 系统建设结构要求

由于高速公路建设项目动态管理系统的使用用户较多，相互之间的信息交流量比较大，为了满足高速公路各管理方的使用需要，也为了使系统的结构易于管理，本信息系统结构要求如下：

在宏观结构关系上，系统采取 B/S 体系结构及瘦客户机的设计原则，划分为前台应用界面和后台数据库管理两个部分。

前台系统以浏览器方式实现，用户不需要进行系统维护，并且可以充分发挥 Internet 的作用。后台系统按照 Internet 标准建立一个中央数据库系统，为建设单位、监理单位、施工单位和行业主管部门以及其他上级管理部门提供 Web 服务，以满足项目工程建设地域分散、应用分散的特点，实现远程管理、移动办公。前台系统向所有用户开放，但只根据其权限范围向其显示相关内容，其余内容不可见。后台系统提供给用户方系统管理员使用，管理员可以对系统的基础数据进行维护，如用户权限的设置。使用前台系统的用户根据公司、部门、岗位来划分用户类型，以保障系统的正常安全运行和推广应用。

1)前台系统的各部分说明

系统主界面是本软件各大功能模块的目录展示、代办事宜、通知和建设新闻。

本项目所包含的建设单位、监理单位、施工单位和行业主管单位等参与方，他们可以通过 Internet 系统登入本系统，来完成输入数据、文件审批、浏览网站、信息查询等各种工作。其中，每个登录用户的权限可以根据其工作职责由系统管理员进行设置。

系统功能模块提供本系统各具体业务的实现，要求封闭用户业务算法与处理流程，达到各业务模块功能独立的目的。

2)后台系统说明

后台系统作为系统的辅助支撑系统，为保证系统的正常运行，对基本参数与设置项进行配置，也是系统管理员对整个软件系统进行控制与设置的功能界面。通过软件技术，实现前端界面与系统数据库的连接，并将各类配置与设置信息存入系统数据库中，为系统的正常运行提供保障。此后台系统对其他用户不可见。

3)特定应用环境考虑的完善性(当网络条件受限时适用)

通信条件较差或出现网络故障时,可提供相应的客户端可执行应用程序,以便用户的数据得以及时采集和上报。

二、系统设计依据与原则

1.系统设计依据

高速公路建设项目动态管理系统的总体方案是在前期的深入调研和分析基础之上形成,方案编写的主要依据有:

(1)《中共中央办公厅国务院办公厅关于转发〈国家信息化领导小组关于我国电子政务建设指导意见〉的通知》(中办发〔2002〕17号)。

(2)《公路数据库编目编码规则》(JT/T 132—2003)。

(3)《公路工程质量检验评定标准　第一册　(土建工程)》(JTG F80-1—2004)。

(4)《公路工程基本建设项目概算预算编制办法》(JTG B06—2007)。

(5)《公路建设项目工程决算编制办法》(交公路发〔2004〕507号)。

(6)《关于印发〈浙江省开展工程建设领域突出问题专项治理工作实施意见〉的通知》(浙委办〔2009〕86号)。

(7)《关于贯彻落实国务院第三次廉政工作会议七个方面重点工作的通知》(浙政办发〔2010〕64号)。

(8)《浙江省交通投资集团有限公司高速公路建设项目"阳光工程"实施方案(试行)》(浙交投〔2010〕235号)。

2.系统设计原则

动态管理系统的设计符合相应的国家标准和规范,重点考虑具备先进性、可靠性、实用性和经济性,具有扩展性的升级能力、安全性和保密性、标准化和开放性、灵活性和兼容性。

1)实用性原则

针对各建设项目工程特点进行设计,确保适用于高速公路建设项目的施工管理,确保所采用或引用的相关公路建设规范等,均符合高速公路项目公司工程项目管理系统的有关规定。

系统从业务模型、功能设置、人机界面等方面充分体现了对高速公路项目工程建设管理的高实用性。为加强系统管理的力度,掌握系统运行的实时数据,系统同时设置了一些综合管理与可视化查询及工程展示功能。

2)全面性原则

本系统面向的对象是与高速公路工程建设相关的所有用户,如省级交通主管部门、省级高速公路建设管理机构、质量监督单位、建设单位、监理单位、施工单位等。并且,这些用户所授予的权限是不同的,软件系统覆盖项目用户的使用需求,并在后台系统中予以明确权限。

3)系统性原则

由于全省有多个项目同时在建或将要建设,其中部分项目也在或即将要使用本系统类似的公路建设管理系统,因此要求本系统在部分功能上应与相关公路所应用的系统可以拼接。并且该系统中的数据库数据应能过渡到今后道路养护、运营等系统中。

4)扩展性原则

扩展性原则包含两个方面的含义，一是系统功能的扩展，随着建设项目的增加和公路管理制度的不断完善，系统的功能可能将进一步扩大，因此软件系统的建设应具备相应的扩展能力；二是用户数量的扩展，由于建设项目的增加，势必将带来参建或管理单位的增加，使软件用户数量增多，本系统建设应具备随时扩充用户的能力。

5)先进性原则

动态管理系统设计时遵循实用性和先进性并重的原则，首先应紧密结合客户的实际需要，来选择计算机与软件开发技术；其次要采用世界先进技术。由于IT技术更新换代很快，为了保证系统能够满足今后一段时间内应用的发展，所以在选择开发技术时必须要考虑先进性(如跨平台技术)，但同时也要考虑所采用技术的成熟性和实用效果等方面的因素。

6)易用性原则

动态管理系统首页整体风格、栏目、内容，总体印象是丰富、细致、悦目，版面设计的构架、逻辑性、层次感一目了然，页面文本、图案的条理、色彩等具有较好的视觉效果，引入了一些友好的人性化的辅助功能。页面发布环境将数据库各类信息根据不同模板发布为Web页面，使用户在访问网页、查看相关链接、查看更多页时不必每次都需要连接到数据库进行查询，可以加强信息利用，最大限度地节约服务器资源、提高服务器性能和响应速度，克服访问时页面可能长时间打不开的缺点，使其在信息量大时承受较大访问量成为可能。同时考虑了搜索功能，系统能为用户提供最准确、全面、翔实、快捷的优质服务。

7)安全性和稳定性原则

动态管理系统的设计和建设充分考虑到网络的安全性和稳定性，能保证各种在网数据安全、完整，保证各类网络应用的畅通和稳定。系统本身的容错能力、纠错能力及输入数据的自动检验能力是系统安全稳定的重要部分。在各系统设计中，全面考虑系统安全性。采用集中化的基于LDAP的用户管理，实现基于角色的安全策略和统一的认证及授权。重要资料的通信进行传输加密。

8)经济性原则

动态管理系统的建设从经济性着眼。由于系统是一个通用的集成系统平台，设计时应能够在最大限度上减少投入，应具有最佳的性能价格比，能够在完成系统目标的基础上，力争用最少的钱办最多的事，充分利用现有资源，使各部门已有的各种软、硬件资源，在本系统中得到充分利用，以保护原有投资。系统设计中考虑经济性原则的另一重点是考虑系统的维护运营成本。

三、系统设计理念

1.宏观业务架构设计理念

1)融入建设项目特征

系统基于获得信息产业部推广应用的“基于软件构件复用技术的业务基础平台”而构建。在此平台上融入了浙江省高速公路建设项目的管理特点：

(1)系统设计注重按构造物控制造价的支持，也就是费用控制支持标段内多个构造物(如桥梁、隧道)具有不同工程量清单单价的处理功能。

(2)变更指令发布后,更新工程量清单的同时系统允许用户设定经批准的变更量是否纳入造价系统进行计量的功能。

(3)系统各功能模块有统一的工程划分规则,以保证工程编码体系的统一。

(4)系统各功能模块有统一的身份登陆管理机制,按单点登陆功能设计。

(5)系统各功能模块间的数据设定应能自动联动,以确保软件架构的适用性及灵活性,并能达到联动控制工程的目的。

2)提供规范的业务流程

本系统强调业务流程管理的规范,从计划的制订、审核,计量数据的填写、上报、审批、支付到变更的申请、审核、批复、发出变更令等严格按规范流程处理,提高业务处理的质量和效率。

考虑到各路段管理的不同特点,为保证系统的极强扩展性,本方案设计时采用工作流引擎定义工作审批流程,本工作流组件具备审核回退、审核终止、审核待办事宜列办、审核短信提醒、审核过程图形化查询等功能。

3)业务数据受控设计

为保证基础数据的统一管理,需要对经确认的数据强化权限管理,通过授权方可允许对批复的数据进行删改。包括基础数据受控、批复数据受控。

4)体现易用性、分层设计

系统充分考虑了高速公路的建设特点和复杂性,采用分层管理,即:建设单位各处室管理人员、地方政府管理人员、监理单位和施工单位项目经理部分层管理,并要求三方之间的数据能进行汇总统计,所在角色关注的查询与汇总集中到综合查询模块,并基于地图进行形象查询。

5)业务控制与关联

各业务系统间的关联是通过系统内定的接口技术来保证数据的统一与交互,但各业务模块都提供通用功能:事务管理(待办事宜提供功能)、统计查询(汇总、分析)、监控预警(超计预警、控制重计的技术设计等)、台账中心(清单台账、动态造价台账、计量台账、支付台账、变更台账、分项台账等)、可视化查询(对各类综合汇总数据按管辖权限进行基于地图的图表输出查询)、打印输出(提供数据导出常用 Excel 格式及打印功能)。

2. 系统框架设计理念

系统主要对工程项目的三控(质量、进度、成本)、两管(合同、信息)、一协调(组织协调)进行信息化功能实现。

信息管理系统建立统一规范的信息资源规划,进行合理的层次化编码定义,建立组织分解结构(OBS)与工作分解结构(WBS)等。

设计基于系统管理平台实现参建各方的协同管理及建立高效分工控制管理模式,建立符合现代项目管理理念的工程项目管理体系。针对确定的项目管理体系,采用信息化手段固化管理流程,协同管理,及时传递信息,提高工作效率。通过分解工作管理和工作单元实现工程进度、费用、质量的动态与量化管理,从而建立范围广泛的、可视化的、动态的项目计划、费用、质量控制体系,为工程数据分析、沟通协调、问题解决等提供方便。

分解的工作管理单元的实现方式是通过建立系统工作单元管理中心,以 WBS 为载体和纽带,实现进度、质量和费用三者管理数据的统一。应用项目管理 WBS 方法论,对实体工程进行分解，细化可控工作单元，建立项目工作分解体系和编码体系，实施部署时初始化管理工作与实物工程的对应关联，统一信息渠道、上下畅通。当所建立的工作分解结构与各控制单元结合后，管理中心的工作分解(WBS)结构将成为工程建设信息的中枢，使不同层次的信息即时显现，从而达到联动控制管理的目标。

1)质量控制

按工程实际建立单位、分部、单元、分项、子分项的质量控制单元，质量控制单元与工作单元相统一。当工程实物在完成或部分完成后，经检验合格后即可计量，从而实现工程实物进度计量的工程管理控制链(进度、质量、费用)。另外，基于控制单元的划分，也便于随时掌握工程的质量情况和各参建方质量控制体系运行的有效性。

2)费用控制

将清单分解成细项，细分后的清单细项与工作分解单元关联，从而可通过项目管理平台的工作分解结构中心获取各细项的费用发生情况。

3)进度控制

依据工作分解结构，使进度控制管理单元与工作单元关联，工程实物完成后直接反映到工作分解结构中，从而将实际的工程实物完成数据与计量的数据执行对比，从实物完成与投资完成两个角度描述工程的完成情况。

4)技术资料控制

通过工作分解结构，各参建单位基于统一的平台及管理中心管理，可以对整个工程建设过程中产生的原始数据、文件、资料有条理收集。工程完成后，系统可以根据需要整理施工资料生成竣工文件。综上所述:工作分解(WBS)单元是整个项目过程管理的控制中心，对所有工程进度计划的编制、计量支付、交工验收、质量检验评定和质量控制追溯档案的建立及资料归档等工作，均以被确认后的分项工程为最小单元直接进行。分解的结构及编码体系通过配套细则确定。

5)系统安全设计理念

技术是实现信息安全的重要手段，主要包括网络安全、数据安全、系统安全和物理安全四个方面:

(1)网络安全

本系统主要依托原有网络基础设施进行建设，网络中心划分为省交通厅外网区、内网区以及内外网之间的数据交换区，为保证内网运行的可靠性，分别采用了双核心交换机、双核心路由器、双防火墙的冗余配置。同时在服务器与核心交换机之间配置了防病毒网关与入侵防御系统。外网与内网物理隔离，并利用前置机与网闸进行数据交换。利用边界路由器、VPN 网关、外部防火墙、入侵防御系统、防病毒网关共同保障外网安全。整合系统将充分利用网络安全的相关设备和策略。

(2)数据安全

在系统设计时，通过双机热备方式保证数据存放安全。同时，针对系统故障、人为误操作、自然灾害等情况下的数据丢失，购置磁带库及恢复软件作为数据恢复的技术手段。

(3)系统安全

通过操作系统安全监测、数据库系统安全监测、应用系统安全监测等方式，自动检查系统，及时发现系统的软点和漏洞来实现系统安全。采用技术手段对用户的注册、认证和授权实施严格管理，并记录系统操作日志以加强监督。此外，由于信息整合过程中建设的多为综合应用系统，用户类型较多，在软件设计时尽量减少安全隐患，通过用户授权、严格密码管理等方式，进行身份认证，为系统建立一套访问控制机制，有效控制非法用户的进入，以保证应用系统的安全。

(4)物理安全

物理层面的安全保障措施，主要依托各相关单位的现有机房条件，包括 UPS 电源、防雷接地、防火、通风温控等设备。

四、系统应用维度分析

高速公路建设项目动态管理系统是一个复杂的系统工程。从功能维度上看，动态管理系统可分为业务层、支持层和战略层。业务层的信息系统处理各层面的核心业务；支持层的信息系统处理项目公司一些重要的综合性业务；战略层的信息系统为公司领导层的战略决策提供数据支持，主要是包括深层次数据挖掘的决策支持系统等。

从组织维度上看，公司的信息系统可分为项目指挥部、监理单位、施工单位等应用层，下端应用层系统主要强调业务处理和支持管理功能，上端用户系统主要强调信息沟通和信息共享、协调和决策支持功能。依托龙庆高速公路建设项目研究开发的系统可满足多个项目的建设管理需要，业务范围涵盖项目建设过程管理，适用于施工单位、设计单位、监理单位、建设单位、高速公路建设管理部门等各项目参与单位。

项目管理系统平台提供综合的统计分析工具和可视化查询监控工具，中高级管理层既可以直观了解项目执行情况和存在的问题，还可以追溯问题发生的原因及其责任者，可以发布决策指令信息。

五、系统整体架构设计

高速公路建设项目动态管理系统的开发和应用需要一个积累经验、建立技术和管理基础的过程，无法一次建设成一个功能完美的动态管理信息系统。同时，也必须尽可能避免子系统在分步开发过程中的反复修改，以保持系统开发的相对稳定性。采用增量迭代的开发，是解决上述矛盾的一种有效方式。增量迭代的开发方式是抓住总体功能控制性规划设计，确定子系统之间的接口衔接关系，当子系统的外部关联明确之后，再进入先期建设子系统的详细设计。可以将此类方式称为总体控制设计、分块详细设计、分期实施、递进发展的积木式建设方式。动态管理系统整体架构如图 2-3 所示。

1. 系统应用架构

基于用户的需求及整体的分析，动态管理系统分为六层：

(1)用户浏览层。客户端以 Web 方式浏览，部分可扩充到 PDA、手机等移动设备。

(2)统一协作平台层。包括信息门户、系统管理平台、数据共享平台、业务应用系统平台(包括基本业务处理和资料档案管理)、综合业务系统平台(包括业务监控系统、业务查询系统、综合办公系统)、建设项目数据库管理平台、辅助决策支持系统等构成综合的动态管理平台。

(3)业务资源层。包括项目基本情况、项目前期管理、征地拆迁管理、招投标管理、合同管理(含变更管理)、计划进度管理、投资控制管理(含清单管理、计量支付、投资分析、决算管理)、质量管理、安全管理、竣工管理、阳光工程、工程月报管理、办公自动化、系统管理等业务应用管理模块。

(4)应用服务层。应用服务支撑平台采用 ASP. NET 搭建。

(5)数据访问层。数据库管理系统采用 SQLServer2008R2。

(6)网络支撑层。网络核心千兆级支撑、百兆级交换到桌面。

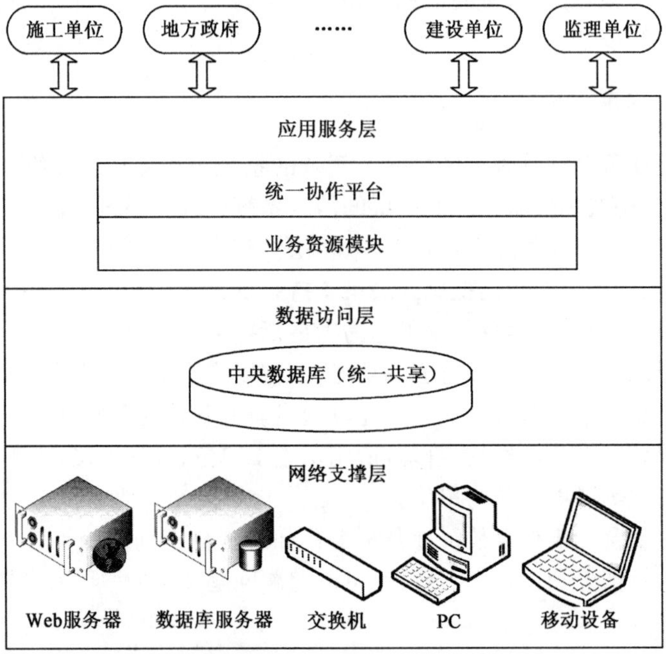

图 2-3　动态管理系统整体架构

2. 数据处理流程设计

由施工单位负责采集数据,并报各级单位(监理单位、设计单位、建设单位)进行审核,形成各业务的中心数据库基础数据。根据要求从中心数据库进行数据的提炼和分析,形成各类丰富的统计图表,并供相关人员有权限地进行查询,便于进行分析决策。

六、系统网络结构设计

高速公路建设项目动态管理系统是基于 Internet 和 LAN 设计、使用 ASP. NET 开发技术、设置中心数据库(SQL server)、采用 Browser/Server 架构的动态管理系统。与 C/S 架构模式相比,用户使用更加方便。因为不需要在用户机器上安装客户端,所以只要是能联上 Internet 的机器都可以方便地使用这套项目管理系统。因此,B/S 模式具有系统建设与维护成本低的特性。用户(建设单位、监理单位、设计单位、地方指挥部)可以利用本系统上报数据,同时用户(监理单位、建设单位)也可以利用本系统对下属单位上报的数据进行审核、统计分析及统计汇总。

高速公路建设项目动态管理系统是信息化产品,基于互联网集合各项功能的管理模块,统一权限分配，一项信息为多个模块共享，各参建单位同在一个平台上开展管理工作，大幅度提高项目管理水平。动态管理系统运行拓扑由主服务器通过光纤连接与各相关单位工作站组成，系统界面可以通过互联网进入，各类功能模块均可以自由打开阅读。

部分工程设计、计量、日志中的执行栏目和条目需要通过特定的操作人员，通过用户名和密码开启。“阳光工程”和企检共建向社会开放，接受社会各方面的监督。网络运行拓扑结构图如图 2-4 所示，系统网络结构设计包括中心网络设计和广域网设计两部分。

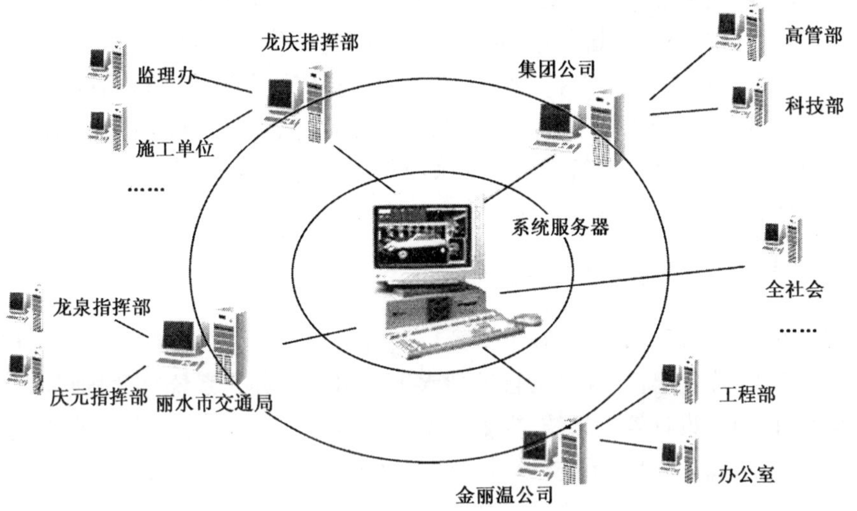

图 2-4　网络运行拓扑结构

1. 中心网络设计

数据中心是信息管理系统的中枢，必须保证其稳定、安全、可靠运行。目前国内已经具备良好的网络环境，各项目除要考虑到迅速增长的计算机数量对网络的连接性要求，还要考虑信息流量和性能方面的要求，保证网络系统有很好的稳定性和可扩展性。在项目办的服务器和交换机之间采用千兆铜缆进行连接，中心交换机和分支交换机之间也采用千兆铜缆进行连接，确保整个信息中心以千兆的速度运行。物理设备的安全：采用高性能的网络设备和服务器，使设备的故障率降低；对关键网络及网络设备的关键部件进行容错、冗余备份。网络数据安全：采用先进的技术手段，如加密技术、RAID 技术、数据备份等，使数据的真实性、完整性得到安全保障。资源访问安全：采用防火墙、认证、权限等技术手段，防止黑客的攻击，确保在进行资源访问时系统数据的安全。建立可靠的防病毒体系：使数据免受病毒的侵害，保证应用系统和数据的安全。

2. 广域网设计

整个网络按指挥部、地方指挥部、建设与监理单位三层结构进行设计。突出网络和服务器的整体性能，提供指挥部、建设与监理单位之间的高速、实时连接。提供地方指挥部与建设单位之间的高速、实时或按需连接。建设单位与施工现场之间，可以根据实际情况和现有资源情况，选择通过移动或联通的VPN、电信专用光纤线路，这样可以实现高效率、低成本。保证数据可以实时或者定期更新到网络中心服务器。在高速公路建设单位与施工场地之间，有可能距离较远，可以通过电话拨号、移动GPRS、联通CDMA1X等方式接入互联网处理业务数据。

第四节　动态管理系统关键实现技术

高速公路建设项目动态管理系统的关键技术是快速准确地进行建设信息处理，为工程建设提供决策依据，稳步推进。关键技术涉及：基于互联网的信息化动态管理技术、计量管理中的电子签字技术、对设计变更的跟踪技术、动态视频抓拍照片考勤技术和“阳光工程十二公开”应用。本系统的关键技术应用将对工程质量的控制和管理起到积极作用，可以使建设单位的项目管理工作纳入到科学严谨的管理轨道中来，同时也将有效提高工作效率，促进整个工程项目建设的顺利进行。

一、基于互联网的动态管理系统技术

集合各项功能的管理模块，统一权限分配，一项信息为多个模块共享，各参建单位同在一个平台上开展管理工作，大幅度提高项目管理水平。将项目办公系统、即时通信系统、视频会议系统、计量管理系统、设计管理系统、变更管理系统、合同管理系统、计划管理系统、地方工作管理系统、工程施工（监理）管理系统、质量管理系统、安全管理系统等主要管理功能集合在一个管理平台上，统一权限分配和高度信息共享。并通过即时通信系统、短信平台、视频会议系统、公文交换箱等实现各参建单位之间的信息快速沟通。

二、计量管理中的电子签名技术

电子签名指利用公、私钥密码技术和其他密码算法生成一系列符号及代码组成电子密码进行签名，从而代替书写签名和印章。这种电子式的签名还可进行技术验证，这种签名方法可在很大的可信区域人群中进行认证，或在多个可信的区域中进行交叉认证，它特别适用于互联网和广域网上的安全认证和传输。公/私密钥对的用法是，当发方向收方通信时，发方用收方的公钥对原文进行加密，收方收到发方的密文后，用自己的私钥进行解密，他人是无法解密的，因为他人不拥有私钥，这就是用公钥加密、私钥解密，用于通信。用私钥加密文件、公钥解密则是用于签名，即发方向收方签发文件时，发方用自己的私钥加密文件传送给收方，收方用发方的公钥进行解密。

在国内高速公路建设中率先应用电子签名技术，实现网上在线签名计量支付。以往公路建设行业的计量支付办法是采用纸质文件形式或先走网上再补签文本，施工单位要带着计量工程的文件逐级签字。电子签名计量支付系统，很好地实现了电子签名和公路工程计量支付功能的结合，系统具有签署自动提醒功能，只需在网上签字，即可完成所有的支付工作。因是一阶段签署，不需再进行文本签署，不仅减少了计量支付过程中许多烦琐的环节，还使得支付过程更加透明、高效。可以加快施工单位的资金周转，适合中国高速公路快速建设的形式。

三、对设计变更进行全程跟踪技术

从变更提出到变更审批，再到变更实施及费用审查，每个环节都体现阳光操作，接受全体参建单位的监督。设计变更一直是广受关注的内容之一，在工作中指挥部结合项目建设实际和沿线群众的合理诉求，对每一项变更均要进行实地勘察、广泛协商，并在规定范围内公开，征求意见。在变更之后，将变更理由、变更结果、变更的批复文件全部在网络平台上进行公开、公示，最大限度地减少设计变更的随意性。如此一来，不仅擦亮了广大群众的眼睛，也让想从各个环节中捞取好处的人无缝可钻、无处可贪，使设计变更真正体现为民造福而变，为又好又快发展而变。

四、动态视频照片考勤技术

通过与计算机相连的摄像头动态捕捉员工的脸部照片，同时把捕捉到的人脸照片与预先采集的照片进行比对，如果是员工本人，则考勤成功，同时根据考勤时间判断人员出勤情况（正常、迟到、早退或加班等），并记录考勤信息，如考勤日期、班次、上班时间等信息。

动态采集视频图像是系统开发工作的基础。视频采集使用微软公司 Windows 操作系统提供的程序来对 USB 摄像头进行操作。VFM 是 Windows 环境下实现实时视频捕获的视频模块库，其中 AVICAP. DLL 模块是 VFW 的一个重要组成部分，它的主要作用是实现视频捕获。AVICAP 支持实时视频流捕获和单帧捕获并提供对视频流的控制。它能直接访问视频缓冲区，而不需要生成中间文件，实时性很强，效率高。在进行视频捕获之前需要创建一个捕获窗类，它是所有捕获操作及其设置的基础。

五、“阳光工程十二公开”技术应用

通过高速公路建设项目动态管理系统的实施，将建设依据、廉洁从业、招标工作、设计管理、征地拆迁、履约行为、监督服务、工程进展、文明施工、立功竞赛、安全管理、质量管理十二个方面全方位公开，不仅有利于廉洁从业，也是大型项目实现规范化管理、信息化管理的要求，是提升项目管理水平和防止腐败滋生的重要措施，必将极大地提高工作效率、减少管理成本、提升管理质量。

第五节　动态管理系统构建的意义与价值

一、意义

1. 建立开放式全方位监管模式

开放式全方位监管模式依托高速公路建设项目动态管理系统，建立了一整套公开化的流程，特别是将工程建设中的十二个关键环节进行全方位公开，主动接受社会公众查询和监督，形成了全民监督机制。为避免流于形式，每一项“公开”都落实了公开的主体、内容、方式、范围、时间、监督检查部门，以保证“十二公开”贯彻实施。这种开放式全方位监管模式，变传统的事

后监督为过程监督，变组织监督为社会监督，变单项监督为全面监督，不仅满足大型建设项目规范化、信息化管理的要求，提升了项目建设管理水平，而且保证了参建人员廉洁从业，净化了工程建设环境。浙江省交通投资集团还在建设项目中联合地方纪委、检察院开展“共创廉洁工程”活动，建立预防职务犯罪联系点，在“阳光工程”网站公开信访举报电话，对项目建设做到实时监督，开创了“企、纪、检”共建的外部廉政建设模式，从机制上为工程建设创造了廉洁、安全的环境。

2. 打造全方位立体化沟通渠道

高速公路建设管理伴随着大量信息的流转和处理。高速公路建设管理的效率，取决于管理者对建设过程各个环节信息掌握和反馈的速度。动态管理系统通过网络建立了包括 RTX 即时通讯系统、手机短信平台、高级商务多媒体通讯系统、公文交换箱、公文处理、在线通讯录等全方位的沟通渠道，实现了各参建单位间信息的快速有效传递。每天的工程建设进度信息、每周各标段的进度产值完成情况。每天各标段的形象工程进度情况都了然于胸，同时还能通过视频考勤系统实时掌握各参建单位人员的在岗情况。并且，由于信息公开及受公众监督，信息处理的效率和质量也得到了提升。

3. 实现高效快捷的计量支付

该系统对工程计量支付工作充分利用计算机网络技术、分布式数据库技术、通信技术及密码签名验证机制等，实现数据信息在业主、监理和承包人三方之间的快速传递及异地自动化管理，模拟工程建设管理中计量、变更、支付等过程，实现计量支付环节的全程动态管理和实时监控。该系统的电子签名计量支付功能，相关人员只需在网上签字，即可完成所有的申报、审核审批及支付工作，且系统自动记录签名时间，各环节处理时间及耗时均可在系统中查询。电子化计量支付，不仅简化了计量支付过程，而且使整个过程更加透明、高效，一般情况下承包人每月可以完成计量 2～3 次，加快了资金周转。同时，系统要求各监理、施工单位每月上报资金使用计划，公开资金使用情况，有利于加强对资金使用的管控。

4. 施行规范严格的管理程序

对于部、省级及指挥部的各项建设管理制度，动态管理系统均进行了流程化的设置，如工程质量首件认可制度、安全生产条件审查制度、安全经费制度等。以往有制度但流程执行不明确、不公开，执行情况模糊，不符合精细化、标准化管理的要求，现在明确了建设管理流程，并借助动态管理系统进行模块化、流程化设计，使得有关单位和人员明确了“谁、什么时间、做什么工作、达到什么效果”；流程公开，使从上到下的管理链条环环紧扣；最后实现管理闭合，实现标准化、精细化管理目标。

二、经济价值

为进一步规范高速公路建设项目管理，提高工作效率，加快信息化建设的步伐，实现建设项目管理的规范化、系统化、高效化，高速公路建设项目动态管理系统利用网络系统对项目建设进行全程动态管理和实时监控，实现对公路建设全过程的办公自动化，为高速公路建设提供科学的信息化管理，切实提高管理水平和投资效益，产生了巨大的经济效益。动态管理系统对经济效益的贡献可概括为两个部分，即增值收益和减损收益。一方面，动态管理系统所提供的服务提高了工作效率，提高了服务质量，提高了管理质量从而提高其经济竞争力；另一方面，动态管理系统所提供的监管能够减少生产成本、减少事故率，又能有效避免环境污染，对环境保护、公共卫生等都产生了很大的效益，为经济的可持续发展和和谐发展做出了很大的贡献。

1. 增值收益

1)提高了工作效率

高速公路建设项目信息量极大，工作强度大，手工操作容易出错，数据处理效率低，难以满足工程项目管理的实时性和准确性要求。动态管理系统中一些烦琐的复核、统计、报表生成工作均由计算机自动完成，只需 1～2 人对其进行抽查和跟踪管理，有效地提高了信息处理的速度和效率。

动态管理系统是一种具有人性化设计的系统，该系统实现了前后台系统的整合统一，让所有用户在一套系统中共享所有的信息资源，在同一个数据平台上进行资源管理与规划，并将所有的业务流程整合在同一套系统中，扩展了传统的资源管理范围，将传统的文件式工作流程改造为电子工作流程，从而减少了纸张等办公用品的使用率，改进和优化了管理工作流程，强化了过程控制，消除了传统工作方式容易引起的指令迂回和阻塞现象。同时，所有人在一个系统中协同工作，形成了更为透明的协同工作环境，相关部门能够在第一时间掌握信息，各职能部门能够迅速地得到反映公路状况的各种统计数据，并可以通过对数据的分析及时发现问题和解决问题。工作人员也从烦琐的手工操作和日常事务中解放出来，更多地参与生产经营决策和管理，也更重视系统的维护工作，以保证整个系统在最佳的状态下发挥最大的效用，为用户提供更为丰富的服务，提高了工作效率。

2)提高了服务质量

在传统的高速公路建设项目管理中，即使配备了计算机，也只是将其作为辅助工具使用，一直沿袭坐等用户上门的被动式服务方式，而动态管理系统的应用，使得高速公路的服务工作不断增多，如提供留言平台、网上检索查询信息等多样化的服务。以计算机技术为支撑的动态管理系统，可以将所有服务均通过计算机来完成，用户可在任意地点登录网站，利用检索系统便可以获取想要的资源，同时可以接受文档、文章、数据和图像。动态管理平台以信息化网络为载体，推行无纸化办公。所有发文，均采用在平台公告栏发布，并向平台公文交换箱定向投递一份，接收单位只需在平台下载即可查看。通过动态管理系统，可以将公路的经营管理有效地组织起来，领导可以很方便地查询到各部门和专业工程处以及项目部的各种信息，内部任何文件都可以在整个网络内进行电子起草、传阅、审核、批示、会签、签发和接收，提高了服务质量。

3)提高了管理质量

高速公路建设项目管理部门在进行决策的时候，需要以各种数据作为依据。在人工的数据处理方式下，只能提供定期的报表，难以根据需要提供各种综合分析的数据，使得决策活动只能依靠经验，往往带有盲目性。这种经营方式是一种低水平的运作，会造成大量的浪费，而通过计算机系统将数据组织起来，可以随时提供各种所需的数据，能保证决策的准确、及时。数据管理并不像财务管理那样有严格的制度，常常带有较大的随意性，数据采集的时间、格式和计算方式等往往是根据经验和公式完成的，不便于审核，容易引起混乱和错误。计算机系统则能为数据处理提供明确的尺度，使之标准化、规范化。

动态管理系统利用网络技术的迅速和便捷，把重点项目的组织框架和运营流程，以文字、图片的形式在网上进行公开，并在管理工作中按照这些组织框架和运营流程进行实施，清晰界定了施工管理中各项业务的处理流程，各项业务处理和监督有章可循，不能提前或越级审批，避免了以往管理工作中容易出现的随意性和跳跃性的弊端，提高了项目管理的可操作性和监管的力度，从管理制度上保证了操作的严肃性，促使施工向标准化、规范化的方向发展。对部、省以及项目管理有关规章制度和管理措施进行流程化设置，通过动态管理系统在网上公开操作执行，制度执行不再是以建设单位封闭操作为主的模式，避免人为因素的影响。在工程进度、工程质量、安全生产、廉政建设、建设环境、文明施工、投资控制等方面，通过实行阳光工程，对以往的管理制度及执行流程进一步深化、完善和改革。推进高速公路建设项目在规范化的管理机制下，建设、监理、施工、设计等项目建设各方建立新的、规范化的和公平公开的工作机制和管理关系。

动态管理系统利用现代信息网络技术，实现了项目筛选、审批、资金安排、建设管理、后评价等项目管理各环节的信息化。同时，通过优化管理流程、统一管理标准，实现了项目管理的规范化。项目计划管理功能模块将项目建设任务分解，进行精细化安排，在项目计划的前提下，各项管理工作根据逻辑关系进行搭接，各项任务自动提示，各级管理人员依据任务提示和业务流程运转进行协同工作，充分保证项目在计划范围进行实施。能实时、动态地提供项目综合信息，避免传统项目管理中了解项目进展情况时需要组织所有项目参与者分别汇报等一系列程序带来的信息滞后和不一致性的问题。实现投资项目的全过程、全方位管理和监控。通过实时、全过程地采集项目建设信息，该系统可以将项目进度、质量和成本等关键因素设置信息监测点、规范控制各类变更，并对其中存在的问题自动发出预警信息，使管理人员能及时发现项目建设过程中出现的违规问题，做到防微杜渐。实现项目信息汇总分析的自动化，对项目数量、投资总额、资金到位、投资完成等项目的总量信息进行动态监测和自动汇总，并提供按照行业、地区、投资类别、项目状态等条件进行统计的信息分析结果。实现实时填报、实时汇总分析、实时提供汇总分析结果，提高了管理的质量。

2. 减损收益

1)减少了生产成本

高速公路工程投资巨大，信息化的管理使造价有了透明化的监督体制，使监督体制向公众开放，公开工程各阶段的造价信息，使工程建设程序透明化，使工程造价置于公众的监督之下，推动工程造价管理发展。从合同纳入造价系统开始，系统就对合同的计量、支付等情况进行跟踪管理，严格控制工程造价。由于计量审核的工作量很大，以往在审核计量的时候很容易出现错漏，超过合同数量计量的情况时有发生，致使工程造价增加。而动态管理系统可以自动为计量工作把关，当承包人申报的工程量超过合同数量时，系统自动报警，对超出部分的工程量一律不予计量。只有通过各级变更审批程序，超过合同数量的工程量才可以计量，从而有效地控制了工程造价。

利用动态管理系统的整合作用，涵盖了前期信息、招投标、合同、工程变更、计量支付、计划进度、质量、安全、劳务队伍、施工现场、行政管理、项目交竣工管理等业务范围。该系统的实施明显加快了交通项目信息化建设的速度，实现了工程建设的造价、质量、进度、竣工文档、办公等协同工作，保证了信息充分的共享，为各参建单位节省了大量的办公费用。业务处理的准确性避免了人为差错，有效防止了不良现象给投资者带来的损失，为开展关键业务提供了帮助，产生了比较大的经济效益。

2)减少了事故率

通过动态管理系统严格控制工序工程质量，以工序质量确保分项工程质量优良，以分项工程质量确保分部工程、单位工程质量优良。增加了施工现场材料进出场抓拍，材料存放、加工过程重点控制的固定图像监控和加工现场环境全方位的全景图像监控系统，建立了监理单位和业主集中管理的监控平台，被监控点通过网络远程实时传送至监控管理中心，图片及图像资料固定时间段保存，同时可对图片及图像片断进行备份以便进行质量监督。及时公布了质量管理规章制度，如对施工准备阶段质量监控、施工阶段质量监控、竣工验收阶段质量监控的相关规定；公布了工程从技术培训、技术交底、材料进场、施工工艺、技术要求、质量控制等方面进行的分析及论证；编制施工组织设计，公布了按施工组织设计中的工艺技术要求先完成的样品工程以及随后对样品工程的各项质量指标进行检测和完善后的材料；公布了试验检测管理、桩基检测、质量评定标准、质量整改督查等资料。运用项目管理系统平台，利用网络技术的迅速和便捷，把重点项目的施工过程以文字、图片的形式在网上进行公开，实现了业主、监理单位、驻地办、承包单位对工程质量的过程控制，有利于动态掌握工程质量状况，及时分析质量问题、发现质量波动状况，为管理部门决策提供了有效的预警机制以及解决措施，确保了建设项目工程质量目标的实现。

安全生产专栏共享了安全生产法规、政策、管理措施，公示了安全生产组织机构、安全管理的奖惩措施，从意识上抓起，让业主、承包人、监理人员充分认识到安全生产的重要性，正确理解安全生产与工程质量、经济效益的关系，强化全员安全生产意识，牢固树立“安全第一、预防为主”的思想，把安全生产视为与工程质量、工程进度同等重要的大事来抓。认真学习贯彻执行了《公路工程施工安全技术规程》、《爆破安全规程》等国家安全生产法规。对安全责任制不落实、只有规定不见行动、安全意识麻痹、管理松懈、发生安全事故的承包人给予违约处理，减少了事故率，产生了巨大的经济效益。

3)减少了环境污染损失

为了解决污染监测数据不易管理的问题，系统可以随时录入、浏览污染监测数据，可以以月、年为周期查看污染变化趋势，对污染现状进行分析，掌握控制污染的主动权。动态管理系统具有污染源概况查询功能。环保管理人员经授权后可以修改介绍文档和污染源介绍图片，系统可以根据污染监测数据自动生成公路年度报表和省、市年度报表。系统可以对环保设备进行管理和统计。系统可以自动生成各类文档模板，供用户填写和发布，系统对文档信息进行管理。应用该系统，环保管理人员可以方便地查看每天的环境监测数据，通过对污染监测数据和趋势分析，可以及时准确地了解污染情况，有助于及时做出决策，解决污染的关键问题，使企业的排放指标符合国家环保部门的相关规定，可以有效减少企业的间接损失。

动态管理系统采用科学手段加强高速公路环境的监控管理，有效地对环境污染问题进行了实时监控，并能通过对以往数据进行整理分析，及时预测出季节变化时高速公路的各项生产活动可能产生的环境污染指数，并对此做出预防或处理。整个系统的设计切合工作实际，实用性强，加强了环境保护，产生了巨大的经济效益。

三、社会价值

高速公路建设项目动态管理系统创造了巨大的经济价值的同时也创造了巨大的社会价值。

1.有利于提升网络信息资源的利用效率

在信息时代下，信息资源已成为全球性最宝贵的资源之一，此项资源的类型繁多、数量巨大，同时也是一种虚拟资源。由于信息资源是动态变化的，所以高速公路管理工作要想将这种庞大的资源进行规范管理和有效利用，必须依赖现代的科学技术作为有力支撑。而动态管理系统作为一种先进的管理技术，可以将所有收集到的资源进行分类、标引，建立索引动态链接，以便为用户提供便捷的查询和共享服务。如此一来，动态管理系统便可以将最新、最全的信息在最短的时间内传递给用户，以满足信息化的社会发展需求，从而提高网络信息资源的利用率。

动态管理系统要求对高速公路信息资源的开发与配置必须具备新观念和新方式，要求树立需求导向观、虚实结合观、协调共享观和动态发展观，因为这四种观念有助于全方位、有重点、多层次、联合式地开发和利用信息资源。同时，动态管理系统能够突破文献信息资源、学术性信息资源开发的限制，从重视理论性资源开发逐步过渡到重视实践性和生活性的信息资源开发，从而可以满足用户的不同信息需求。

2.有利于提高高速公路管理人员的综合素质

动态管理系统的应用为高速公路管理人员的工作职能带来重大变革，这就要求高速公路管理人员应当具备较高的综合素质，在网络信息时代下不断完善自己的知识体系，自觉地增强自身业务素质和业务处理能力，以便于高质量地完成高速公路管理工作。

动态管理系统要求管理人员具有敏锐的洞察能力，能够准确辨别哪些信息具有实际利用价值，并可以将繁杂的信息加以分析和规整，发掘其中潜在的内在价值。要求高速公路管理人员提高综合技能，熟练运用计算机技术，能够自主建立各种数据库，解答用户的问题，并指导用户如何获取其所需的资料信息。网络管理技术人员的能力是决定计算机通信网络管理能否正常运行的主要决定因素。由于我国公路数量多，计算机通信网络复杂，必然要配备足够的网络管理技术人员。网络管理人员应当掌握必要的技术，如能参与网络设施的建设，熟悉设备的安装过程，具备维护修理的能力。由于新型通信网络管理技术的发展，要求管理技术人员能跟随时代潮流，在实践中学习新技术，有利于提高高速公路管理人员的综合素质。

3.有利于加强廉政建设

动态管理系统将合同、计划、计量、进度、变更、材料、支付等既相对独立又互相联系的各种业务有机结合起来，大大节省了业务数据处理所需的时间、人力、物力，避免了重复的计算、复核和差错。该系统满足业主各类查询和统计的需求，为各方及时掌握工程的实际进度及造价的详细数据，提供了更方便、快捷的服务，大幅度地提高了工作效率，各参建单位还可以通过流程监控适时了解工程联系单的审批进度，实现了透明化办公。

公布项目经理与各科室、各施工队队长、科室负责人等与干部党员签订的《廉政合同》书及《责任书》、《廉政自律书》，开通留言板来接受大家的监督。为掌握参建单位建设资金使用情况，预防资金被挪用，设立了资金监控专栏。通过数据库的建立，实现了数据自动运算、汇总、分类、查询，对资金支付、工程变更、总投资三大部分进行多方对比，形成直观的支付汇总表、支付台账、支付柱状图、变更台账、变更签署监督等图标形式，让管理层及时、直观了解项目资金使用情况，提高管理阶层对投资资本的监控能力。

将建设依据、廉洁从业、招标工作、设计管理、征地拆迁、履约行为、监督服务、工程进展、文明施工、立功竞赛、安全管理、质量管理十二个方面全方位公开，向全社会公开，有利于廉洁从业，有利于实现大型项目规范化管理、信息化管理，提高高速公路建设项目的透明度。广泛接受社会各界的监督，把建设项目中容易产生腐败的环节，置于监察机关的督促范围内，确保在工程建设过程中落实廉政建设制度，提升项目管理水平和防止腐败滋生。

第三章 工程投资控制管理子系统构建

交通运输业是我国社会经济发展的基础产业，是推动我国经济发展和社会进步的强大动力。近年来，随着我国社会经济的迅猛发展，与之相适应的交通运输系统日益成形，高速公路建设也成为了快速发展的支柱产业之一，用于高速公路建设的资金与日俱增。然而，高速公路建设项目具有形体大、周期长、涉及面广等特性并深受其建设沿线地区社会、经济及自然环境的影响，这些因素将直接导致高速公路建设项目投资费用出现异于各种预期投资的变动。为了能够更好、持续地为高速公路建设提供稳健的经济保障，科学、合理地使用有限资金，加强高速公路建设项目投资控制的工作刻不容缓。

第一节 工程投资控制管理概述

长期以来，我国的高速公路建设主要依靠政府投资，造成质量及工期一直处在优于投资地位之上，由于高速公路项目投资巨大、建设周期长、管理难度大，其投资控制对项目管理的影响较为明显，因而备受瞩目。

一、工程投资控制管理的概念

1. 投资的基本含义

投资是一个极为重要的国民经济问题，是关系到宏观经济发展和微观经济效率的重要经济变量。一般地讲，所谓投资，就是投资主体为了达到一定的目的而将其能支配的资金（或其他资源）投入到社会再生产的过程。投资包含三层含义：一是指投入的资金（或其他资源）；二是指投资主体的资金投放行为，包括资金（或其他资源）的筹措、投向、投资决策、投资计划、实施、调控等活动；三是指资金（或其他资源）的投入过程。而经济学上对投资的定义，大致归纳起来可分为以下两类：

从投资行为与过程的角度进行分析，投资是经济主体以获得未来收益为目的，预先垫付一定量的货币或实物，以经营某项事业的行为。从价值与资本的角度进行分析，《经济大辞典》中认为：投资是经营盈利性事业预先垫付的一定量的资本与其他实物。

因此，投资的实质是投资主体以获利为目的的资金使用，是资金的垫付。它的动机在于获得收益，即按照资金的本性要求要能盈利，实现资金的增值。

2. 工程项目投资控制的基本概念

工程项目投资控制要保证项目实际投资不超过项目计划投资，重视项目前期（设计开始前）和设计阶段的投资控制工作，以动态控制原理为指导进行投资计划与实际值的比较，可采取组织、技术、经济、合同措施，必要时利用计算机辅助投资控制。工程项目投资控制，就是在投资决策阶段、设计阶段、施工准备阶段、施工阶段以及竣工阶段，把工程项目投资控制在批准的投资限额以内，随时纠正发生的偏差，以保证项目投资管理目标的实现，以求在建设过程中能合理使用人力、物力、财力，从而取得较好的投资效益和社会效益。

3.公路工程建设项目投资控制的概念

公路工程建设项目投资控制，是指公路工程项目投资控制机构和控制人员为了使公路项目投资取得最佳的经济效益，在投资全过程中所进行的计划、组织、控制、监督、激励、惩戒等一系列活动。在公路工程项目决策、设计、发包、施工、竣工与保修等实施阶段，采取组织、技术、经济、合同等综合性措施，发现、分析并纠正偏差，力争将实际总投资额控制在预先确定的计划值内，顺利实现投资目标，以求在建设工程中能使人力、物力和财力得到合理使用，取得最佳的投资效益、社会效益和环境效益。

4.工程项目投资控制的主要工作内容

一个建设项目的全过程是由许多个分过程和许许多多个子过程构成的，每个阶段又是由一系列的具体活动构成的。从这个角度讲，工程项目全过程的投资是由各个不同阶段及每个阶段中的各项具体活动的投资构成的。所以，工程项目全过程的投资控制必须首先从对每项具体活动的投资控制入手，通过对各项具体活动的科学管理，实现对建设项目各个阶段投资的控制；然后通过对各个阶段的投资控制，实现对于整个建设项目全过程的投资控制。由于工程项目的全过程包括项目投资决策阶段、设计准备阶段、设计阶段、施工阶段及竣工阶段等等，而投资控制始终贯穿于其中，每一个阶段和环节都离不开项目费用的控制。因此，全过程投资控制对象包括了项目各个阶段所涉及的所有投资和费用。

通常，在一个工程投资控制过程中，主要包括两个工作内容。

第一个工作内容是基于各项具体活动投资的确定，主要体现在以下几个方面：

(1)工程项目的具体活动是形成工程项目投资的本原。

(2)工程项目的投资取决于项目所需的作业活动内容与规模。

(3)工程项目的投资取决于项目作业活动所采用的方法。

(4)工程项目的投资取决于开展项目活动的组织方式。

(5)工程项目的投资取决于投资项目的划分与设置，其工作的具体步骤可描述如下：①明确要确定的具体活动的投资种类，是估算、概算还是预算等；②根据所需投资的精确程度，搜集相应精确程度的工程技术资料和其他信息；③对项目的全过程所包含的各项活动进行分析；④确定各项具体活动的投资；⑤将各项具体活动的投资进行整理汇总，最后得到基于活动的整个项目的总投资。在以上步骤中，最重要的是活动分析和确定各项具体活动的投资这两个步骤。

第二个工作内容是基于工程项目活动过程和全过程的投资控制。主要体现在以下几个方面：

(1)基于过程的控制可以减少无效的活动。

(2)基于过程的控制可以对活动的方法进行持续的改善。

(3)基于过程的控制可以使活动的结果与内部用户的要求直接联系。

(4)基于过程的控制可以及时产生投资控制所需要的数据和信息。

工程投资控制工作的核心包括两个循环，即全过程的控制与持续改善循环和具体活动过程的控制与持续改善循环。其中，具体活动的控制与持续改善循环可描述如下：

(1)确定要控制的过程。

(2)对控制对象开展活动分析。

(3)找出具体活动过程中存在的问题。

(4)分析和改进现有的具体行动方法，以使其达到最佳。

(5)对“未使用能力”进行分析，以确定是否有闲置的占用性资源。

(6)结束当前的分析过程，开始新的循环。

而全过程的控制与持续改善循环是由许多个个体活动过程的控制与持续改善循环所构成的。

二、工程项目投资费用控制和投资控制目标

1. 工程项目投资费用控制

工程项目的投资费用控制是通过对项目投资目标的影响因素进行识别，对建设环境进行分析，对项目投资目标控制原则、原理、方法及措施做出全面系统的规划，进而对建设费用使用状态实现跟踪控制和组织协调，最终实现高速公路投资目标的全部过程。

如图 3-1 所示控制系统原理图，高速公路建设项目投资费用控制系统中的输入项为建设资源，主要包括人力(管理人员、技术人员、工人)、物资、设备、资金、建设信息等；变换过程为项目建设过程，包括建设项目论证、规划设计、项目施工、物资采购及资金筹集等活动；输出项为建设项目所实现的生产能力或使用功能；测量装置是各种输出结果的检查验收装置与手段；既定标准是建设项目的预期投资目标及应达到的指标，主要包括总目标和分目标等；比较装置是对预期指标与实际达到指标的偏差比较，即比较计划建设投资费用与实际建设投资数据费用，检查是否偏离既定目标；调节装置是建设项目投资控制人员根据投资计划值与实际值比较的结果，分析偏差原因并采取针对性纠偏措施的过程，是制订纠偏措施和对策的机制。

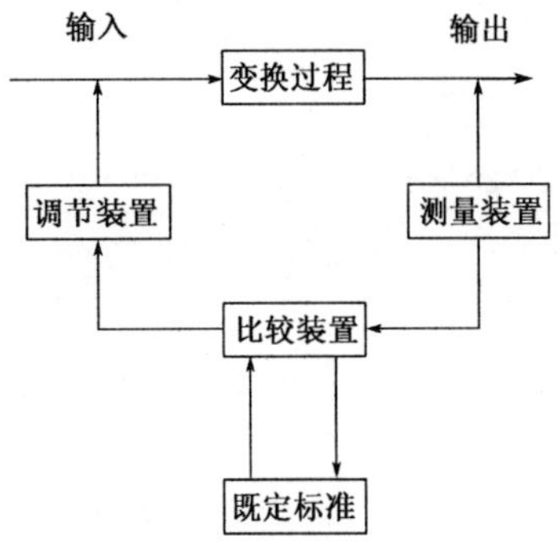

图 3-1　控制系统原理图

工程项目投资费用控制系统原理如图 3-2 所示。

由于工程项目建设周期长，收集其实际发生数据、比较投资费用计划值与实际值、分析偏差、决策纠偏措施等工作环节都需要大量时间，且不可能同时进行，所以高速公路建设项目投资费用控制是周期性的循环过程。

工程项目投资过程根据建设项目实施阶段大体可分为投资分析决策、设计优化、项目实施和竣工运营四个阶段。因此，投资控制应当从投资分析决策开始进行，确保估算的准确性，实现投资控制目标的合理可行性；设计阶段制定各子目标值，并通过各种调整措施使其不超过总目标，实现投资目标值的优化；项目实施阶段以招投标阶段确定的合同价为标准进行，通过投资实际值与计划值的比较，发现并纠正偏差，最终将竣工决算控制在投资目标值内。建设项目的决策设计确定的是投资控制目标值，实施过程是投资控制目标的实现过程，竣工事后阶段即是投资控制结果的反馈。

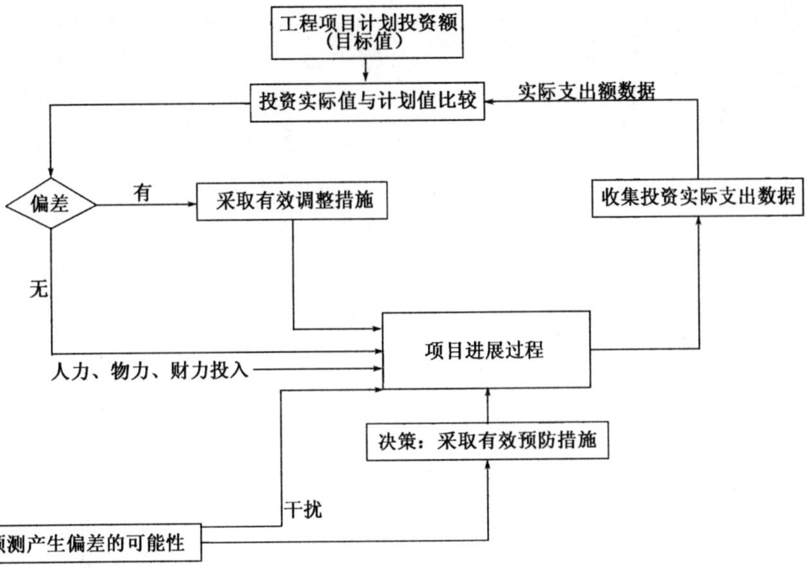

图 3-2　工程项目投资费用控制原理图

2. 工程项目投资控制目标

为保证项目投资控制顺利进行,建设单位必须合理确定建设项目的投资控制目标值。如果没有明确的投资控制目标值,便无法把项目的实际支出额与之进行比较,也就找不出投资偏差,进而使得投资控制措施无的放矢。因此,合理确定建设项目的投资控制目标值,是建设单位进行投资控制工作的第一步。

由于相对于建筑工程而言,高速公路工程建设具有周期长、消耗物资大、价格变动风险大、技术进步速度快等特点,工程投资受到的客观干扰因素比较多,因而不可能在工程项目一开始就能够设置一个科学的、固定不变的投资控制目标,而只能设置一个大致的投资控制目标,这就是建设项目投资估算。随着工程项目建设实践的不断深入,项目投资的逐步落实,还应当在各具体的投资控制阶段分别设置其阶段投资控制目标。

下面分阶段对投资控制目标进行详细说明：

(1)在项目决策阶段,目标是建设项目的投资估算额。投资估算是项目筹资决策和投资决策的重要依据。

(2)在投资设计阶段,由于高速公路项目的设计阶段一般由初步设计、施工图设计两个分阶段组成。所以,该阶段投资控制目标设置如下：

①一般是以经批准的项目可行性研究投资估算作为建设项目设计方案选择、进行初步设计的投资控制目标。需要说明的是,虽然投资估算对初步设计有一定的控制作用,但根据我国现行的有关规定,当初步设计提出的总概算超过批准可行性研究投资估算 10%以上时,应予以说明或重新报批可行性研究报告。

②用初步设计概算作为技术设计及施工图设计阶段的控制目标。如果项目没有技术设计阶段时,就直接用初步设计概算作为施工图设计阶段的控制目标。

(3)在工程的招投标阶段,其投资控制也是通过投资目标控制得以实现的。该阶段投资控制目标分为两部分,即:该阶段投资控制总目标是批准的设计概算,子控制目标是招标的标底。通常,在招投标阶段,常用工程招标标底进行实际的投资控制,并要求投标报价控制在标底限额以内。

(4)通常,施工图预算或工程合同价是施工阶段投资控制的总目标,这一阶段的投资都应控制在这一目标范围内。由于工程项目在实施过程中会受到许多干扰因素的影响,还应根据具体情况或对未来情况的预测制定一个控制在总目标内的更具体更详细的投资目标。为了更有效地控制投资,在施工阶段应将投资目标进行分解。项目投资的分解一般按项目的工程部位进行,这样更有利于投资的有效控制,分解时还要同施工组织设计的工作分解保持一致。

(5)通过上述一系列过程,最终在竣工验收阶段要确保竣工决算在承包合同价范围内,从而实现高速公路项目的投资目标。因此,以工程合同价作为该阶段的投资控制目标。

投资控制各阶段的投资控制目标如图 3-3 所示。

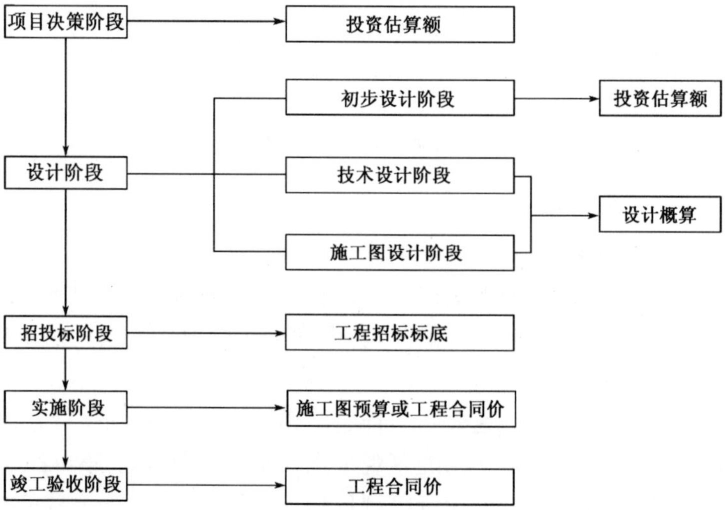

图 3-3 投资控制各阶段的投资控制目标

此外,工程项目投资的最高限额也需确定。按我国现行的有关规定:经批准的初步设计总概算投资是项目投资控制的最高限额。在项目实际建设中,必须将施工图预算、招标控制价、合同价、结算价、竣工决算实际投资等控制在批准的初步设计总概算投资这个投资控制最高限额以内,不得随意突破。

由于每一个阶段的投资控制目标,都将形成建设项目建设过程的阶段性成果,这个阶段性成果将为今后阶段的目标设置提供参考依据,并对今后阶段的投资目标产生约束作用。所以,投资的最高限额与各分阶段的投资控制目标共同组成整个投资控制的目标系统。

三、工程项目投资控制管理的原则

高速公路建设项目建设周期长、涉及专业面广、协作化程度高、干扰因素多,基于高速公路有别于其他建设项目的特性,其投资费用控制过程需遵循全过程、全员、全要素、全风险、主动与被动相结合的全面控制原则。

1. 全过程控制

高速公路建设项目投资控制贯穿于项目的始终。项目决策和设计阶段主要实现项目使用功能的方案优化，是节约投资费用的主要阶段。随着项目建设施工的进行，投资控制的重点则逐步转为控制实物消耗，所以在此阶段应加强项目实施监控和管理，使实物形成过程中消耗的费用控制在控制目标之内，尽量减少计划外投资，节约费用的可能性较小。因此，重视项目实施过程投资控制的同时，应当加强项目投资的早期控制。实现全过程控制和早期控制是进行项目投资有效控制的必要前提。

2. 全员控制

高速公路建设项目实施的过程涉及参与的多方利益主体，主要包括：建设单位、设计单位、工程监理单位、施工单位以及材料设备供应商等。

在建设项目全员控制中，建设单位作为主导人员，贯穿于项目建设的全部过程，他们主要的责任及任务有：优化并确定设计方案，制定投资目标，公平公正地选择有实力的施工单位进行工程施工，委托监理进行项目监督管理，协调各方利益等。因此，建设单位应当建立健全各环节责任规章制度，规范各方行为，统领好建设项目投资控制工作。同时各个主体间需要相互协调，共同合作，从而确保工程顺利进行，避免出现投资控制漏洞。

3. 全要素控制

高速公路建设项目的费用、工期和质量是相互影响、相互制约的。要进行任一要素的控制必须全面考虑其他两要素的实施，因此要根据三要素之间的相互转换关系寻找具体技术方法，协调三者之间的关系，从而达到投资费用控制的目的。

随着项目建设的实施，各种因素的干扰影响会日益突出，投资控制的目标和指标会出现偏差而必须进行修正，其他两要素的目标及控制指标也要进行相应的修正。因此项目投资费用控制的过程，也是全要素控制工作不断循环的过程。

4. 全风险控制

由于风险因素的出现，高速公路建设项目的投资费用包含了三个组成部分：一是明确项目发生数额大小的部分，即为确定性的造价；二是知道某种风险可能发生及发生的概率，以及不同概率时造价的分布情况，但是不能肯定其发生的部分，即风险性造价；还有一种是完全不知道风险发生可能性及概率分布的部分，即完全不确定性造价。由于不确定性因素的出现造成的各种损失甚至会转换成投资失控现象，且不确定性投资的控制管理存在弹性而确定性投资的控制幅度比较有限，所以在投资费用控制过程中，要密切关注各种不确定因素。全风险控制工作是不可或缺的部分。

5. 主动控制与被动控制相结合

建设项目在实施过程中发现实际费用发生情况与计划目标发生偏差时，为避免偏差的进一步扩大，需及时采用被动控制的纠正措施。此种控制需要管理人员在项目实施过程中，密切关注费用发生情况，及时发现问题，寻找偏差，并采取纠偏措施。

由于建设项目投资控制周期较长，仅使用被动控制很难在偏差较大的情况下保证系统目标的实现，所以应同时采取积极的主动控制，即预先分析各种干扰因素及目标发生偏离的可能性，然后拟订和采取各项预防措施，从而尽可能避免偏差或减弱偏差程度。

主动控制与被动控制是相互补充完善的过程，将主动控制与被动控制结合起来，在增大主动控制力度的同时定期、循环地进行被动控制，才能有效实现项目投资控制目标。

四、工程项目投资控制技术和方法

1. 投资控制的常用技术

(1)利用费用控制改变系统。

(2)实施的度量。

(3)督促建立附加的计划。

(4)利用计算工具。

2. 投资控制的方法

1)挣值分析法

挣值管理是综合了项目范围、进度计划和资源来测量项目绩效的一种方法。它比较计划工作量、实际挣得多少与实际花费成本，以决定成本和进度绩效是否符合原定计划。

2)ABC 分析法(Pareto 图)

该方法的核心是分清“关键的少数和次要的多数”，抓住关键的少数可以解决问题的大部分。ABC 分析法也称费用比重分析法、不均匀分布定律法，如 20%的子项目，占总成本的 80%。

3)全寿命费用法

项目的整个生命期的成本与费用控制方法。

五、工程项目投资控制管理的依据

通常，实施阶段投资控制的依据主要有：

(1)工程的施工合同。工程的施工合同对工程的计量支付、工程价格的调整、工程变更、索赔等有关事项均做了规定，因而是建设单位在工程实施阶段对投资进行控制的依据和基础。

(2)预算文件。

(3)工程进度报告。工程进度报告为建设单位提供了各个时刻的工程实际完成量、工程投资实际使用及支付情况等重要信息，可以通过比较找出投资的实际使用情况与计划在进度和费用上的偏差，并分析偏差产生的原因，从而采取相应的改进措施。

(4)工程变更指令和相关文件。由于各方面的原因，工程变更在工程的施工中是难以避免的。一旦出现工程变更，工程量、工期、费用支付都将发生变化，从而导致工程投资的变化。

(5)施工索赔文件。在工程项目的实施阶段，会出现各种突发事件，而由这些原因引起的索赔是否成立，在费用上如何界定，均会影响工程项目的投资数额，需严格控制。

(6)有关的法律、法规、政策等。

六、工程项目投资控制各阶段影响程度分析

高速公路项目的投资作为一次性的投资活动，其过程具有明显的周期性特征，即投资建设

全过程中的各项工作均需严格遵循一定的先后顺序。由于其建设周期中的每个阶段对投资都有着一定的影响，因此，根据高速公路项目的建设程序以及各阶段投资控制的内容和管理的侧重点的不同，初步将高速公路项目的投资控制过程划分为工程的项目决策阶段、设计阶段、招投标阶段、实施阶段、竣工验收阶段五个重要阶段。

1. 决策阶段

项目投资决策是选择和决定投资行动方案的过程，是对拟建项目的必要性和可行性进行技术经济论证，对不同建设方案进行技术经济比较及做出判断和决定的过程。正确的项目投资行动来源于正确的项目投资决策。项目决策正确与否，直接关系到项目建设的成败，关系到工程造价的高低及投资效果的好坏。而在高速公路建设项目的决策阶段，建设单位要通过市场调研、机会分析，最终形成可行性研究报告，然后再通过对项目的评估，建设单位将最终确定该项目实施与否。可以说，投资决策阶段将确定高速公路建设项目的建设规模、质量、进度以及投资额。虽然这个阶段属于"臆想"阶段，但仍需要投资者凭着实事求是的态度进行项目决策。因此，高速公路项目投资决策阶段是整个建设项目投资控制和管理的龙头。

2. 设计阶段

高速公路项目在经过前期的投资决策之后，就进入了设计阶段。设计阶段是工程项目价值形成的关键阶段，"笔下一条线，投资千千万"正是这一特性的具体写照。据有关资料分析，在初步设计阶段，影响项目投资的可能性为 75%～95%；在技术设计阶段，影响项目投资的可能性为 35%～75%；在施工图设计阶段，影响项目投资的可能性为 5%～35%。由此可见，在高速公路项目中，对设计阶段开展投资控制是非常重要的，需要充分重视。对一般的工程项目而言，材料、设备的费用约占总成本的 70%左右，而这 70%左右的费用都是在设计阶段通过材料的选用、工程结构形式的选择、设备选型等决定的。因此，在高速公路项目全过程投资控制中，设计阶段是决定工程项目投资的多少和是否合理的关键阶段，高速公路项目设计阶段是进行项目全过程投资控制的一个重要方面。

3. 招投标阶段

在高速公路项目招投标阶段，需要通过合理的竞争和谈判，选择适当的施工单位，并在预算范围内确定合理的合同价及选择有利的合同类型。工程合同价的高低直接关系着建设单位对该项目的初步投资，所以，应在项目的全过程投资控制中将高速公路项目招投标阶段单独提出，进行合理可行的投资控制与管理。

4. 实施阶段

在高速公路项目的实施阶段，为了将工程设计图纸变为物质形态的工程实体，将高速公路工程的使用功能完备而准确地体现出来，就需要大量资金和各种资源的投入。因此，实施阶段的投资控制是项目全过程投资控制的重要组成部分。虽然在实施阶段实现节约投资，相对于决策阶段、设计阶段及招投标阶段而言，可能性相对较小，但在此阶段对投资造成浪费的可能性却很大，所以在对高速公路项目全过程的投资控制中，实施阶段的投资控制也应引起足够重视。

5. 竣工验收阶段

在高速公路项目的竣工验收阶段，建设单位要对整个高速公路项目的投资进行总的核算，并与施工单位结清工程款。由于此阶段中竣工决算的制定和工程保修金额的处理仍属于整个高速公路项目的投资中，所以不可忽视。

第二节　工程投资控制管理子系统功能规划

投资控制目标值的合理可行性直接决定着控制系统功能的实现，如果目标脱离实际，控制系统则根本无法实现预期效果。同时，起着主导作用的控制组织机构的合理性与协调性也影响着控制系统的有效、高效进行。所以，在投资控制系统循环运作之前，应当首先确定控制系统目标和控制系统组织机构。

高速公路建设项目投资控制目标是投资费用的最高限额，是进行投资控制的最基本依据。根据高速公路建设环节，可以明确各阶段投资费用控制目标，用以指导并限定本阶段的投资费用使用工作。

一、公路工程投资管理运行体系

根据国家政府和行业主管部门的规定，公路建设通常由项目所在地的地方政府和行业主管部门要求项目决策，建设单位对工程投资在设计阶段介入，据此策划本项目投资管理办法、制度、方法、措施等。前阶段是以策划、专业技术咨询等为项目投资控制提供依据，难以进行网络化管理，目前投资控制是从施工招标后开始的，而且该阶段与实实在在的利益有关，更引人注目。构建公路工程投资管理运行体系的程序如图 3-4 所示，主要包括以下内容：

(1)对计划目标值的论证和分析。

(2)及时对工程进展做出评估，即收集实际数据。

(3)进行项目计划值与实际值的比较，以判断是否存在偏差。

(4)采取控制措施以确保投资控制目标的实现。

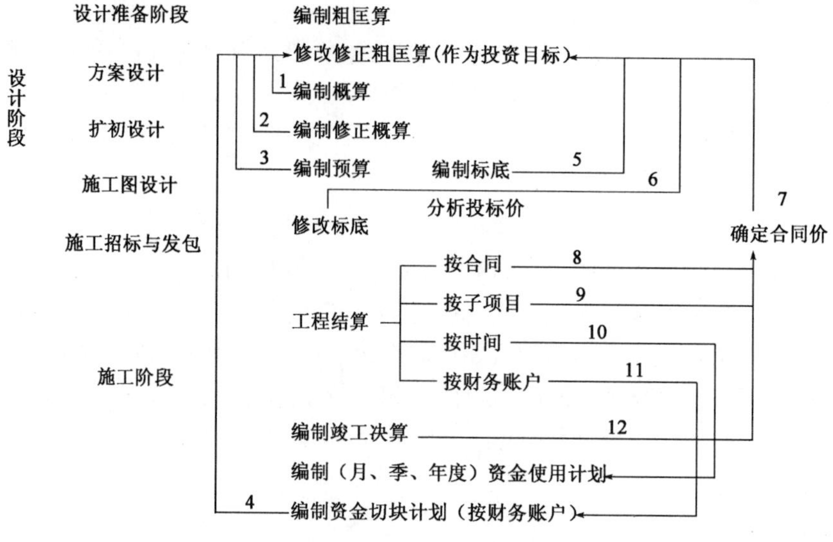

图 3-4　各阶段投资计划值与实际值的比较

二、高速公路建设项目各阶段投资费用控制目标

依据我国基本建设程序，投资费用控制目标是根据项目建议书、可行性研究、初步设计、技术设计、施工图设计各阶段编制的估算、概算和预算来确定的。高速公路建设项目各阶段投资控制目标如图 3-5 所示。

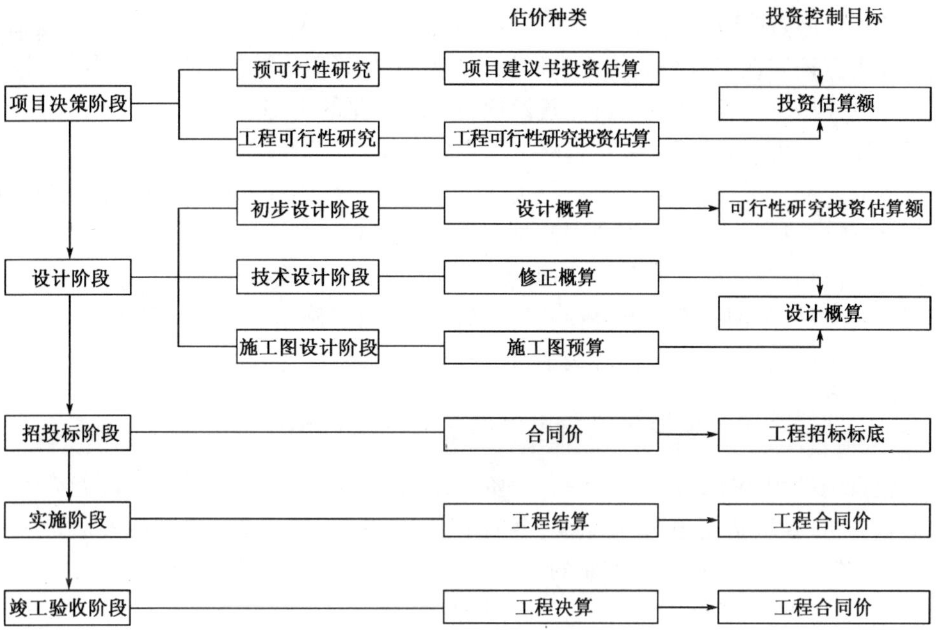

图 3-5 高速公路建设各阶段投资控制目标

1. 项目决策阶段

高速公路建设项目投资决策阶段所确定的只是大致的投资目标，即投资估算，它是项目筹资决策和投资决策的重要依据。投资估算是项目初步设计阶段的投资控制目标，即投资估算是设计概算的控制目标。

2. 项目设计阶段

高速公路建设项目一般采用两阶段设计，主要包含了初步设计、施工图设计两个分阶段。初步设计阶段的投资控制目标一般是经批准的项目可行性研究投资估算；技术设计及施工图设计阶段的投资控制目标即为初步设计概算。

3. 项目招投标阶段

高速公路建设项目招投标阶段投资费用控制目标分为两部分，总目标是批准的设计概算，子目标是招标标底。一般情况下，招标标底是进行实际投资控制的目标标准，要求投标报价控制在标底限额以内。

4. 项目实施阶段

高速公路建设项目实施阶段的投资控制目标是工程合同价，而在项目实体形成过程中，受干扰因素的影响较大，变动情况较多，所以需要根据工程建设实际情况或对未来投资费用的预

测设置更详细、更具体的投资子目标，细化每个工作层级的目标，以使投资总额控制在总目标之内。同时由于施工条件的变化，可随着施工进程的深入，适当合理地调整投资控制子目标。

5. 项目竣工验收阶段

经过前期工程项目的决策、设计和实施过程，竣工验收阶段就是要确保竣工决算在承包合同价范围内，使施工单位有施工利润。若竣工决算超过了工程合同价，则需要将竣工决算控制在设计概算之内，该项目才未超支。所以要实现公路建设项目的投资目标，首先就需要将项目竣工验收决算控制在工程合同价之内。作为建设单位，则需将竣工决算控制在建设项目最高限额——设计概算之内，减少或避免建设项目超支现象的出现。

经上述分析可知，投资估算是公路工程项目初步设计阶段的投资控制目标，即投资估算是设计概算的控制目标；设计概算是进行技术设计和施工图设计的项目投资控制目标，即设计概算是设计预算的控制目标；工程合同价是施工阶段控制建设工程投资的目标，因此控制目标的确定是一个由粗到细，前者控制后者，后者落实或修正前者的相互制约、相互影响、紧密相连的过程，是一种投资限额关系。但是在项目实施阶段，由于施工工作的繁冗复杂，需将此阶段的投资控制目标进行分解，划分为各级子目标，落实为具体的各分项目标。

三、高速公路建设项目投资费用控制系统的运行程序

工程投资费用控制系统主要包括：投资控制目标、投资控制组织机构、投资费用比较、投资费用偏差分析、投资费用预测、投资费用纠偏六个子系统，各子系统之间的关系如图 3-6 所示。

投资控制目标是根据投资控制的目的和要求而设置的投资控制标准，是投资控制的客体；投资控制组织机构是确定控制标准、选择控制对策的主体。投资费用比较、投资费用偏差分析、投资费用预测、投资费用纠偏则是实现投资费用控制功能的主要模块。其主要功能模块的内容如下：

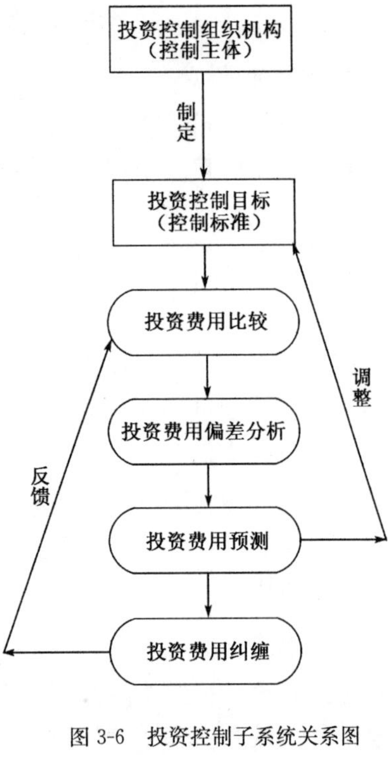

图 3-6　投资控制子系统关系图

1. 投资费用比较

投资费用比较主要是投资计划值与实际值的比较，是投资控制系统的数据基础。在投资费用动态控制系统中需要进行比较的费用主要有：

(1)工程项目实施前各阶段投资计划值与实际值的比较。对于项目建设实施前期产生的估算、概算、预算、标底合同价并非实际投资，是对项目投资的一种估计，所以此类费用计划值与实际值两者之间的比较是一次性的，偏差也比较容易分析。

(2)工程项目实施阶段投资计划值与实际值的比较。工程项目实施阶段的投资计划值与实际值的比较是以合同价为基础进行分解的投资计划值与项目主体建设过程中的实际投资的比较，是

在项目实施过程中，随着实际投资的连续发生进行的，具有经常性的特点。比较的次数和频率取决于项目的复杂程度、投资工作组织、实际投资数据来源的可靠性和经济性等，同时影响实际发生投资的因素较多，发生偏差的原因较复杂，因此控制系统中投资费用的比较主要是此阶段投资计划值与实际值的比较。通过投资费用计划值与实际值的比较能够明确投资费用的使用情况，大致分析投资控制的程度。由于投资费用与工期的相互影响，还需通过对实际工程进行中的工期完成情况进行比较分析。

2. 投资费用偏差分析

通过投资费用比较得出的结果即是相应的费用偏差。偏差分析是投资控制系统中的核心部分，依据偏差分析方法分析各种偏差参数和变量等，明确项目投资过程中费用已超支或将超支的情况及费用偏离程度，通过分析偏差类型及数据发生点得出偏差产生的各种影响因素和原因。

偏差分析的方法主要有表格法、赢得值法和时标网络图法。表格法是最常采用的方法，可以根据项目具体情况、数据来源、投资控制工作要求等条件灵活地设计表格，包含了各种偏差变量指标，信息量大，便于用计算机辅助进行；赢得值法分析偏差是通过测量和计算计划值、赢得值和实际值，得到计划实施进度和投资偏差情况，从而分析投资使用和进度执行情况的方法；时标网络法是以施工计划网络图为基础，将施工进度和投资费用结合表征费用偏差的分析方法。分析方法可以综合使用，利于更深入分析偏差，偏差分析所达到的项目层次越深，结果就越可靠，对投资控制工作就越有指导意义。一般高速公路投资控制系统中，要求项目各层投资控制人员所做的偏差分析至少达到该项目层的下一层次。

3. 投资费用预测

投资费用预测的设置体现了主动控制的原则。通过投资费用预测，估算未完工程所需的建设费用，可以及时了解整个项目今后各期和最终的所需费用，将其与已发生的投资费用相加可得到整个项目投资费用的预测值，可提前预测项目建设最终是否会出现超过投资费用目标的情况。投资费用预测，可对项目投资控制决策提供支持。一方面可以根据预测的结果分析是否需要采取纠偏措施和需采取措施时的实施力度；另一方面可以通过预测结果适当编制和调整资金使用计划，使其更加符合工程实际。

同时，投资费用的预测也是个动态的过程，是随着项目而连续进行的，后期实际投资值即是对前期预测值的检验，后期新的预测值即是对前期预测值的修正，通过不断的检验和修正，项目投资费用使用中的干扰因素越来越明确，可以对后续工程的投资控制工作起指导性作用。

进行费用预测的方法主要有时间序列分析、线性回归、期望偏差、偏差因素分析和生长曲线模型等预测方法。在费用预测中，要根据项目建设实际情况进行方法选择，或通过各种方法的预测进行综合分析。

4. 投资费用纠偏

通过以上各子系统的量化分析，可得知项目建设过程中出现偏差的原因，也就是项目进行投资控制的主要内容。前面各子系统的分析结果表明项目实施过程中出现投资未按预期计划进行、出现超支的情况时，投资控制人员应根据结果及时制订针对性的纠偏措施，协调并调整各方面工作，控制偏差继续扩大的趋势或是将偏差消除。投资费用的偏差纠正措施是投资费用控制系统的关键，措施的合理性和实施力度直接决定了项目投资费用控制的成效。

高速公路建设项目投资费用控制系统的运行流程如图 3-7 所示。

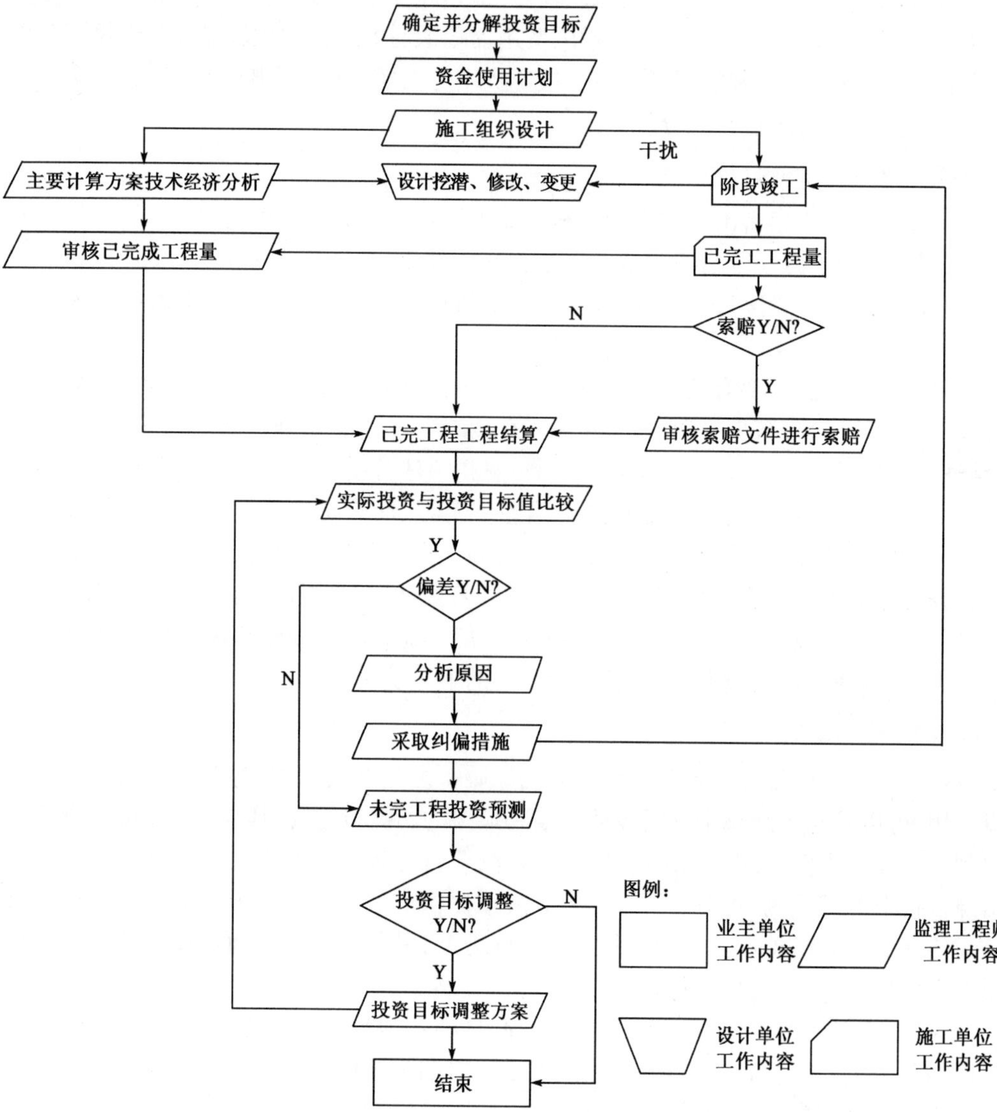

图 3-7　高速公路建设项目投资控制系统运行流程图

如图 3-7 所示，由于高速公路建设项目建设过程投资费用控制系统中干扰的存在，投资控制必须是循环连续的动态过程，而且在控制系统运行的过程中要选择适当的机制或模式，加强跟踪监控，才能明确项目建设过程中的费用偏差及其原因，及时制订并实施具有针对性的纠偏措施，最终实现项目投资控制目标。

四、工程投资控制管理子系统模块功能

项目投资管理的过程时间长、涉及面广、影响因素众多，从项目建议书开始到竣工验收后，

完成决算止，通常需要6～8年的时间，期间不可避免会出现政策因素改变、价格上涨、地质气候异常、人员更替等情况，各项资料要保存完整、齐全也十分困难。建立投资管理的运行机制，通过网络化管理，能加强对工程投资的有效控制和管理。通过对投资管理内容的分析、综合，结合工程组织管理模式，构建模块主要内容如表3-1所示。

投资管理内容与网络化管理模块构建 表3-1

施工阶段	投资管理控制		构建模块
事前控制	决策阶段	重视专业策划咨询机构，提高项目投资决策科学化。在选择专业策划咨询机构方面要做好调查，选择有实力的专业策划咨询机构来完成可研工作	前期工作
		坚持多方案比选及定量研究，进行方案优选是保证投资控制的关键。通过方案优选，使建设流程尽量简单，设备选型更加合理，达到控制投资的目的	
		科学、客观地投资估算，为投资控制建立目标。应加强工程资料的积累和必要的整理，采用正确的基础资料、科学的估算方法、合理的计算投资额，保证投资估算的精确度	
	设计阶段	推行"限额设计"方法，通过设计合同约束，要求设计单位把价值工程运用到具体的设计中去，积极推行限额设计、经济设计，使设计方案达到科学合理、经济适用	
		为使"限额设计"达到预期目的，应该做到参与设计人员必须是有经验、懂技术经济的设计师，他们设计的成果必须适用、先进而且造价合理	
		对设计方案进行多方案比较，因为设计成果是一个逐步完善的过程，并不是一开始就能确定下来的，所以多方案比较是衡量其适用性、先进性和经济性的重要手段	
		推行设计监理，在设计阶段让专业监理工程师参与，对设计方案的合理性、设备选型的可行性提出合理的意见，这样可以有效地减少施工过程中的设计变更，达到控制投资的目的	
		设计概算控制在投资估算范围之内，如果超过投资估算应重新报批	
	招投标合同订立阶段	合理拟订招标方案，招标方式有公开招标和邀请招标两种，因公开招标可以在较广范围内选择中标人，投标竞争激烈，有利于降低投资，因此，一般的项目招标宜选用公开招标形式	招标投标
		采用工程量清单计价，有利于给工程进度款的支付、工程变更、索赔价款的确定、工程结算款的办理等提供良好的基础，从而对合理确定和有效控制项目的投资、提高项目投资经济效果起到重要的作用	
		科学进行合同策划，建设工程承包合同的形式分为三类：固定价合同、可调价合同、成本加酬金合同。不同的合同形式会产生不同的投资控制效果，应根据固定价合同、可调价合同和成本加酬金合同各自的优缺点和适用范围及开发商的管理作风、开发项目的特点与市场、环境因素等，合理选择合同种类，这样才能更好地趋利避害、降低风险，使投资效益得到最大的体现	

续上表

<table>
<tr><th>施工阶段</th><th colspan="2">投资管理控制</th><th>构建模块</th></tr>
<tr><td rowspan="4">事前控制</td><td rowspan="4">招投标
合同订立
阶段</td><td>为保证招标项目投资控制目标的实现，招标文件还应事先对付款方式、合同双方风险分担，特别是主要建筑材料及设备供应方式及价格的确定、合同质量等级、合同工期、工程计量程序和方法、工程变更和索赔的处理等重要合同条款进行分析，才能合理确定合同双方的责任、权利与义务，保证合同实施阶段投资控制的顺利进行</td><td rowspan="4">招标投标</td></tr>
<tr><td>完善招标文件，规范编制工程量清单。工程量清单的编制应遵守有关规定，为有关各方信息沟通和今后实施网络平台的投资控制奠定好基础。工程量清单作为招标文件的组成部分，还必须与招标文件的原则保持一致，确保其编制的全面性、准确性，为合理确定和有效控制开发项目投资打好基础</td></tr>
<tr><td>科学确定评标标准及方法，重视评标、定标工作。一般的工程项目宜采用经评审的最低投标价法作为评标标准。工程评标定标以最低标价为基本选择，体现了投标竞争的公平、公正性；鼓励了企业加强管理，降低成本；简化了评标程序，节约了市场运作成本；消除了腐败的温床，是符合国际惯例的一项举措</td></tr>
<tr><td>对于招标控制价中的暂估价的专业工程及材料和设备，应和施工单位共同通过招标的方式确定</td></tr>
<tr><td rowspan="6">事中控制
（施工过程）</td><td colspan="2">工程现场代表应要求施工单位严格按照施工图纸、合同、经批准的施工组织设计组织施工，谨慎对待施工过程中的变更、签证</td><td rowspan="6">设计管理</td></tr>
<tr><td colspan="2">施工单位必须严格按图施工，在施工过程中不得擅自更改图纸中构件的规格、型号、尺寸、做法，也不得私自变更，任何图纸变更都要经过审批，由设计单位下发技术联系单。设计变更要综合考虑变更的必要性、科学性、经济性以及对工程造价的影响</td></tr>
<tr><td colspan="2">施工单位不得偷工减料，降低工程质量和技术标准</td></tr>
<tr><td colspan="2">施工单位在隐蔽验收前 24h 内通知监理及现场代表，并准备好验收资料，监理工程师及现场代表应及时赶到，对施工部位依据图纸进行验收</td></tr>
<tr><td colspan="2">每项变更附有相应的工程联系单，即该项变更的内容是被事前认可的，而不是事后发生的，一旦造成既成事实的结果，双方因此发生纠纷、矛盾和扯皮就在所难免</td></tr>
<tr><td colspan="2">现场代表对工程变更一般情况下只签完成的实物工程量，综合单价由合同部门来确定</td></tr>
<tr><td rowspan="7">事后控制
（竣工决算）</td><td colspan="2">施工单位在竣工验收合格后一个月内报送一套完整的竣工结算资料，包括竣工图纸、施工合同、投标文件、隐蔽资料、变更签证等原始记录资料，要求资料按顺序编码、装订整齐。编制说明要明确编制依据、取费标准、调差季度及要特殊说明的地方</td><td rowspan="7">工程计量</td></tr>
<tr><td colspan="2">现场代表收到施工单位报送的结算资料后，认真查看竣工资料，核对原始资料</td></tr>
<tr><td colspan="2">现场代表对上报资料的真实性、完整性验收合格后，移交计划合同部，不合格的资料退回施工单位重新整理。施工单位在规定的时间内不上报结算资料，应向施工单位发书面通知催告</td></tr>
<tr><td colspan="2">合同部主要从以下几个方面审核：检查资料的完整性、真实性、时效性，检查结算是否按合同要求编制，计价依据、取费标准、材差调整是否准确，工程量是否有重大偏差</td></tr>
<tr><td colspan="2">合同审核完成后，交跟踪审计</td></tr>
<tr><td colspan="2">完成审计后，报省厅核查</td></tr>
<tr><td colspan="2">审核完的决算书，各相关单位留存</td></tr>
</table>

第三节　工程投资控制管理子系统实现

根据投资管理要求，设置了前期工作、工程招投标管理两个子模块，工程决算归入到工程计量中。

一、工程前期工作

前期工作包括预可阶段、工可阶段、项目总体计划三部分内容，主要是为了明确项目目标和公开项目建设依据，实现每个参建者随时查阅从项目选址意见书到项目建议书等各管理部门的批复文件，对征地拆迁和项目推进都有非常重要的作用。

1.预可阶段

指挥部人员登录系统，进入【后台管理】→【工程建设管理】→【前期工作】→【预可阶段】，在页面中点击【添加】，点击【浏览】上传附件。如图 3-8 所示。

图 3-8　添加预可阶段文件

2.工可阶段

指挥部人员登录系统后，在首页点击【后台管理】→【工程建设管理】→【前期工作】→【工可阶段】，在页面中点击【添加】，弹出文本框，进行信息输入，点击【浏览】上传附件。如图 3-9 所示。

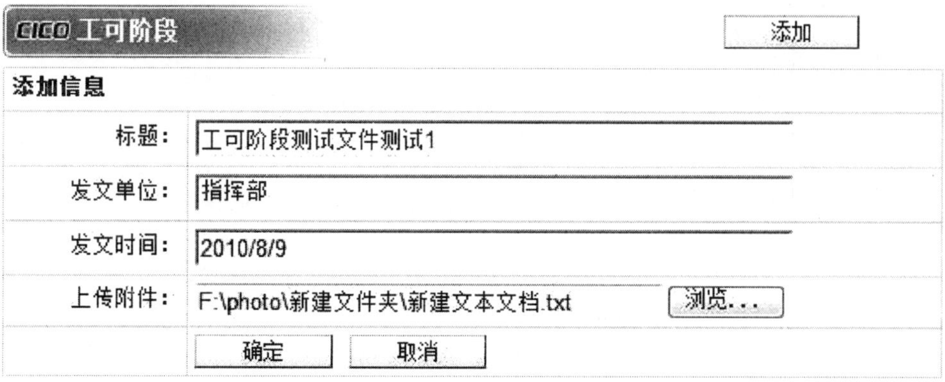

图 3-9　添加工可阶段文件

3. 项目总体计划

指挥部人员登录系统后，在首页点击【后台管理】→【工程建设管理】→【前期工作】→【项目总体计划】，在页面中点击【添加】，弹出文本框，进行信息输入，点击【浏览】上传 pdf 格式的附件，然后点击【确定】。如图 3-10 所示。

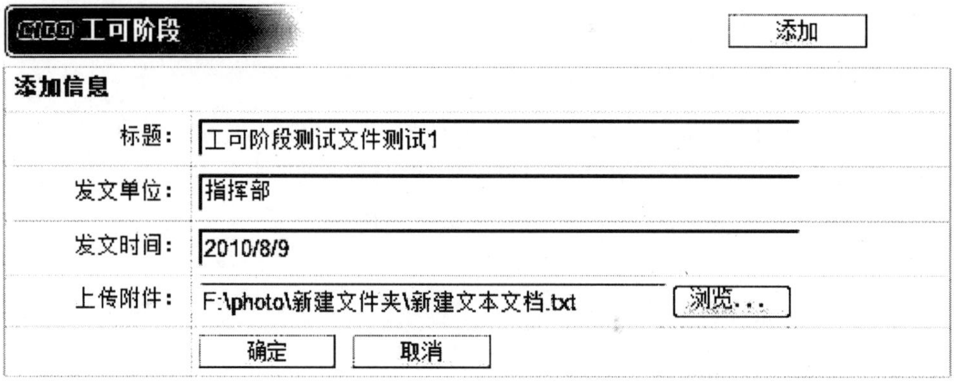

图 3-10　添加项目总体计划

二、工程招标投标

招标投标是最容易滋生腐败的环节，为充分体现“公开、公平、公正、择优”的招标原则，在工程招标中创新项目招投标管理，建立招标投标管理模块，实现招标计划、招标公告、招标文件、投标人提问、招标答疑、中标公示全部网络化，全过程公开，并结合交通运输厅诚信信息系统使用“行业信誉档案”管理，全面实现了“阳光操作、透明运行”的工作要求。

1. 招标计划

招标计划由项目招标科室领导负责添加，点击【招标计划】，【添加】页面如图 3-11 所示，填写招标项目、负责人等相关内容和资审文件报备、资审公告等工作计划时间，点击【确定】，在工作实施过程中，每个招标项目的负责人根据实际情况输入当前的工作状态，实现各级领导及时掌握招标工作计划情况。如图 3-11 所示。

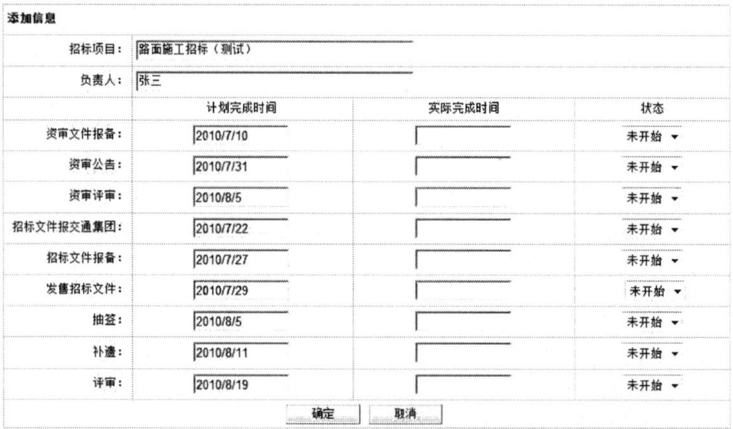

图 3-11　填写招标计划

提交后会在【全部汇总】中增加刚添加的招标项目名称，点击招标项目名称就可以看到该项目的招标计划文件。根据项目的推行情况，添加人需要对相关信息进行修改，例如：点击文件的【类别】→【资审文件报备】→【修改】，弹出文本框，填写实际完成时间，把状态由【未开始】改为【进行中】，点击【确定】提交。如图 3-12 所示。

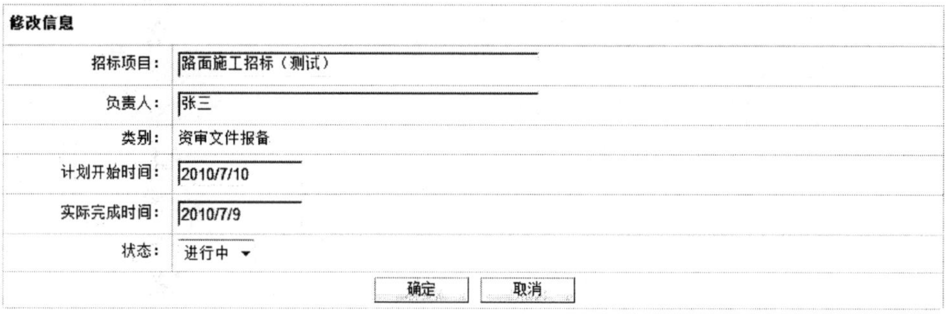

图 3-12　修改招标计划

在【负责人】里选择负责人的姓名找到对应的文件查看修改的结果，例如：在【负责人】里选择【张三】，则可以看到刚修改的文件。【全选】、【反选】、【删除所选】用来对文件进行选择删除。如图 3-13 所示。

	负责人	招标项目	类别	计划完成时间	实际完成时间	状态	修改
☑	张三	路面施工招标（测试）	资审文件报备	10年07月10日	10年07月09日	进行中	[修改]
☑			资审公告	10年07月31日		未开始	[修改]
☑			资审评审	10年08月05日		未开始	[修改]
☑			招标文件报交通集团	10年07月22日		未开始	[修改]
☑			招标文件报备	10年07月27日		未开始	[修改]
☑			发售招标文件	10年07月29日		未开始	[修改]
☑			抽签	10年08月05日		未开始	[修改]
☑			补遗	10年08月11日		未开始	[修改]
☑			评审	10年08月19日		未开始	[修改]

图 3-13　招标计划列表

2. 招标公告、中标公示

招标公告、中标公示的发布跟发改委公开网络媒体同时发布，由每次招标项目负责人进行发布，发布的招标公告同时在首页的“招标信息”和“阳光工程”招标工作中公开。

操作流程：进入【后台管理】→【常用栏目】→【招标信息】，点击【添加】，选择【公开级别】、【发布类别】、【招标名称】，其中相同招标名称下边只允许添加一次招标信息，同一招标项目不同次招标，应重新【添加】招标名称，并注明招标批次，如“土建施工 LQA1 第二次招标”，每添加一次招标名称，在前台中生成一个控件按钮。控件按钮显示位置【工程建设管理】→【招标投标】→【招标公告/中标公示】,如图 3-14 和图 3-15 所示。

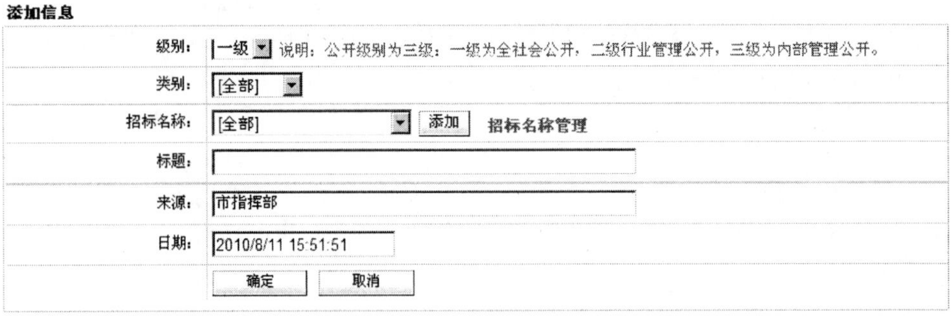

图 3-14　添加招标公告/中标公示

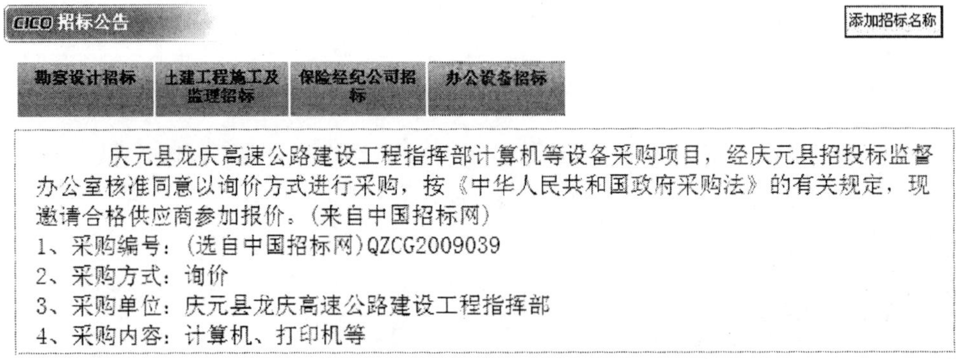

图 3-15　展示招标公告/中标公示

3. 招标文件

招标文件是用于指导各级管理层管理工作的重要依据,以列表的形式建立专栏,由指挥部在每次招标完后,将电子版本上传至网站,方便各部门随时翻找、查阅,并作为宝贵的文档资料,永久保存。

操作流程:与添加招标公告、中标公示相同。

4. 投标人提问、招标答疑

首先招标代理向动态管理项目组提供投标人的姓名及手机号码,动态管理项目组根据相应的权限分配用户名,通过手机短信的方式将用户名及密码发送给投标人。投标方进入系统点击【快速通道】→【招标投标】→【投标人提问】→【添加提问】,在【内容】中写入问题,【招标批次】和【类别】是按当前招标项目显示,点击【浏览】上传附件,最后点击【添加】把问题提交,如图 3-16 所示。

招标方答疑由指挥部或指挥部指定代理机构在规定的时间内在网上进行回复,登录系统进入【快速通道】/【工程建设管理】→【招标投标】→【招标答疑】→【添加】补遗书→投标方在【回执】栏上传回执扫描件。如图 3-17 和图 3-18 所示。

图 3-16　投标人提问

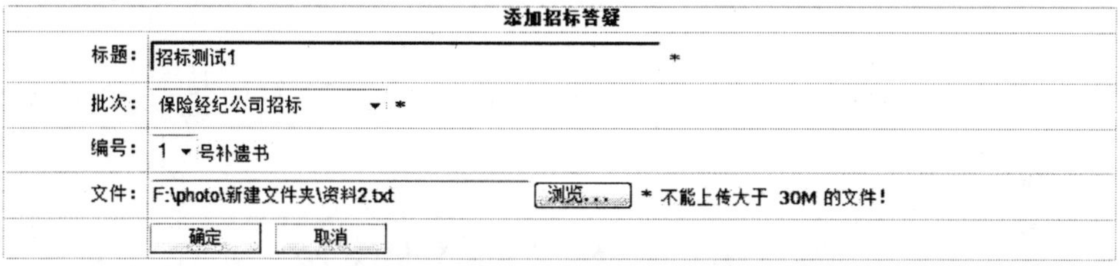

图 3-17　添加招标答疑

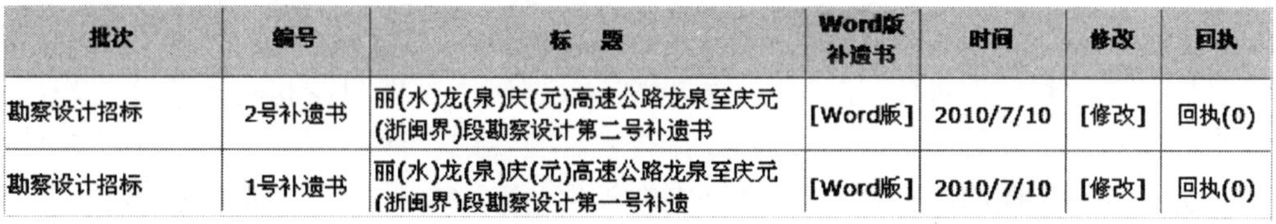

批次	编号	标　题	Word版补遗书	时间	修改	回执
勘察设计招标	2号补遗书	丽(水)龙(泉)庆(元)高速公路龙泉至庆元(浙闽界)段勘察设计第二号补遗书	[Word版]	2010/7/10	[修改]	回执(0)
勘察设计招标	1号补遗书	丽(水)龙(泉)庆(元)高速公路龙泉至庆元(浙闽界)段勘察设计第一号补遗	[Word版]	2010/7/10	[修改]	回执(0)

图 3-18　招标答疑列表

第四章　工程合同管理子系统构建

合同管理是国际工程项目各阶段管理的核心。国际上，许多咨询公司和大工程的施工单位都十分重视合同管理工作，将合同管理融于整个工程项目管理之中。在合同的签订环节，承包商要充分考虑到项目各个阶段可能出现的影响项目实施的因素，争取有利的合同条款。合同的谈判和签订是影响项目顺利实施的最大因素。在合同实施过程中，合同是指导设计、施工、调试、运营、维修等各个环节工作的“基本法”，各项工作均要遵照或参照合同执行。合同管理贯穿整个工程项目管理的始终。

因此，要实现工程项目管理的目标，就必须对全部项目、项目实施的全过程以及各个环节实施有效的合同管理。

第一节　工程合同管理概述

工程合同管理，是通过合同管理的方式来对当事人双方的合法权益进行维护，从而实现工程项目的总体目标。工程合同管理是通过协商，把工程建设项目的相关合同拟定在一起，再来签署。合同为了达到预期目标，建设项目管理者要合理应用管理职能和制度对合同签订和执行的全过程实施监督和管理，并针对合同进行科学管理，对不同环节进行检查和分析。整个过程阶段可分为签订合同前的管理、签订合同中的管理、合同纠纷及合同履行中的管理。

建设工程合同确定了工程项目的价格、工期和质量标准，规定着双方当事人的权利和义务关系。在建设过程中，双方所做的一切工作都是为了全面、准确地履行合同义务，从而实现工程项目管理的目标——成本控制、进度控制和质量控制。因此，合同管理在高速公路工程项目管理中具有十分重要的地位和作用，必然是建设项目管理的核心，对整个工程项目的实施起着总控制的作用。

一、工程合同管理的概念

1. 工程合同的概念

工程合同，即建设工程合同，是指建设单位与勘察、设计、施工、采购等单位，为完成一定的工程任务而签订的合同，属于经济合同的一种。建设单位称为发包人，另一方称为承包人，工程合同须经过鉴证并应采用示范性合同。

工程合同中对合同的主体资格，有关法律、行政法规都规定了比较严格的条件。

(1)对发包人而言，一般是法人或者其他组织。除要求某些工程项目的建设单位必须是经批准的投资计划的具体执行者以外，根据住房与城乡建设部、国家工商行政管理局发布的《建筑市场管理规定》规定，发包建设项目的单位和个人还应当具备下列条件：①是法人、依法成立的其他组织或自然人；②有与发包的建设项目相适应的技术、经济管理人员；③实行招标的，应当具有编制招标文件和组织开标、评标、定标的能力。不具备后两个条件的，须委托具有相应资质的建设监理、咨询单位等代理。

(2)对于承包人，则应当为单位，即必须是依法成立的企业法人或者其他经济组织。由于建设工程具有规模大、质量高等特点，国家有关法律、行政法规或者规章对建设承包单位规定了比较严格的资质条件。对从事勘察、设计和施工工作的承包人，包括承包工程勘察、设计、施工和建设构配件、非标准设备加工生产的单位，必须持有营业执照、资质证书或产品生产许可证、开户银行资信证明等证件，才能与发包人签订建设工程合同。其中，跨省、自治区、直辖市承包工程的勘察设计单位和施工企业，还必须分别依照《全国工程勘察、设计单位资格认证管理办法》、《施工企业资质管理规定》办理有关的手续，取得承包工程建设任务的资格，才能按照其资质等级和核准的经营范围承包建设工程任务，成为建设工程合同的当事人。

2. 工程合同的特点

1)经济法律关系的多元性

主要表现在合同签订和实施过程中会涉及多方面的关系，因而产生错综复杂的关系。

2)内容庞杂、条款多

由于每个工程项目的特殊性和建设项目受多方面多因素的影响和制约，所以合同中除一般条款外，还包括特殊条款，并涉及保险税收、专利等多项内容。因此在签订合同时，必须全面考虑各种因素。

3)合同履约方式的连续性和履约周期长

这是由工程的特殊性决定的，由于建设项目实施必须循序渐进地进行，所以，履约方式也表现出连续性和渐进性。这就要求合同管理员要随时依据合同和实际情况进行有效管理。

4)合同的多变性

项目在实施过程中经常会出现设计变更或合同条款的修改，所以必须加强对变更的管理、记录，作为索赔、变更或终止合同的依据。

3. 工程合同管理的主要内容

工程合同管理是工程管理的一项非常重要的内容，只有严格对合同履行和变更进行管理，才能保证工程合同的正常履行。

工程合同管理的主要内容如下：

(1)对合同履行情况进行监督检查。包括检查合同法及有关法规的贯彻执行情况，检查合同管理办法及有关规定的贯彻执行情况，检查合同签订及履行情况，减少和避免合同纠纷的发生。

(2)建立健全工程合同管理制度。包括项目合同归口管理制度、考核制度、合同用章管理制度及归档制度。

(3)对合同履行情况进行统计分析。包括工程合同造价、履约率、纠纷次数、原因、变更次数及原因等。

二、工程合同管理的原则

1. 遵守国家法律法规，贯彻平等互利、协商一致、等价有偿的原则

合同当事人在法律上是平等的地位，而且是双方的自愿行为，成功的合同最终应该是双赢的，当事人双方具有对等的权利和义务，一方的权利便是对方的义务。只有坚持以上原则才能达到合同目的，否则必将引起纠纷、合同执行不力等诸多问题。

2. 实行合同管理的调查权、洽谈权、批准权、执行权、监督权、考核权相互独立、相互制约的管理原则

合同管理的全过程工作要做到有岗位就要监督，有权利就要制衡，有利益就要约束，有责任就要考核，在机构设置上要杜绝一个部门或个人权利高度集中的情况发生。问题的产生往往在于部门和个人的权利集中，因此合同管理的权利要相对独立、互相制约，如洽谈权以法务部为主，调查权以工程部为主，批准权按合同额大小分级执行，计划、工程、安全、财务共同参与合同的执行，纪检、审计、监察等部门联合进行监督和考核。

3. 实行合同分类归口管理原则

建设项目涉及设计咨询、施工调试、工程监理、采购加工、借贷租赁、财产保险等各类性质的合同，项目业主必须按合同性质分类归口到一个责任部门统一管理，防止多头管理、权责不清现象发生，如设计咨询、施工等合同归口到工程部门管理，设备采购、加工、运输等合同归口到供应部门，贷款、财产保险等合同归口到财务部门。

4. 坚持合同管理的审查会签及法律顾问咨询原则

合同项目的确立、合同签订、合同变更都要实施承办部门为主、相关部门及领导逐级会审把关的程序，同时尽可能设置内部法律机构或聘请法律顾问对合同管理进行全过程的咨询监督，保证合同执行全过程的合法性和严谨性。

5. 合同至上的原则

在工程项目管理中，项目内部各种关系错综复杂，受外部环境的影响较大，不确定因素较多，要约束承包商和业主的行为，保证工程项目建设的顺利进行，必须使当事人双方订立合同，严格按照合同规定办事，奉行合同至上原则。

三、工程合同管理制度

公路工程施工企业为了更好地落实合同管理工作，必须建立完善项目合同管理制度。

1. 内部合同会签制度

由于合同涉及各个部门的管理工作，为了保证合同签订后得以全面履行，在合同未正式签订之前，由办理合同的业务部门会同技术、征迁、质量和财务等部门共同研究，提出对合同条款的具体意见，进行会签。在内部实行合同会签制度，有利于调动各部门的积极性，发挥各部门管理职能作用，群策群力，集思广益，以保证合同履行的可行性，并促使各部门之间相互衔接和协调，确保合同的全面及实际履行。

2. 合同签订审查批准制度

为了使合同签订后合法、有效，必须在签订前履行审查、批准手续。审查是指将准备签订的合同在部门之间会签后，送给主管合同的机构或法律顾问进行审查；批准是由企业主管或法定代表人签署意见，同意对外正式签订合同。通过严格的审查批准手续，可以使合同的签订建立在可靠的基础上，尽量防止合同纠纷的发生，以维护企业的合法权益。

3. 印章制度

合同专用章是代表单位在对外经营活动中行使权力、承担义务、签订合同的凭证。因此，单位对合同专用章的登记、保管、使用等都有严格的规定。合同专用章应由合同管理员保管、签印，并实行专章专用。合同专用章只能在规定的业务范围内使用，不能超越范围使用；不准为空白合同文本加盖合同印章；不得为未经审查批准的合同文本加盖合同印章；严禁与合同洽谈人员勾结，利用合同专用章牟取个人私利。出现上述情况，要追究合同专用章管理人员的责任。凡外出签订合同时，应由合同专用章管理人员携章陪同负责办理签约的人员一起前往签约。

4. 管理目标制度

合同管理目标制度是各项合同管理活动应达到的预期结果和最终目的。合同管理的目的是单位通过自身在合同的订立和履行过程中进行的计划、组织、指挥、监督和协调等工作，促使内部各部门、各环节互相衔接、密切配合，进而使人、财、物各要素得到合理组织和充分利用，保证项目建设管理活动的顺利进行，提高工程管理水平，增强市场竞争能力，从而达到高质量、高效益的目的，满足社会需要，更好地发展和完善建筑业市场经济。

5. 管理质量责任制度

这是一项基本管理制度。它具体规定内部具有合同管理任务的部门和合同管理人员的工作范围，履行合同中应负的责任以及拥有的职权。这一制度有利于内部合同管理工作分工协作、责任明确、任务落实、逐级负责、人人负责，从而调动合同管理人员以及合同履行中涉及的有关人员的积极性，促进合同管理工作正常开展，保证合同圆满完成。公路工程建设单位应当建立完善的合同管理质量责任制度，确保人员、部门、制度三落实，一方面把合同管理的质量责任落实到人，让合同管理部门的主管人员和合同管理员的工作质量与奖惩挂钩，以引起具体人员的真正重视；另一方面把合同签约、履约实绩考评落实到人，按类分派不同合同管理员全过程负责不同合同的签约和履约，以便及时发现问题、解决问题。

6. 统计评估制度

合同统计考核制度，是建设单位整个统计报表制度的重要组成部分。完善的合同统计考核制度，是指运用科学的方法，利用统计数字，反馈合同订立和履行情况，通过对统计数字的分析，总结经验，找出教训，为项目管理决策提供重要依据的制度。合同统计考核制度包括统计范围、计算方法、报表格式、填报规定、报送期限和部门等。建设项目单位一般是对中标价、合同履行程度进行统计评价。

7. 评估制度

合同管理制度是合同管理活动及其运行过程的行为规范，合同管理评估制度是否健全是

合同管理能否奏效的关键所在。因此,建立一套有效的合同管理评估制度是十分必要的。合同管理评估制度的主要特点有:

(1)合法性,指合同管理制度符合国家有关法律、法规的规定。

(2)规范性,指合同管理制度具有规范合同行为的作用,对合同管理行为进行评价、指导、预测,对合法行为进行保护奖励,对违法行为进行预防、警示或制裁等。

(3)实用性,指合同管理制度能适应合同管理的需求,以便于操作和实施。

(4)系统性,指各类合同的管理制度是一个有机结合体,互相制约、互相协调,在工程建设合同管理中能够发挥整体效应的作用。

(5)科学性,指合同管理制度能够正确反映合同管理的客观经济规律,能保证人们利用客观规律进行有效的合同管理。

8.检查和奖励制度

发现和解决合同履行中发现的问题,协调企业各部门履行合同中的关系,施工企业应建立合同签订、履行的监督检查制度。通过检查及时发现合同履行管理中的薄弱环节和矛盾,及时提出改进意见,促进企业各部门不断改进合同履行管理工作,提高企业的经营管理水平。

通过定期的检查和考核,对合同履行管理工作完成好的部门和人员给予表扬鼓励;成绩突出,并有重大贡献的人员,给予物质奖励。对于工作差、不负责任的或经常"扯皮"的部门和人员要给予批评教育;玩忽职守、严重渎职或有违法行为的人员要给予行政处分、经济制裁,情节严重触及刑律的要追究刑事责任。实行奖惩制度有利于增强企业各部门和有关人员履行合同的责任心,是保证全面履行合同的极其有力的措施。

四、工程合同管理的程序

合同管理的目标是通过合同的策划、签订、实施控制等工作,全面完成合同责任,保证公路工程项目目标和企业目标的实现。

合同管理应遵循以下程序:

(1)合同策划和合同评审。在工程项目的招标投标阶段的初期,业主的主要工作是合同策划,而承包商的主要合同管理工作是合同评审。

(2)合同签订。

(3)合同实施计划。

(4)合同实施控制。在项目实施过程中,通过合同控制确保承包商的工作满足合同要求,包括对各种合同的执行进行监督、跟踪、诊断、工程的变更管理和索赔管理等。

(5)合同后评价。项目结束后对采购和合同管理工作进行总结和评价,以提高以后新项目的采购和合同管理水平。

五、工程合同管理的方法

做好合同管理工作,其要素是:在熟悉合同条款的基础上,要有明确的责任划分和严密的合同管理手段,从而对一切可能产生的"扯皮"、责任漏洞、责任的交叉与重叠等现象事先加以防范。合同条件具有逻辑严密、责任与义务划分明确的特点,是实行合同管理的基本依据,合同管理人员对此一定要十分熟悉,知道哪个问题在哪一条款有规定,最好更进一步知道该条款是如何规定的，这一点对搞好合同管理工作是十分重要的。以下从三个方面讨论合同管理方法。

1. 责任划分明确

这里讲的责任划分指的是项目业主、承包人和监理工程师三者之间的责任划分，这是合同责任的最重要的划分机制。

土建施工合同的主要当事人是业主和承包人，这是合同的主要两方。监理工程师不属于合同的任何一方，但他在项目的执行中起着很重要的作用，合同中具体规定了监理工程师的职责。

2. 坚持工地会议制度

在合同管理中，现场会议是业主和监理工程师做好项目管理的一种有效措施。按照不同的任务和目的，现场会议可分为第一次现场会议、例行现场会议和每日现场协调三种会议形式。第一次现场会议的任务是介绍监理工程师和承包人的班子人员与办事机构、制定行政例行程序、检查开工前的各项准备工作、陈述承包人的工程进度计划等；例行现场会议是工程开工后定期召开的现场会议，其任务是解决施工中的有关工程进度、工程质量、工程费用以及延期、索赔等问题；每日现场协调是由双方指派的人员对当日施工中存在的问题和次日的工作安排进行协调，有利于互通信息和工作的会议。第一次现场会议和例行现场会议都必须有正式的会议议程及详细的会议记录，该记录一旦被监理工程师和承包人认可，就成为正式文件，对双方均有约束力。

3. 严密的管理手段

合同管理工作，既要有明确的责任分工，又要有一系列严密的、行之有效的管理手段，包括严格的审批程序、良好的通信和函电往来系统，以及健全的文档与记录管理制度。

1）审批程序

按照合同条款进行合同管理，就必须按照各个条款中所规定的报批程序和审查批复的时限办事，否则，就会构成不同程度的违约；任何无理拖延都是不允许的，都有损于履行合同的严肃性。在审批程序和时限上，以下应注意的问题仅作为举例说明，具体要按合同条款所述，严格执行。

（1）首先，应再一次地强调：向承包人发出的一切指示、指令、通知等，必须由监理工程师发出；业主和其各个部门不能越过监理工程师直接向承包人发出，但有时由于时间关系，业主可以在必要时，在履行这一程序的同时，将其通知或文电的复印件抄送承包人；反之亦然，即承包人可以在报送监理工程师的同时，将复印件抄送业主，这在合同条款中是经常的。

（2）监理工程师或其代表的口头指示，承包人应当执行，但工程师或其代表必须予以书面确认；或由承包人提出书面确认，工程师或其代表在7d之内未予否定，则等于确认了该指示。

（3）按照合同通用条款的规定，承包人的月报表或月结单上报后，工程师应在28d之内核证，签发月支付证书报送业主；业主则应在接到该证书的28d内向承包人付款，否则要按合同规定的利率支付利息。

（4）在合同条款第53条关于索赔程序的规定中，要求承包人必须在索赔事件发生的28d内提出他的索赔意向书，然后在28d内提交索赔单和索赔依据，否则，承包人将错过提出索赔的机会,丧失得到补偿的权利。

(5)合同的专用条款对于许多报批程序都规定了适合本项目的具体时限,对业主、承包人和工程师都有约束力,必须严格执行。

2)通信和函电往来系统

土建工程,尤其是大型的公路工程,往往绵延几十或上百公里,或方圆几十平方公里,须分成若干个合同段同时施工,没有便利的通信和交通条件,就不能有效地进行管理。按照国际惯例,业主已经把合同管理的任务委托给监理工程师,所以监理工程师的通信和交通设备是否齐全和便利,就是一件十分重要的事情了。

在招标文件技术规范中,对监理工程师的通信和交通工具的配备就有详细的规定。招标文件的批准,意味着对这些装备的合理性的认可,为监理工程师及时地提供这些装备,是承包人的合同义务。

在大型工程项目中,监理工程师班子的通信设备应当包括一般的电话系统、手持电话和为及时做出书面确认所必需的适量的电报、电传或传真机;交通设备应包括一定数量的越野汽车、面包车等。为监理工程师配备的这些车辆,是为了工作的实际需要,因为在某些情况下,监理工程师的及时到场和及时处理,可能避免重大的经济损失和工程事故。

3)文档与记录管理制度

在整个项目的全过程中,文档与记录的管理,对于合同的管理有重要的作用。项目业主、监理工程师都应重视和做好文档和记录的管理工作。

(1)业主的文档与记录管理

业主的文档与记录管理可分为建设前期、项目执行期和项目后期三个阶段,主要包括但不限于以下一些文档内容。

①建设前期

a. 有关政府部门下达的规划、计划、决议,以及与项目有关的指示、批示、批复;对项目的列项、计划任务书、工程可行性研究和总体设计、初步设计的批复等。

b. 设计和工程可行性研究任务委托书,勘探、设计协议书,勘探报告和有关资料。

c. 设计图纸和招标文件的审查意见,费用概算的审查意见。

d. 融资银行的文件、电传、传真,各项备忘录,项目的评估报告。

e. 征地、再安置、拆迁及环保方面的有关文件。

f. 其他有关部门和机构的重要函电。

②项目执行期

a. 与监理工程师和承包人之间的来往函电、报告、通知、指示、图纸、请示与批复等。

b. 来自监理工程师和承包人的各种记录和资料、报表、图纸等。

c. 各种中间、交工、最终验收报告和资料。

d. 各种计量、支付报表和其他财务报表。

e. 有关征地拆迁、环境保护、施工安全工作的文件资料和报告,及相关单位来往文件。

f. 延期、索赔申请与审查、批准的文件资料。

g. 银行的函电、官员中间检查报告等。

③项目后期

a. 后评估资料和后评估报告。

b. 缺陷责任期检查验收资料。

c. 最终财务结算报表和资料。

d. 监理总结报告、监理费用结算资料。

(2)监理工程师的文档和记录

各种记录包括：

①原始记录

a. 监理人员的日常报告，包括人力、材料和设备的投入记录，进度与质量情况反映。

b. 天气记录。

c. 监理工程师代表工作日记、监理人员日记。

d. 向承包人发布的指令、函件、技术资料。

②计量记录

包括已完成工程计量和到场材料计量记录。

③质量记录各种文档

a. 行政档案：与业主、承包人以及其他各方的往来函件。

b. 财务档案：批准的计日工、费用索赔、工程变更价款、价格调整基础资料和计算书以及各类支付证书等。

c. 技术档案：进一步补充的图纸、规范、施工技术方案、设计变更图纸、检查、验收、试验记录、施工和竣工图纸。

d. 信息档案：工程监理月报、工程进度报告、监理内部通信与报告等。

六、工程合同管理的措施

在项目管理过程中，合同管理是重中之重，依据各类合同类型，统一形成合同管理程序，各部门按合同管理程序执行后，最终形成完整合同，这样做既可以防止合同中不成熟的条款给日后工作带来不必要的麻烦和争议，又将项目执行中遇到的风险降到可控范围。这是因为合同不仅是对双方在施工过程中责权利的约束，也是最终进行工程结算的重要依据。因此，强化合同管理措施是非常重要的，是合同履行中的技术支撑，措施简述如下：

1. 加强对承包商的资质管理

通过严把建筑承包商资质管理关，从总量上控制建筑施工队伍的规模，解决目前建筑市场上供求失衡与过度竞争问题，从根本上杜绝压级压价。同时，各级建设行政主管部门要加强对承包商参与市场行为的监督管理，对承包商的违法行为要严肃处理，维护正常的工程建设市场环境，确保工程建设市场的规范、健康发展。

2. 加强工程招投标管理

随着社会的进步，一些善于钻营的人的手段也越来越隐蔽，致使证据难以掌握、认定，工作难以开展，执法人员思想上有畏难情绪，不敢理直气壮地去进行管理、处罚；而对有些证据确凿的，又因有的领导怕麻烦，怕影响关系，放任自流，致使少数人胆子越来越大。管理对策：建筑业是国民经济的支柱产业，其工作的好坏直接影响和制约运输、建材、加工、商贸等50多个相关产业的发展。建筑业招投标市场目前出现的一些问题，是前进中必须正视和面对的问题，要通过建立和继续完善公开、竞争、有序的市场机制来逐步加以解决，做到从源头上控制固定资产，投资规模入手，保证社会主义宏观经济调控政策和一系列惩治腐败措施落到实处，以便较好地为改革、开放、发展、稳定服务，保证经济持续、稳定、高速发展。

为此，健康有序的建筑工程招投标应侧重于：

(1)加强宣传，强化法律意识。围绕《中华人民共和国建筑法》的实施，结合实际，修改、完善地方招投标管理规定，并利用新闻媒体进行有规划的宣传，形成一个良好的舆论环境，以此来规范招投标市场，使之走上健康、有序、良性发展的轨道。

(2)加强协调配合，促进良性互动。涉及建筑管理的城建、监察、计委、工商、银行、纪委等部门要按照各自的工作职责、范围，做好工程立项、报批、招投标、资质审查、工程监理、竣工验收等各个环节的工作，各司其职、各负其责，哪个环节出了问题，就追究哪个环节有关人员、领导责任。

(3)严肃法纪，严查违规违法行为。抓好建设工程项目执法监察工作，是保证招投标工作顺利进行的重要手段。对那些弄虚作假、少批多建、不报建、不按规定招投标的人和事一律由纪检、监察部门牵头，城建、工商等部门配合，进行认真、严肃的处理，触犯刑律的交司法机关惩处。对那些隐瞒不报或少报，以及串通、欺骗、袒护、对抗的，除从重惩处外，还要在社会上曝光，以引起社会的广泛关注，起到警示作用。

建筑工程招投标的问题，归根结底是由经济转轨过程中的无序竞争所致。治本之策在于深化改革，理顺体制，强化监督。只有这样，建筑市场才能走上良性循环的轨道。另外，加强工程招投标管理，建立与工程量清单相配套的工程管理制度、合同管理制度。国家已经出台了招投标法，并全力推行工程量清单报价体制。但在招标形式和方法上要兼顾业主和承包商的双方利益，过分追求招标过程的严格、完善，并不一定能达到招标的最佳效果。建议在招标形式上应该重视原则，突出效果。同时，在工程量清单计价法推广实施后，没有新的计价办法配合相应的合同管理模式，使得招投标所确定的工程合同价在实施过程没有相应的合同管理措施。建议尽快配套相应措施和管理办法，健全体制，完善操作。

3.借鉴国际经验，推行适用于市场经济的合同示范文本

建筑市场的对外开放需要在工程管理的许多方面与国际惯例接轨。因此，在合同管理方面，要不断借鉴国际先进经验，以加速建立和完善满足市场经济需求的合同管理模式。新的建设工程施工合同示范文本，很大程度采用了 FIDIC 文本格式，较以往合同文本有较大的改进，有利于促进建筑市场健康、有序发展，应该严格执行。

4.推行合同管理人员持证上岗制度

加强建设项目合同管理队伍建设，加强合同管理人员的培养，实行合同管理人员持证上岗制度，亦是提高建设项目合同管理效果的重要举措。我国已正式推行注册造价工程师制度，造价工程师的一项重要职责就是搞好建设项目的投资控制和合同管理。因此，建议在建设项目管理机构中设置注册造价工程师岗位，专司合同管理职责。

5.行政部门加大合同管理力度

加大合同管理力度，保证施工合同全面履约。为保证施工合同全面履行，建设行政管理部

门应把施工合同管理工作列为整顿规范市场的重要工作。要在严把审查关的基础上，加大合同履约管理力度。建设行政主管部门对资金不到位的项目不予办理工程报建手续，不得组织招投标，不予办理施工许可；坚决取缔垫资、带资施工现象，努力净化建筑市场，进一步维护承包商的合法利益。

6.加强合同意识，减少合同纠纷产生

承包商由于缺乏法律和合同意识，在签订合同时，对其中合同条款往往未做详细推敲和认真约定即草率签订，特别是对违约责任、违约条件未做具体约定，都直接导致了工程合同纠纷的产生。因此，在签订合同过程中，承包商要对合同合法性、严密性进行认真审查，减少签订合同时产生纠纷的因素，把合同纠纷控制在最低范围内，以保证合同的全面履行。

7.加强合同管理体系和制度建设

项目建设各方要重视合同管理机构设置、合同归口管理工作。做好合同签订、合同审查、合同授权、合同公证、合同履行的监督管理。建立健全合同管理制度，严格按照规定程序进行操作，以提高合同管理水平。

8.加强施工合同索赔管理工作

加强施工合同索赔管理工作，是培育和建设市场的一项重要内容。我国工程承包双方在合同履行中对工程索赔认识不足，缺乏推行工程索赔所需的意识和动力。因此，提高索赔意识是承包商亟待解决的问题。施工合同是索赔的依据，索赔则是合同管理的延续。合同管理索赔要求承包商在签订合同时要充分考虑各种不利因素及合同变更和索赔的可能性，采取最有效的合同管理策略和索赔策略；在合同整个履行过程中，要随时结合施工现场实际情况，结合法律法规进行分析，以合理履行合同，这不仅有利于保护自己的合法权益，更重要的是有利于尽快适应国际工程建设规范，提高企业未来的生存能力。

9.尽量预防来自合同方的风险

随着建筑市场的蓬勃发展，施工承包企业的队伍也日益壮大，本身规模不断发展，履约守信意识也较先前有了很大的改善。但建筑市场份额有限，近几年“僧多粥少”的现象日益明显，在合同谈判、签订、执行过程中发包人处于绝对主导地位，霸王条款、有失公正等苛刻条件屡见不鲜，在这种情况下承包人的合同风险相对于发包人的风险要大得多，主要有业主方面、分包人方面的风险。

1)业主方的对承包人的风险

(1)业主资金不到位的风险。近年来，国家提倡工程投资主体多元化，国家、集体、个人都可以做项目的业主。如果项目实施过程中，业主没有投资项目的能力，资金不到位或有其他因素造成项目无法实施或业主中途夭折，就会给承包人带来巨大的风险。

(2)招标时带来的风险。业主在招标时故意把工程量清单的项目数量扩大，与图纸不符，把严格条款、苛刻条款或霸王条款写在招标文件不易觉察之处，许多承包人在有限的时间内编制投标书就会没有查阅到，给承包人带来一定的风险。因此，要求承包人全面审核图纸，复核工程量清单，详细阅读招标文件和补遗书等文件。

(3)项目实施过程中业主方带来的风险。在项目实施时业主方拆迁不到位或业主方应承担的地方关系不协调，使承包人无法施工或无法正常施工带来的风险，或业主方为了尽快收回投资或为了“形象”、“献礼”工程等，片面加快施工进度或改变设计等，在承包方的施工技术、质量、安全、成本控制等方面带来一系列困难问题，同时给承包商带来许多方面的风险。

2)分包人对承包人的风险

(1)分包人不具备施工分包项目的资质和能力或分包人具有分包项目的资质和能力，但进场的施工队伍缺乏分包项目的施工经验，给承包人带来巨大的管理风险，因此要求承包人在合同签订前考察分包人的施工能力，签订合同时确定好分包的施工队伍。

(2)签订分包合同由于施工内容不全或责权利不明确带来的风险。在签订合同时由于具体内容和权利和义务不能完全明确，易造成双方的经济、安全和质量的矛盾和纠纷，甚至会引起民事诉讼案件的发生。

(3)由于分包人施工管理不善给承包人造成的风险。由于承包人管理不善，施工进度缓慢、农民工工资不及时兑现或工程质量较差等原因，给承包人造成的许多风险，也在经济上造成一定的损失。

因此，在签订合约前甚至招标前承包人必须先考察好发包人的社会信誉、资信状况，确保项目能如期上马；同时对于发包人指定的一些分包商要提前审验相关资质，考察是否有类似施工业绩，在资质条件等符合要求的情况下尽量将分包合同签署严密，明晰责任义务；对于不合格分包人学会对业主说“不”，在这个时候承包人要运用自己的专业常识事先将利弊关系明摆给业主。

10.加强合同及相关文件归档管理工作

加强合同及相关文件归档管理工作，为合同顺利履行创造条件。合同文本及相关资料同属重要法律文件，发生之后应及时建账并妥善保存。重视合同文本而不重视相关资料归档的情况在建设领域普遍存在。由于建设项目周期长，涉及专业多，面临情况复杂，在经过一个长时间的建设过程之后，很多具体问题要依靠相应资料予以解决。为此，做好资料归档工作绝不是简单的文档管理问题，应专人负责，负责到底。另外，要加快合同管理信息化步伐，及时采用先进管理手段，改善合同管理条件，不断提高合同管理水平。

第二节　工程合同管理子系统功能规划

合同管理是项目过程管理的核心业务，主要由建设单位、监理单位、施工单位协作完成。合同管理机构遵循分级负责、分工协作、互相监督、共同把关的原则进行管理。可进行各类经济合同日常管理，如合同信息录入、查询、合同支付情况等；自动生成支付图表；根据计划进度情况，结合概算和工程量清单进行投资分析。

一、工程合同管理子系统管理体系

合同管理是合同内容的谈判、评审，合同订立、履行、管理、纠偏、终止等合同实施过程中全部环节的系统管理过程，是为实现项目目标而进行的管理过程。合同是建设项目管理的核心，项目管理是实现合同管理的必要手段。任何一个建设项目的实施，都是通过签订一系列的承发包及物资供应合同来实现的。通过对承包内容、范围、价款、支付、工期、质量标准、合同双方责权利和违约责任等合同条款的制定和履行，建设单位和施工单位可以在合同环境下规范和调控建设项目的运行状态。通过对合同管理目标责任的分解，可以规范项目管理机构的内部职能，紧密围绕合同条款开展项目管理工作。因此，无论是对施工单位的管理，还是对项目建设单位本身的内部管理，合同始终是建设项目管理的核心。所以，通过建立以合同管理为核心的项目管理体系，坚持以强化合同管理为突破口，项目管理中贯彻合同管理理念，协调项目各相关方的关系，可达到有效实现项目的安全、质量、进度、投资等目标。

为了避免合同管理只侧重对工程预算的管理，忽视对优化设计、工程质量、进度、工程变更等的过程控制，要强调事前、事中、事后的“全过程、系统性、动态性”管理。

全过程就是从对合同主体与客体的掌握、合同谈判、合同评审、合同订立、合同执行与纠偏到合同终止的全部管理过程。

系统性就是全员参与管理，凡是涉及合同条款内容的，相关职能部门都要参与管理和控制，使合同管理过程环环相扣、协调一致。

动态性就是要注重项目执行过程中的合同履行、管理和纠偏，做好工程的变更管理，尤其是出现对工程不利的因素时，及时采取控制措施，减少风险，防止合同执行过程中造成的重大损失。

具体措施是：首先对工程项目建设全过程中可能涉及的程序性和实质性内容全面梳理，进行全过程、全方位的合同条款界定。其次，在项目管理的各项工作中，既要克服片面强调节约、忽视技术的情况，又要反对重技术、轻经济、设计保守浪费的现象，使设计方案在满足生产要求的前提下，节约投资；同时要求对项目建设中的各环节、各流程的主要控制点实施过程监控，对工程进度、投资和质量实施过程管理。

工程合同管理涉及工程建设的诸多方面，它与工程建设全过程中的每个环节紧密相连，工程建设活动中“三控制两管理一协调一保证”都是在合同管理的调整、保护和制约之下进行的。

有效的合同管理是确保项目目标实现的重要手段。通过对合同管理目标责任的分解，可以规范项目管理机构的内部职能，紧密围绕合同条款开展项目管理工作。因此，通过合理划分项目管理工作界面，树立责任主体，相关职能部门在专业范围内负责管理、组织和协调，提供技术支持的理念，有效地实现了系统管理理念。

合理的项目合同结构体系对控制目标风险影响很大。工程项目的最终交付成果在项目开始时只是一个项目建议和可行性研究，无论是项目的方案、范围、时间还是费用都无法完全确定；同时，项目建成工程是一个渐进的过程，具有规模大、周期长、单件性和复杂性等特点，而且工程的投资大，一旦出现风险，发生的损失将是非常巨大。所以，在项目实施阶段，项目合同体系的划分和确定是合同管理的第一个重点。

因此，指挥部建立了“业主合同采购，其余分级合同采购，建设单位为履约主体，监理为监督履行”的合同管理机制。通过合同结构体系的划分和确立，可以将工程风险在项目参与者之间进行合理的分配，使每个参与者都有一定的风险责任，调动他们对项目管理和控制的积极性和创造性，保证项目的高效益。采用动态管理系统管理可以实现全方位、全过程、一体化管理，减少了许多中间环节，可以实现人、财、物等工程资源的有效利用和最佳组合，使项目的最终投资和工期具有更大程度的确定性，有效地控制建设工程项目风险。

为了保证合同管理体系的有效执行，建设单位必须健全和完善内部各项管理制度，其中合同管理制度是其项目管理制度的关键内容之一。通常实行合同归口管理工作，要做好合同评审、合同签订、合同授权、合同履行的监督管理；同时要制定必要的项目管理制度和细则，如安全管理、质量管理、进度管理、廉政建设管理、投资管理等制度和细则作为合同的附件，规范建设各方行为。例如：规范设计单位行为，提高设计深度，优化设计方案，积极推行限额设计，切实加强对设计阶段的造价管理。规范监理单位行为，要求监理工程师督促施工单位按合同办事，并对建设工程实行“安全、投资、工期、质量”等目标的有效控制。要求监理人员做到“旁站监理，跟踪检查”，及时发现和纠正施工中发生的问题。通过规范建设各方行为，严格按照规定程序进行操作，以提高合同管理水平。

通过制定安全、质量、进度、投资等考核指标，推行合同管理目标责任制。通过在工程项目承包合同订立和履行过程中所进行的计划、组织、监督和协调等动态管理过程，促使指挥部内部各部门、各环节互相衔接、密切配合，以提高工程项目管理水平，保证工程项目经营管理活动的顺利进行，使项目管理活动达到预期结果和最终目的。

为了便于合同管理，加强监督检查，提高合同的履约率，对当事人各方的权利、义务和责任做出全面、准确的规定和约定，使合同可操作性强，利于合同的正常履行，有效地防止合同纠纷的发生。除主合同采用国家合同范本外，其余合同文本实现了格式化和标准化。

为了保证合同管理体系的有效运行，需制定承包人履约评价实施细则。通过制定考核实施细则，对各承包人执行情况进行考核，使技术和经济有效结合，实现设计优化、质量优良、进展良好、投资可控的目标。通过定期对合同履约情况进行考核评比，结合行业信用评价，优奖劣罚，并要求其采取整改措施，限期改正；否则进行约谈法人、降低信用等级等处罚。

二、工程合同管理子系统模块规划

由于高速公路建设中土建工程、路面、交通安全设施、绿化、机电的设计、监理、施工、咨询、检测等合同划分均要经行业主管部门审查、备案，招标过程要在省公共资源交易中心完成，不可控因素众多，在管理系统中未列入规划范围，与此相关的合同审查、会签、印章制度未列入系统，而对合同目标管理、检查、评估等五项制度均列入系统中统一管理。

合同管理分为合同采购和合同履行两个部分，为实现事前、事中、事后的“全过程、系统性、动态性”合同管理，按合同产生过程，分为招标阶段和合同履行阶段（通常称合同管理）设立招标投标和合同管理两个模块，管理内容与模块专栏规划如表 4-1 所示。

合同管理内容及其模块规划 表 4-1

阶　段	合同管理内容	构 建 模 块
事前控制	做好工程合同管理规划工作	
	按工程建设规模划分各项主合同	招标计划
	编制招标计划	招标计划
	编制招标文件	招标文件
	评审招标文件	中标公示
	招标、签订合同	投标提问
		招标答疑

续上表

阶　段	合同管理内容	构 建 模 块
事中控制	落实管理制度	合同管理制度
	全过程动态管理合同人员、机械设备	视频考勤
	检查工程进度、质量履行	履约管理
	对合同履行进行考核、信用评价	行业信誉档案
	建立合同管理台账	合同信息
事后控制	评价合同履行情况	履约管理
	定期整理合同履行，建立相应的档案	交通运输厅诚信信息系统
	工程项目竣工验收履行时对合同履行进行总结	

第三节　工程合同管理子系统实现

合同管理是项目控制造价、规范施工的重要途径，系统根据项目管理特点及需求，建立合同信息、履约检查、人员考勤三个模块，通过对系统中储存的基本信息的采集、汇总，把不同的管理措施、管理项目，以图表、台账的形式表现出来，方便管理阶层查阅。

一、工程合同信息

建立合同信息台账，由指挥部相关科室将合同基本信息按照项目分类在系统中添加，并填写签约合同的每笔资金计划、资金支付情况，系统自动对填写数据汇总，形成资金台账，实现管理阶层对工程施工过程中的资金支付情况的有效监管。本节【合同信息】记录添加完毕后，将同时在合同支付台账中显示。本节【资金支付】只包括工程款的计量款项，由计量管理人员填写。

操作说明：

【快速通道】→【合同管理】→【合同信息】→【添加】，按要求填写相关内容，其中有“*”的为必填项，选择【权限级别】查看该合同人员的范围，如图 4-1 所示。

添加【资金计划】、【资金支付】情况，并上传【合同附件】，如图 4-2 所示。

二、工程合同履约管理

建立履约管理台账，汇集所有由建设单位签发的合同履约、合同变更、人员变更等管理文件。

操作说明：

由指挥部各科室上传，进入【快速通道】/【工程建设管理】→【合同管理】→【履约管理】→【添加】，弹出文本框，写入信息，点击【浏览】，选择附件，点击【确定】，文件填写完毕，如图 4-3 所示。

三、视频考勤

人员履约管理是建设单位履约管理工作的重点，是实现工程三大控制目标的基础。如何约束合同人员在岗是很多建设单位比较头疼的问题。较普遍的做法是定期(比如一个月)进行一次履约检查,此时参建单位往往紧急将人员召集过来,检查结束人员立即撤走,这种形式上的检查一般很难发挥作用。

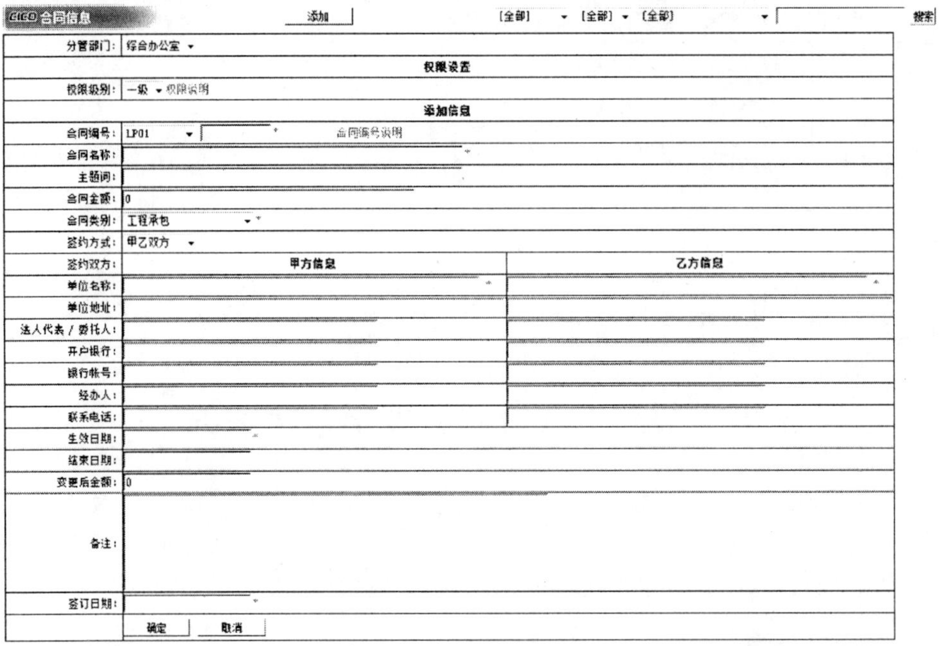

图 4-1　添加合同信息

		级别	合同类别	合同编号	合同名称	合同主题词	签订日期	合同总金额(元)	累计支付金额(元)	资金计划	资金支付	合同附件	变更附件	修改
		一级	工程承包	LP04LP04标	龙泉至浦城(浙闽界)高速公路土建工程施工		2013/1/28	563402150.00	41102140.00	0条 查看/添加	2条 查看/添加	上传	上传	[修改]
		一级	工程承包	LP03LP03标	龙泉至浦城(浙闽界)高速公路土建工程施工		2013/1/28	444837606.00	44483760.00	0条 查看/添加	2条 查看/添加	上传	上传	[修改]
		一级	工程承包	LP02LP02标	龙泉至浦城(浙闽界)高速公路土建工程施工		2013/1/28	454576826.00	45457683.00	0条 查看/添加	2条 查看/添加	上传	上传	[修改]
		一级	工程承包	LP01LP01标	龙泉至浦城(浙闽界)高速公路土建工程施工		2013/1/28	438596462.00	43859646.00	0条 查看/添加	2条 查看/添加	上传	上传	[修改]
		一级	监理	J监理	龙泉至浦城(浙闽界)高速公路土建工程监理		2013/1/28	29178768.00	2917876.00	0条 查看/添加	1条 查看/添加	上传	上传	[修改]

图 4-2　上传合同附件

图 4-3　添加履约管理信息

视频考勤是对人员管理的一个较好的办法，它采用网上自觉考勤形式。首先完善个人基本信息，包括姓名、职务、资质、标准照片，一次性传（填）到系统，经管理单位审核通过后，即可进入考勤阶段。考勤实行日常制，每天进行考勤，24 小时可自选时间。考勤时对着摄像头选择“在岗拍照”、“允许”、“拍照”，照片自动进入“考勤照片”中，即可与标准照片比对，同时系统自动记录考勤地点。如有事不在岗，考勤员需填写不在岗原因，并说明批准部门及负责人，否则视为缺勤。为防止弄虚作假，监理可不定期检查考勤结果，并有权否决考勤结果。

系统自动按天、月对考勤结果进行汇总，建设单位不下工地检查，即可掌握各单位合同人员的在岗情况，并可以此为依据进行履约处罚，确保施工现场的人员符合合同要求。

操作说明：

第一步：首先施工单位在【投入人员】中上传合同约定人员信息，监理办审核通过后，考勤系统生成考勤列表，施工单位每日在线拍照，监理办审核。

第二步：考勤人员进入【后台管理】，选择【工程建设管理】→【标段名称】→【在线考勤】→【在岗拍照/不在岗原因】→【监理办检查/指挥部检查】，如图 4-4 所示。

图 4-4　在线考勤

第三步：【恢复人员考勤】由审核单位进行操作，考勤单位图片拍照模糊或错误，可以及时与审核单位联系，要求取消本次考勤记录。进入【快速通道】/【工程建设管理】→【合同管理】→【视频考勤】→【恢复人员考勤】，在下列表中查找对应日期下的人员名单。点击【恢复本次考勤】即完成对该人员的考勤恢复，考勤人员需要重新拍照上传，如图 4-5 所示。

第四步：进入【快速通道】/【工程建设管理】→【合同管理】→【视频考勤】，系统按月对各标段人员的出勤情况进行汇总，并可以查看每天的考勤情况。如图 4-6～图 4-9 所示。

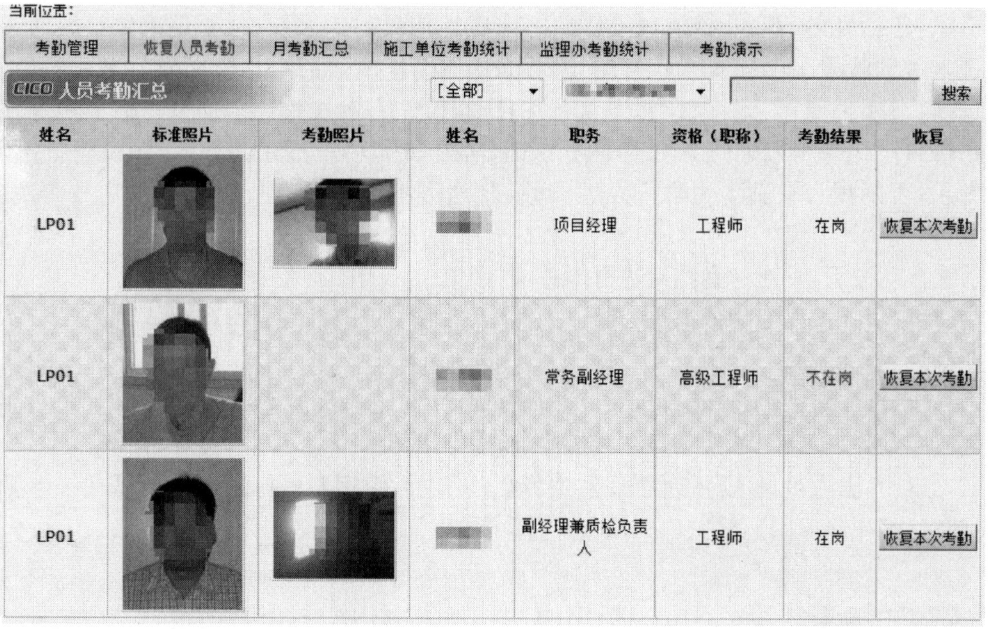

图 4-5　人员考勤汇总

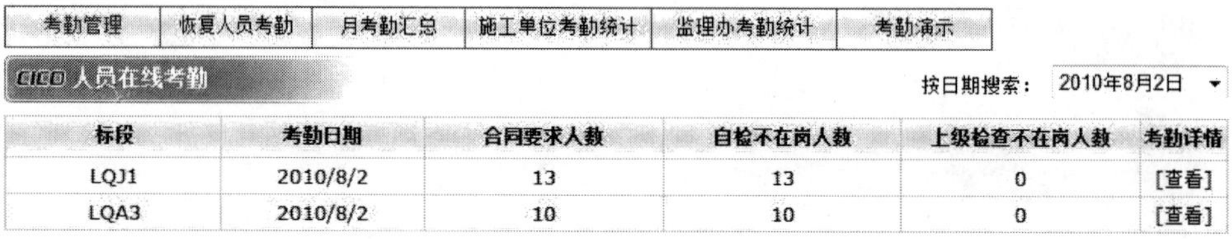

考勤管理 | 恢复人员考勤 | 月考勤汇总 | 施工单位考勤统计 | 监理办考勤统计 | 考勤演示

CICO 人员在线考勤　　按日期搜索：2010年8月2日

标段	考勤日期	合同要求人数	自检不在岗人数	上级检查不在岗人数	考勤详情
LQJ1	2010/8/2	13	13	0	[查看]
LQA3	2010/8/2	10	10	0	[查看]

图 4-6　人员考勤情况统计

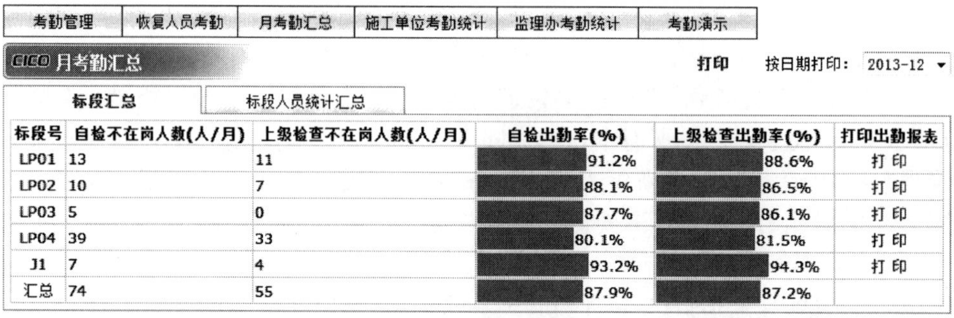

考勤管理 | 恢复人员考勤 | 月考勤汇总 | 施工单位考勤统计 | 监理办考勤统计 | 考勤演示

CICO 月考勤汇总　　打印　　按日期打印：2013-12

标段汇总 | 标段人员统计汇总

标段号	自检不在岗人数(人/月)	上级检查不在岗人数(人/月)	自检出勤率(%)	上级检查出勤率(%)	打印出勤报表
LP01	13	11	91.2%	88.6%	打 印
LP02	10	7	88.1%	86.5%	打 印
LP03	5	0	87.7%	86.1%	打 印
LP04	39	33	80.1%	81.5%	打 印
J1	7	4	93.2%	94.3%	打 印
汇总	74	55	87.9%	87.2%	

图 4-7　月考勤汇总统计

图 4-8　施工单位考勤统计

图 4-9　监理办考勤统计

第五章　工程设计及变更管理子系统构建

高速公路设计阶段是投资控制的关键，长期以来因设计深度不够，取费标准不合理，多次出现设计漏项或设计变更的现象，是造成工程投资失控的重要原因。高速公路建设项目，无论设计多么完善，一旦施工展开，都会由于主、客观原因而产生各种类型的变更。在高速公路变更设计的管理实践中，认识到变更设计对工程造价的重要影响，抓好变更设计管理，是管理工作上的重要环节。只有在高速公路建设实施以前，合理地设计，准确预计项目投资，才能有效控制高速公路投资。

第一节　工程设计管理概述

一、工程设计管理的概念

工程设计是科学技术成果转化为生产力的纽带，是工程建设的首要环节，是整个工程建设的灵魂。先进合理的设计，对建设项目缩短工期、节约投资、提高经济效益，起着关键性作用。因此，设计单位要精心组织，技术人员要精心设计。设计管理人员，不仅要了解与行业有关的科学技术，而且要掌握管理科学的一般知识，还要研究设计管理的待殊规律，以适应社会主义市场经济的需要。

1. 设计程序

设计程序是指总结设计工作经验，科学合理地安排各项设计工作的先后顺序。

设计工作的内容很复杂。为使设计工作有计划有步骤有秩序地进行，坚持按规定的设计程序开展工作是必要的，这也是提高设计效率和设计质量的重要手段。

一般建设项目按初步设计、施工图设计两个阶段进行。

对于小型工业项目及一般民用建筑工程，可简化设计程序。各行业的工程设计程序都有自己的特点。如一般民用建筑项目，通常可简化为方案设计阶段、初步设计阶段、施工图设计阶段、工程回访及总结等。

设计单位通常参加设计程序的全过程，但合作设计项目也可只参加其中的一部分设计工作。中外合作设计项目，一般由外方做方案，中方做设计；或者外方完成初步设计，中方承担施工图设计以后的工作。

2. 工程设计管理

工程设计是一种复杂的集体脑力劳动，由多专业多层次的技术人员按设计程序共同进行，因此必须进行设计管理。设计所长处于承上启下的重要地位。

设计管理由计划管理、技术管理和工程管理三个方面的工作组成。

计划管理由计划管理职能部门、设计所、工程组(专业组)三个管理层次组成。设计计划分决策计划和实施计划。

技术管理由技术管理职能部门、设计所、工程组(专业组)三个管理层次组成,结合项目认真执行规程规范。

工程管理由设计所长、工程项目负责人、各专业工程负责人三个层次组成,配合其他管理系统行使管理的组织和控制职能。

二、工程设计管理的措施

建设项目超概是很多建设项目普遍存在的问题,建设单位如何才能解决超概的问题,解决设计工作存在的问题是关键。如果设计单位能够通过细致的外业勘察、调查工作,精心组织设计,准确地编制概、预算,就会使建设过程中设计变更减少,这对于建设单位和监理来说,在质量、进度和投资控制方面的工作就相对容易得多,最终就不会超概。

但由于公路工程线长、施工面广、周期较长,路线走向范围内地形、地质情况很复杂,在设计阶段往往不能对一些复杂的地质情况勘察得十分清楚,因此设计文件不一定能准确反映地形、地质的实际情况,有时会出现重大技术方案不合理,比选方案的技术经济可比性不强等问题。为了减少设计变更,尤其是施工阶段的设计变更,严格控制投资,建设单位在项目管理上应采用以下措施。

1.实行公开招标,推行限额设计,在设计合同中加入奖罚措施

建设单位应通过公开招标选择设计理念先进、实力雄厚、信誉良好的勘察设计单位,并进行严格的合同管理,以促进中标的勘察设计单位认真负责地完成应尽的责任和义务,提交高质量的设计文件,避免因分包降低设计技术经济方面的质量。

在合同中加入奖惩措施专项条款,利用经济的手段保证设计阶段工作的质量,确保施工阶段设计代表工作的及时进行。有条件的建设单位可对设计单位提出限额设计,以达到最优的技术经济指标。推行限额设计也是建设节约型社会,实现可持续发展的必然趋势。

2.提早介入设计工作,优化设计方案

国内外对项目实施阶段节约投资的潜力研究表明,勘察设计阶段节约投资的潜力在10%以上,设计准备阶段可达85%。因此建设单位要提早介入设计工作。

在以往的高速公路项目中,由于地质勘察成果的可靠性程度低和现场调查不细致而导致设计方案的不断调整,既增加了工程投资,又拖延了工期。因此,应全部或部分实行设计阶段的社会监理且建设单位应全过程跟踪。

1)全部或部分实行设计阶段的社会监理

自1988年我国在基本建设领域推出“建设监理”制度以来,主要在施工阶段实行了监理制度。尽管在各管理层曾酝酿过如何在设计阶段推行监理制度的问题,但由于各方面条件不够成熟,相应的法规还未建立,设计阶段的社会监理仅在少数省份,并且只是在勘察设计工作的局部范围试行过,更多的勘察设计项目是采用“咨询审查”的方式来促进勘察设计单位提高其工作质量和勘察设计成果的质量。

设计阶段的社会监理虽然还没有像施工监理那样形成一种制度,但是无论从工程建设的

需要，还是从设计市场发展的要求来看，随着建设事业同市场经济的进一步深化发展，设计监理必将成为工程建设领域中的一个新生事物并在未来的工程建设中逐步推行。

2)建设单位应全过程跟踪

建设单位派出有经验的技术人员全过程跟踪设计单位在桥涵、通道的社会调查，会同设计人员与当地政府协商，提高结构物设置的准确度。

由于高速公路的全封闭、全立交结构，修建高速公路势必要改变公路沿线原有的排水系统和道路系统，加之沿线地区经济发展规划的需要，因而在排水系统和交叉道路的布置方面，几乎所有高速公路建设都会面临一些问题，如经常发生沿线要求增设涵洞，提高通道和被交道路标准，甚至增设桥梁等。由此会引发与地方政府和沿线村民的争执，引起施工障碍，也使公路投资大大增加。某条高速公路由于设计未能充分考虑当地老百姓的实际需要，只给沿线的一个近万人的村庄设计了一个通道，结果发生了阻工事件。经过协商，在此通道前后各增加了一个通道，于是就出现了近 200m 的路段设 3 个通道的现象，不仅耽误了工期，还增加了费用。鉴于这种情况，建设单位应派有经验的技术人员全过程跟踪设计单位在桥涵、通道的社会调查，了解当地的规划和沿线老百姓出行、耕种的需求，需要会同设计人员与当地政府协商，提高结构物设置的准确度。

3.加强初步设计和施工图设计的审查

初步设计中路线走向及路线方案的深度对概算起着很大影响，往往是设计单位由于种种原因给出的比选方案技术经济可比性不强。究其原因是设计理念落后，深度不足，结果往往是对工程造成很大的不必要的浪费。因此一定要重视初步设计的审核，增加审核专家的数量，提高审查质量。根据各自工程的特点，有针对性地请一些专家，务必使初步设计的概算控制在限额内。

根据公路建设项目在施工阶段的工作程序，对施工图文件的审查一般可分为两种情况：一种是在设计单位提供了施工图设计文件后，在进行施工招标之前，由建设单位委托一个设计咨询机构进行审查，或是由建设单位邀请多名技术专家组成专家组进行审查(简称“招标前审查”)；第二种是在经过施工监理招标和施工招标之后，由建设单位或监理单位组织监理机构中的专业工程师和承包人中的技术负责人进行审查(简称“开工前审查”)。

“招标前审查”和“开工前审查”的着重点有所不同。设计咨询机构的审查或专家组的审查，一是时间可能较短，二是很少有到现场核对的机会，因此，其审查重点应是尽可能对总体设计、大的技术方案及图纸与招标文件相关内容的核对等。而“开工前审查”，一是审查时间相对充裕，二是有机会结合现场情况，审图的着重点则会放在具体技术方案和图纸细部的审查。但这两种方式没有明显的界限。审查时视具体情况而定，审查的内容可全面覆盖设计文件涉及的内容。因此建设单位应会同监理单位组织好对这次审查，尽可能多地发现问题，争取在开工前解决这些问题，以减少非自身原因的延误。

4.加强对设计后续服务的管理

设计单位应在施工现场设立设计代表处或派驻经验丰富的设计代表常驻施工现场，做好施工现场的服务工作，即设计后续服务工作。其工作内容主要如下：

1)设计交底的组织

所谓设计交底，是指一个公路建设项目在完成施工监理招标和施工招标之后，中标的监理单位和施工单位已组织进场，进入施工准备阶段后，由建设单位组织设计单位向监理和施工单位移交施工图设计文件，并说明设计过程、要点、施工注意事项等。监理单位和施工单位进场后，建设单位一般会要求他们对施工图设计文件进行审查，并提出审查意见，交设计单位在设计交底会上解答。设计交底一般又可分为设计交桩和设计交底会两项工作。

设计交桩，是指建设单位组织设计单位向监理(或同时向施工单位)移交新建公路沿线的平面和高程控制点。

设计交底会由建设单位组织，由承担该项目的设计负责人向建设单位的工程管理人员、监理和施工单位负责人，说明本设计的总体内容、技术标准的执行情况，对初步设计审查意见的执行情况，还要对本工程项目的技术难点、关键工程的施工注意事项等做出说明。

2)设计代表要积极配合建设单位处理工程变更

由于高速公路建设规模大、路线长、沿线人文地理和自然环境情况复杂多变的特点，特别是高速公路穿越经济发达地区时，沿线经济发展速度快，在一条高速公路的设计周期中，地面状况有时会发生“面目全非”的变化。因此，在设计阶段设计的一些构造物很有可能在施工过程才发现其技术上的不合理性，这就引起了施工过程中的设计变更。如何正确采取技术上合理、经济上节省、工程技术标准不降低的变更设计方案，常常是设计代表们在设计后续服务工作中的重要内容之一。

由于待建高速公路沿线地形、地貌、地物发生重大变化，或者由于地质勘察工作中对一些特殊的不良地质条件调查得不够详细，常会发生一些重大设计方案的改变。根据以往高速公路建设项目的经验，可能发生的重大设计方案改变有以下几方面：

(1)特大桥梁的桥型或跨径的改变。

(2)互通式立体交叉工程形式或位置的改变。

(3)隧道洞身实际围岩等级较设计围岩等级降低后，发生设计、施工技术方案的重大变化。

(4)由于出现特殊的软土地基，须将原设计的路基改用桥梁结构跨越。

(5)路线穿越破碎岩土堆积层或膨胀土地区时，引发路基挖方高边坡滑塌，须采取边坡加固、削坡减载等变更设计。

设计变更不仅严重影响高速公路的建设标准和施工质量，也加大了投资控制的难度，有的设计变更会增加投资上千万元。因此，对设计方案的修改必须认真对待。必要时，建设单位应组织专题的专家论证会，同时也需要设计单位的重视和配合。

5.关注各类结构物基础的设计变更

结构物基础的设计变更是高速公路建设中发生最多的一类变更，主要发生在以下方面：

(1)桥梁基础形式和尺寸的改变。如由于基岩埋置深度和基岩破碎的原因，导致嵌岩类灌注桩加长，或扩大基础加深加大。

对于灌注桩基础，因地质条件变化而改变长度、类型的情况比较普遍。为保证工程质量和控制投资，一般要求设计代表制定“灌注桩基础终孔原则”，以便建设单位、监理和施工单位统一认识，统一标准，对于超深度较大的(一般规定超过设计桩长 2m 以上)桩基终孔，都必须由设计代表参与现场讨论确认。

(2)通道、涵洞、挡土墙等小型构造物的地基加固。由于高速公路经常穿越山谷、洼地、水塘,小型构造物和路基下卧层经常出现地基承载力达不到设计要求的情况。为了避免小型构造物和路堤发生不均匀沉降而开裂破坏,需要采取清除软弱层、换填硬质材料或打桩等方式加固地基,这就需要设计代表深入现场参与确定处理方案。

6. 关注小型构造物的增减、移位

由于地形、地物变化,导致原设计中排水系统不合理,也经常出现通道、涵洞及排水沟的增减和移位,有的通道、涵洞还需要加大孔径,这又需要设计代表根据实际情况确定方案并补充相应的设计图纸。

在施工阶段发生的工程变更,增加投资的情况较多,减少投资的情况极少。因此建设单位应采取从严审批的管理制度,以保证各类工程设计变更的技术经济合理性。

总之,在项目的整个建设过程中,建设单位要自始至终严格对设计单位的管理,严格控制变更,在不降低设计指标的前提下,实现控制工程总投资、工程质量以及工程进度的目的。

三、工程设计变更的概念

工程设计变更是指在施工过程中,出现了由于前期未能预测、受当时客观条件限制或考虑不周等原因,按照约定的程序对施工承包范围内的设计、合同等的改变。它主要包括进度计划的变更、工程项目的变更、工程量的变更、施工条件的变更和原招标文件及工程量清单中未包括的新增工程等。由于工程项目建设周期长、规模大、涉及范围广、技术复杂,所以在工程项目的全寿命周期内工程设计变更是不可避免的,是工程项目投资管理中一项重要内容。因此,重视并且做好管理工程设计变更的工作,是影响工程造价的关键环节,也是控制投资的重点。

1. 高速公路工程设计变更范围

《建设工程监理规范》(GB/T 50319—2013)中对工程设计变更的范围做出了明确的说明,即在工程项目实施过程中,按照合同约定的程序对部分或全部工程在材料、工艺、功能、构造、尺寸、技术指标、工程数量及施工方法等方面做出的改变。工程设计变更的范围很广泛,既包括设计图纸的变更,也包括材料、施工等方面在形式、内容、数量的变更。主要表现为以下几个方面:

(1)工程任何部分的标高、基线、位置和尺寸的改变;

(2)合同中的任何工作工程量的增减;

(3)合同中约定的某项工程内容的增减;

(4)任何工程质量、性质和类型的改变,工程某些部分原定的时间安排和施工顺序的改变;

(5)为完成工程而必需的附加工作。

由此可见,工程设计变更包含的内容是很复杂而且繁多的,要做好工程设计变更的管理工作,就要从多方面考虑,综合处理。

2. 高速公路工程设计变更程序

高速公路工程设计变更应严格按照工程设计变更管理办法执行。

1)变更的提出

设计变更可以由施工、监理、设计、建设单位提出。施工方、监理应做好变更资料的搜集、整理工作,对变更原因、方案比较、工程数量和单价的核实等做详细说明。建设单位应做好需上报审批的设计变更的预判、预报，及时向公司反映设计变更的情况，以便项目业主及上级管理单位尽早介入，加快审批。

2)一般变更的审批程序

(1)50 万元(含)以下的一般设计变更，由设计变更提出者(以下简称"提出者")向监理单位以变更申请单形式提出变更申请及变更方案，变更申请经监理单位审批后报建设单位。建设单位组织设计代表、施工方、监理对现场进行勘察，搜集相关变更资料并进行分析研究，明确意见后提交建设单位工程变更审查委员会对变更方案进行审查。建设单位工程变更审查委员会对变更申请及变更方案做出决策，技术科负责向设计单位发工程联系单。“提出者”收到建设单位转发的设计单位工程联系单后 14 天之内，向监理单位报送工程变更报告单(包括附件，各种签署手续齐全)一式六份。监理单位收到之日起 14 天内审核同意后报建设单位，由建设单位转交设计单位(代表)签认，再由建设单位审核审定，审批时应注明变更数量、单价和金额，并向公司备案。

(2) 50～300 万元(含)的一般设计变更在建设单位对工程变更报告单初审后报项目业主审批。

(3) 300 万元(含)及以上的一般设计变更在建设单位对工程变更报告单初审后按照有关规定填报设计变更申请，并按照审批权限逐级上报。

3)较大和重大设计变更审批程序

(1) 较大、重大设计变更申请手续按以下程序办理：“提出者”向监理单位以变更申请单形式提出变更申请及变更方案，变更申请经监理单位批复后报建设单位。建设单位工程技术科组织设计代表、施工方、监理对现场进行勘察，搜集相关变更资料并进行分析研究，明确意见后提交建设单位工程变更审查委员会对变更方案进行审查。建设单位工程变更审查委员会审查同意后组织专家、部门审查，对变更申请及变更方案做出决策，建设单位填报设计变更申请，并随申请材料上报设计变更方案的文件上报项目业主。

(2)较大、重大设计变更报批手续按以下程序办理：设计变更申请及设计变更方案获得主管部门审批后，设计单位编制设计变更文件及设计变更概算文件，并于工程交工验收六个月前汇总设计变更文件。设计变更文件经建设单位审查后上报项目业主。

(3)“提出者”根据审批的设计变更文件向监理单位编制报送工程变更报告单(包括附件，各种签署手续齐全)一式六份。监理单位审核同意后报建设单位，由建设单位转交设计单位(代表)签认，再由建设单位审核批复。

4)应急、抢险工程的设计变更程序

凡工程抢险(主要包括滑坡、泥石流、隧道涌水、瓦斯爆炸、大型溶洞、涌泥、大型坍方、结构工程严重破坏、水毁等)紧急情况须对原设计进行变更，超出建设单位审批权限的，建设单位应立即书面报告主管部门、项目业主及省交通集团。同时，应按照规定程序办理设计变更审批手续，并附相关的影像资料，说明紧急抢险的情形。

5)签发变更令

工程变更批复之后，监理单位应根据合同规定，签发“工程变更令”，通知施工单位实施。

四、工程设计变更的分类

对工程设计变更进行分类主要是为了使项目管理者能够快速地确定工程设计变更的范围并按照变更的类型进行管理和控制。根据划分的依据不同，工程设计变更可以有多种分类。

1.依据变更内容划分

工程设计变更依据其变更内容可分为优化设计变更、施工条件变更、工作范围变更、进度计划变更、技术标准变更等。

1)优化设计变更

优化设计变更是指在施工过程中为纠正设计错误、完善工程设计、确保工程质量,在符合规范要求的情况下对原设计的变更。业主、工程师、设计单位、施工单位均可提出设计变更。如由业主或施工单位提出变更要求,由设计单位重新出图,经业主或施工单位采纳同意。在实际工作中,常见的设计变更主要包括设计修改、工程量增减、工程项目的增减、施工次序的更改、实施计划的修改。

2)施工条件变更

施工条件变更的产生通常有以下几种原因:

(1)现场情况与设计单位提供的文件不相符,或者设计文件没有表达清楚、设计文件中包含错误或设计文件之间相互矛盾。

(2)施工现场的地质、水文等条件使工程的实施受到限制。

(3)设计文件中明确指出的设计条件在施工过程中发生了改变等。

为了保证工程顺利进行,就必须做出相应的工程设计变更。

3)工作范围变更

工作范围变更是最为常见的工程设计变更,是指业主要求承包商完成其未包含在原招标文件中、超出原合同规定的工作范围的工作的一种变更,主要表现为两种形式。

(1)完成合同所需的附加工程,有的在合同范围之内,也有的在合同范围之外。因为缺少这些附加工程会导致合同不能预期完成,所以无论这些工程是否在合同范围之内,承包商必须做出变更来完成合同。

(2)未包括在合同范围内的额外工程。由于没有额外工程,项目工程仍可正常运行并发挥原有的效益,所以额外工程是一个"新增的工程项目",而没有包含在原合同范围中。

4)进度计划变更

进度计划变更通常指由于天气等自然条件的影响或业主单位的某些特殊要求而必须延长或缩短工期而对工程的进度计划所做的变更。

5)技术标准变更

技术标准变更是在施工过程中,业主出于对造价、进度等考虑要求承包商改变工程质量的技术标准或材料类型,或者由于工程规范标准和政策法规改变所引起的设计和施工的变更。这种变更是为了实现合同预期目的,在合同有效的条件下进行的对合同状态的修改。

2.依据提出变更的主体划分

工程设计变更依据提出变更的主体可以分为:

(1)业主根据自己的实际需要提出的变更。

(2)建设单位由于现场条件的变化或为了施工便利而提出的变更。

(3)设计单位出于业主的要求或为了完善原有设计而提出的变更。

(4)监理单位详细了解了施工现场的各种情况后和为解决没有预料到的临时问题所提出

的变更。

(5)工程相邻地段的第三方提出的变更，如由地方政府部门提出的为满足地方经济发展、方便群众生产、生活的变更。

3.依据变更的工程数量及费用划分

工程设计变更依据其变更性质、变更费用及对项目的影响分为重大变更、重要变更和一般变更。

1)重大变更

重大变更是指一定限额以上的涉及技术标准、建设规模、建设标准、设计方案和施工方案等内容的变动，如结构物结构形式的改变、道路路线线形的调整和变更费用不小于30万元的变更等。

2)重要变更

重要变更是指一定限额区间内的不属于重大变更的较大的工程设计变更，如工序作业方案的更改、建筑物某部分标高的调整和变更费用介于20万元和30万元之间的变更等。

3)一般变更

一般变更是指一定限额以下的设计差错、设计遗漏，如材料的临时代换、现场必须做出决定的局部修改和变更费用小于10万元的变更等。

五、工程设计变更的原则

工程设计变更管理作为建设项目管理中的一个重要方面，是一项非常具有原则性的工作，有效的工程设计变更管理有利于保证工程质量、控制工程造价、实现项目管理目标，还可以发展当地的经济。但如果不好好地控制工程设计变更管理，就会大量增加工程投资，增加业主的投资风险。由于公路工程设计变更是不可避免的，在实际工程设计变更管理时必须遵循以下几个原则。

(1)工程设计变更必须符合国家最新的技术标准、设计规范和相关的法规政策，符合社会、经济和环保等方面的需求。工程设计变更受到多方面因素的影响，而且涉及许多工程项目主体的利益，因此要认真考虑引发工程设计变更的原因，对于是否要进行工程设计变更要采取慎之又慎的态度。如果是不涉及使用和安全性能的非原则性的问题，就不予进行工程设计变更。如果是必须要进行的变更，也要考察变更方案是否合理可行，坚决杜绝恶意变更。

(2)不管是哪种类型的工程设计变更，其最终目的都是促进工程进展，提高经济效益。如果不能提高投资效益，这样的变更就是没有实际意义的，也是不可能被通过的。所以合理的工程设计变更要么节约工程投资和能源，要么方便施工加快工程进度，同时还要考虑工程各主体的利益，不能因工程设计变更而损害承包商或者第三方任何一方的正当权益。但是任何事物都具有两面性，所以也不能忽视了工程设计变更带来的索赔和其他负面影响，要从多方面、多角度综合衡量工程设计变更。

(3)在建设项目的管理过程中，必须维持设计文件的严肃性，坚持高度负责的精神与严谨的科学态度，各建设项目管理处均应严格控制设计变更。工程质量是一切项目工程顺利进行的前提，也是保证经济效益的基础。设计、施工过程中绝不允许发生随意扩大或缩小建设规模和提高或降低建设标准等影响工程质量的变更行为。

(4)公路是为全社会服务的公共设施，其建设的目的就是要最大限度地发挥该项目的社会效益。而修建公路要占用很大面积的土地，势必会对公路沿线地区的经济和人民生活产生巨大影响。所以工程设计变更要适当照顾当地经济利益和环境保护，促进当地经济和社会的快速发展。

(5)工程设计变更是影响工程造价的一个重要因素，而且通常它会增加公路工程的造价，这样就会增加业主的财政压力。所以在控制工程造价的管理工作中，应该把工程设计变更管理作为重点之一，尽量不产生超概的情况。因此，通常不增加造价又对结构性能有所改善和提高的情况才能准许进行工程设计变更；而对增加工程造价的变更，须认真地进行可行性研究和技术评估，确保工程设计变更不会很大程度地增加造价。

(6)工程设计变更必须按相关审批权限和审批流程进行，实行工程设计变更动态管理的原则。工程设计变更应该事先对现场进行周密的调查，做好图文资料，要求与原设计相同，以满足施工的需要，并填写“变更设计报告单”，详细申述变更理由、变更方案及与原设计的技术经济比较，然后报请审批，未经批准的不得按变更设计施工。

工程设计变更无论是合同哪一方提出的，都应交由监理工程师最后进行处理，由监理工程师和业主单位、设计单位、施工单位协商解决，经过确认后由设计单位做出相应变更。凡没有经过监理工程师批准的工程设计变更，即使再合理，也是不会被承认的。

第二节　工程设计管理子系统功能规划

设计管理主要包括工程设计后续服务和工程变更管理，工程设计主要提供设计详细的阶段性成果、指导性文件及对施工管理有利的所有设计信息，并实现设计后续服务的及时、准确、高效，解决因设计服务不到位而影响施工进展的各类问题。系统使用单位包括各参建施工单位、监理组、设计单位、项目指挥部。

一、工程设计

工程设计栏目主要包括设计招标、设计单位的信息、组织机构图、各阶段的批文查询以及相关单位人员的通讯录等方面信息的管理。

系统能够提供增、删、改等设计招标信息发布功能，权限用户可以添加附件资料，可进行资料查询与下载。系统能够提供对设计单位信息进行维护的功能，包括查看所有设计单位信息，增加新的施工单位的信息，更新、删除已有设计单位的信息。项目建设的组织机构信息由项目指挥部来操作维护，实现添加项目机构图片功能，其他人员只有查看的权限。系统在功能上考虑文档编辑、附件上传的功能。系统提供增、删、改等组织机构图信息发布功能，权限用户可以添加附件资料，可进行资料查询与下载。同时，系统还提供初步设计、施工图设计、工程变更设计、会议纪要、指导文件、技术规范、图纸等文件的增、删、改等信息功能，权限用户可以添加附件资料，可进行资料查询与下载。在设计工作督办这一模块，能够实现对设计单位的工作进行监督管理，要求设计单位制订并上报工作计划，由项目指挥部对计划执行情况进行督办和网上监督。此外，系统还具备登记、维护、查询设计单位的联系方式的功能，可通过树形目录查找部门，可实现按单位、部门、姓名、电话查询等不同查询方式，方便用户查询信息。

二、设计变更

设计变更主动性与积极性欠缺。一方面，设计本身的复杂性和变更程序严格、费时长。设计工作本身设计内容复杂，一般需要在前期进行大量的调查与论证工作，审核过程中也需要不断进行修改。因此，不宜对批准方案做较大变更，其要求严格的特殊论证过程也将费时较长。另一方面，优化等变更工作虽可为施工单位增加较大的利润空间，但是变更工作烦琐，且给设计单位相应增加的工作费用相对很少，奖励机制不足，因此，设计单位容易懈怠优化与变更工作。

工程变更往往是制约计量支付的一个重要因素，做好工程变更管理，有利于控制工程造价、加快施工进度。图5-1为工程变更管理流程。

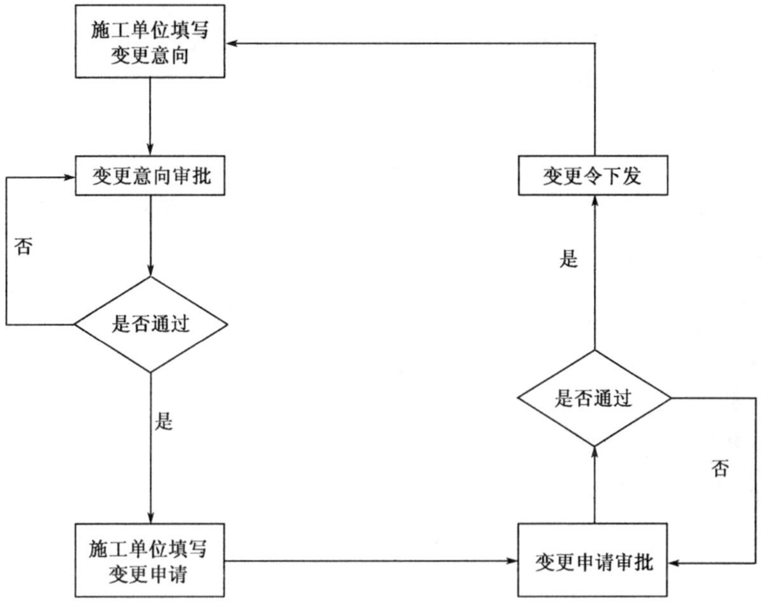

图5-1　变更管理流程

工程变更采用文本申报、签署，并在系统建立工程变更台账及工程变更审批监督制度，使报、审批的办理时间、办理状态全部在网上公布，建立阳光监督机制，提高变更效率，同时使变更管理更加规范、有序。

工程变更报告单台账填写要求如下：

(1)变更台账由施工单位填写。施工单位上报工程变更报告单后，及时在系统中添加变更信息，选择审批状态为“工程变更报告单申请中”。

(2)变更台账汇集所有工程变更报告单和变更令，工程变更报告单和变更令需一一对应。

(3)变更台账中的变更项目及变更金额以变更文件中的立项名称、金额为准，不需按照细目分项填写。按照审批顺序分为工程变更报告单申请中、工程变更报告单已批复、变更令已批准三个阶段，都需填写变更金额。

工程变更报告单批复后，施工单位应及时上传工程变更报告单扫描件。工程变更令批复后，施工单位应及时上传工程变更令扫描件。

(4)根据审批进程，施工单位需及时修改各项数据和审批状态。工程变更报告单、变更令审批完成后，均需将最终文件转换成pdf格式上传。变更清单统一以变更令附件为依据，即将于变更令中批复的工程数量及单价等信息录入计量系统，实现变更和计量的对接。

(5)变更台账可按照变更类别、标段对每项变更金额进行汇总求和。

第三节　工程设计管理子系统实现

一、工程设计

工程设计后续服务页面主要是把施工期设计人员的工作情况完整地反映出来，并建立设计成果资料库，包括：设计招标文件、设计管理办法、设计指导文件、专家审查意见、设计批复、地质勘察、技术规范、设计变更图纸、会议纪要等，建立设计后续服务组织机构、通讯录、设计后续服务工作督办。工程设计模块功能由工程设计综合信息页面和浙江省交通规划设计研究院首页进入。

工程设计综合信息页面由【首页】→【设计管理】→【综合信息】进入，如图 5-2 所示。

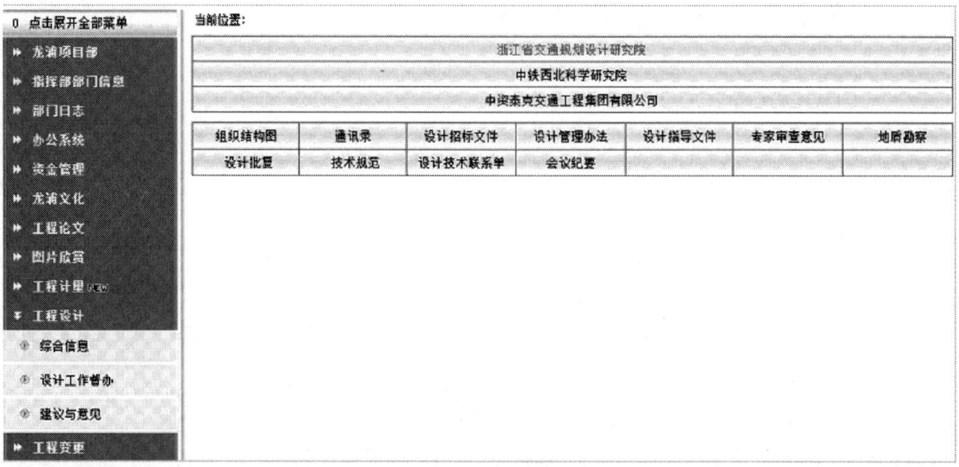

图 5-2　工程设计综合信息页面

浙江省交通规划设计研究院首页由【首页】→【设计管理】→【综合信息】→【浙江省交通规划设计研究院】进去，如图 5-3 所示。

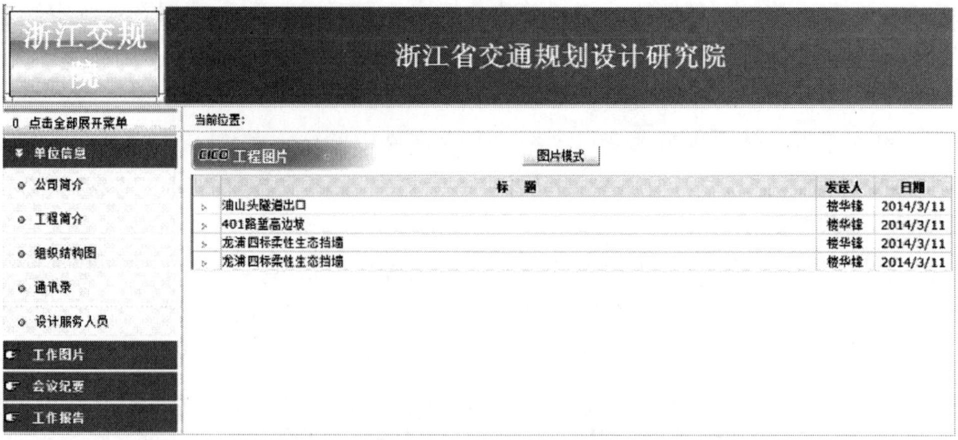

图 5-3　浙江省交通规划设计研究院首页

1. 单位信息

公司简介、工程简介、通讯录、项目部位置、组织结构图、岗位职责等信息均在【后台管理】→【设计管理】→【浙江交规院】→【单位信息】中上传，如图 5-4 所示。

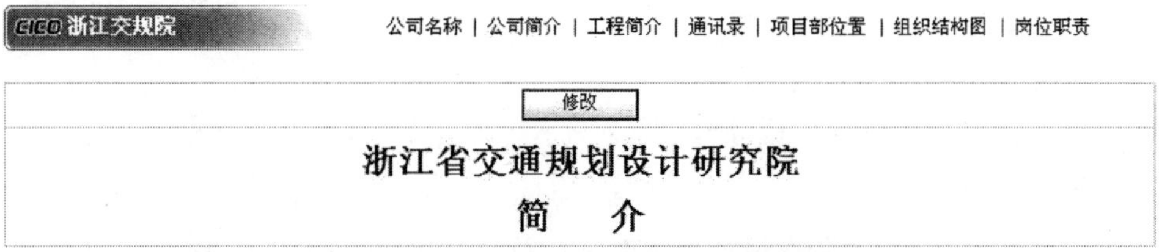

图 5-4　浙江省交通规划设计研究院单位信息编辑

【公司名称】依据中标公示中的名称，由动态系统项目组添加。

【公司简介】、【工程简介】采用在线编辑，点击【修改】填写相关文字。

【岗位职责】为本单位科室、领导的岗位职责，要求按照 pdf 格式文件上传。

【项目部位置】要求可以体现项目部驻地的方位、周边环境、道路情况，根据示意图可以指导驾驶员找到具体位置，为 jpg 格式图片。

【组织结构图】即项目部内部管理的组织结构图，为 jpg 格式图片。

【平面布置图】即施工平面图，应能反映施工路线、生产、生活及临时设施等现场布置的情况，为 jpg 格式图片。

【通讯录】添加本单位所有参建人员的手机/座机号码，并应注明在项目中的职务，可以在排序中填写序号，并点击【排序】，改变添加人员在网页中的显示顺序。

2. 设计招标文件

设计单位招标文件，由指挥部上传。

【后台管理】→【设计管理】→【综合信息】→【设计招标文件】

3. 设计管理办法

设计管理办法，由指挥部上传。

【后台管理】→【设计管理】→【综合信息】→【设计管理办法】

4. 设计指导文件

指挥部下发的，对设计过程的指导性文件，由指挥部上传。

【后台管理】→【设计管理】→【综合信息】→【设计指导文件】

5. 专家审查意见

设计过程中，或设计变更中专家对设计方案、图纸的会审意见，包括初步设计、施工图纸设计汇报及审查意见，由指挥部上传。

【后台管理】→【设计管理】→【综合信息】→【专家审查意见】

6. 设计批复

包括初步设计、施工图、特种作业设计的批复。

【后台管理】→【设计管理】→【综合信息】→【设计批复】

7. 地质勘察

初步设计阶段、施工图设计阶段地质勘察全线的勘探点布设情况和钻孔成果资料。

【后台管理】→【设计管理】→【综合信息】→【地质勘察】

8. 技术规范

设计规范，由指挥部搜集上传。

【后台管理】→【设计管理】→【综合信息】→【技术规范】

9. 设计变更图纸

施工阶段设计院下发的所有设计变更图纸汇总，要求转换成 pdf 格式。

【后台管理】→【设计管理】→【综合信息】→【设计变更图纸】

10. 会议纪要

设计、施工阶段，由设计单位主持参与的有关初步设计、施工图设计、设计变更的会议纪要，由设计单位上传。

【后台管理】→【设计管理】→【浙江交规院】→【会议纪要】

11. 设计工作督办

由指挥部工程处将施工过程中因设计影响而亟待解决的问题，明确责任人、督办人，在系统中公开，形成监督机制，促进问题的顺利解决。

操作流程：

进入【设计管理】→【设计工作督办】，显示页面如图 5-5 所示。

设计工作督办

共 15 条，已解决 9 条，未解决 6 条，完成率 60%

说明：1、问题来源：指挥部组织召开会议、检查并形成文件，要求设计院及相关单位在施工过程因设计影响而亟待解决的问题；
2、督办添加：由指挥部工程处人员将需要整改或解决的问题按责任单位分类列在工作督办表中；
3、工作督办：由指挥部在会议、书面文件中指定的人员或相关部门对工作进展落实情况进行督办；
4、问题解决：相关责任单位安排专人根据问题解决落实情况对解决过程，完成情况两栏进行填写，并添加问题整改。

完成情况：[全部] 责任单位：[全部] 责任人：[全部] 督办人：[全部]

全选 反选 删除所选 添加信息 关键字： 搜索

编号	责任单位	内容	计划完成时间	实际完成时间	责任人	督办人	发送人	完成情况	备注	修改
1	浙江交规院	二标樟溪3号桥0号台锥坡原设计未考虑纵向放坡，影响路基稳定，要求优化完善。	2014/3/31		陈建荣	徐志敏	何玉娟	未解决	龙浦【2014】2号	[修改]
2	浙江交规院	关于要求进一步优化龙浦高边坡防护设计的函	2014/3/24		陈建荣	徐志敏	何玉娟	未解决	龙浦（2014）1号	[修改]
3	浙江交规院	1、K7+520-690软基横断面及工程数量；2、八都互通站房设计图纸；3、K8+246-K8+273、K8+553-K8+593、K8+503-K8+523挡土墙设计变更图纸及工程量	2014/3/24		陈建荣	徐志敏	何玉娟	未解决		[修改]
4	浙江交规院	关于要求尽快补充龙浦大三改工程设计方案的函（龙浦（2013）11号）	2013/9/30		陈建荣	徐志敏	楼华锋	未解决	由于三改涉及内容比较多，按照工程进度在逐步完成。	[修改]
5	浙江交规院	关于要求增设主线收费站员工通道的函（龙浦（2013）8号）	2013/9/6		陈建荣	徐志敏	楼华锋	未解决	指挥部已明确此内容为中咨公司设计，我院会配合中咨公司做好通道的设计工作。	[修改]
6	浙江交规院	关于要求增设主线收费站员工通道的函（龙浦（2013）9号 ）	2013/9/6		郭晓伟	徐志敏	徐志敏	未解决	主体设计单位与中咨公司联系，两家做好衔接，共同做好通道设计方案。	[修改]
7	浙江交规院	关于要求补充特殊路段压实度困难处理的方案，主要为沿线山塘、洼地、沟坑众多，地形复杂，施工机械挖运进入压实作业，建议补充技术方案解决(详见指挥部龙浦[2013]7号。	2013/8/26	2013/10/7	陈建荣	徐志敏	徐志敏	已解决		[修改]
8	浙江交规院	关于要求尽快完善龙浦部分路堑防护设计的函龙浦（2013）13号）	2013/10/30	2013/12/20	陈建荣	徐志敏	徐志敏	已解决		[修改]
9	浙江交规院	关于要求进一步优化龙浦高边坡防护设计的函（龙浦（2013）14号）	2013/12/16	2014/2/16	陈建荣	徐志敏	徐志敏	已解决		[修改]
10	浙江交规院	要求对龙浦项目部在施工设计图复核中发现诸多疑问进行答复	2013/8/28		陈建荣	徐志敏	徐志敏	已解决	龙浦（2013）1号 详见设计技术联系单整体LP-001	[修改]
11	浙江交规院	柘岱隧道进口端右洞及出口端左洞位置实际地形与设计地形存在一定出入，要求对柘岱洞口优化设计。	2013/8/12		陈建荣	徐志敏	徐志敏	已解决	龙浦（2013）4号	[修改]
12	浙江交规院	关于要求优化高填方路堤底部填筑设计方案的函（龙浦（2013）10号）	2013/9/6		陈建荣	徐志敏	徐志敏	已解决		[修改]
13	浙江交规院	要求全线基底为软基或位于全填方路段、半填半挖路段内的涵洞等小型构造物基底补充加强设计。	2013/8/16	2013/8/16	陈建荣	徐志敏	徐志敏	已解决	龙浦（2013）6号，具体方案详见LP第004好技术联系单	[修改]
14	浙江交规院	白马畈枢纽A、C匝道部分填方路段位置与龙庆高速公路K129+150-K129+313段路基左幅水渠冲突，需完善设计。	2013/8/5	2013/8/5	陈建荣	徐志敏	徐志敏	已解决	龙浦（2013）3号，具体方案详见设计联系单路基工程LP-001号	[修改]
15	浙江交规院	1、白马畈枢纽B匝道BK0+849-BK0+979段路基右侧改路、改渠设计与现场实际情况不符；2、K8+335-K8+350段、K10+546-K10+572段实际地质、地形情况与设计变化较大；3、K18+742-K18+764路段右幅路基右侧侵占原天然水渠。	2013/8/12	2013/8/12	陈建荣	徐志敏	徐志敏	已解决	龙浦（2013）5号，具体方案见设计技术联系单LP-003号图纸	[修改]

图 5-5　设计工作督办列表

指挥部【添加信息】，并填写督办内容、责任单位、责任人、督办人，责任单位填写解决过程，并更改完成状态，本次督办完成，如图 5-6 所示。

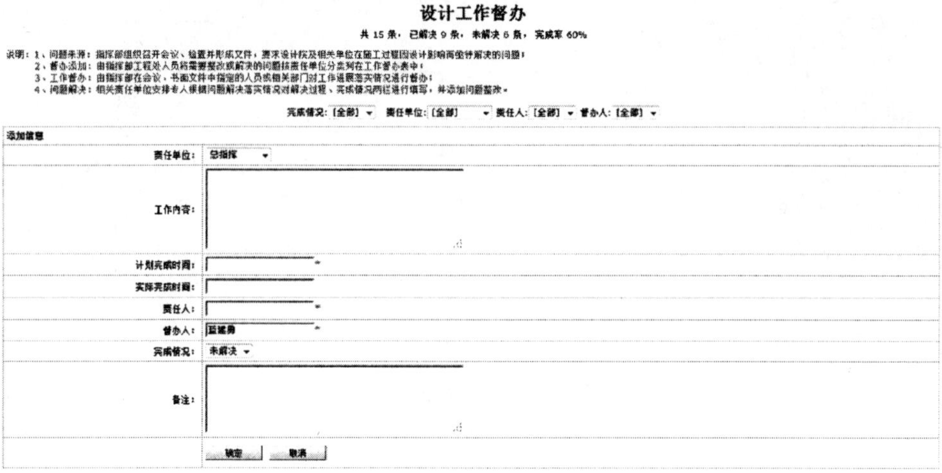

图 5-6　设计工作督办信息添加

12. 设计服务人员、在线考勤

操作方式与工程建设管理中投入人员功能、在线考勤功能相同。

13. 建议与意见

点击【建议与意见】，系统则会链接到龙庆论坛页面，可以发布或回复对管理平台、工程设计和工程项目的建议与意见。

二、工程变更

工程变更往往是制约计量支付的一个重要因素，做好工程变更管理，有利于控制工程造价、加快施工进度。工程变更采用文本申报、签署，并在系统建立工程变更台账及工程变更审批监督制度，使申报、审批的办理时间、办理状态全部在网上公布，采用建立阳光监督机制，提高变更效率，同时使变更管理更加规范、有序。

显示位置：【首页】→【工程变更】→【变更管理系统】，如图 5-7 所示。

1. 变更管理实施办法

由指挥部上传，文件要求转换成 pdf 格式。

上传位置：【首页】→【工程变更】→【进入后台】→【变更管理实施办法】→【添加】

2. 工程变更审批流程图

工程变更审批流程图，格式为 jpg，宽度不超过 800 像素，由动态管理项目组上传。

3. 变更通知

由指挥部提出的，为提高质量等级、优化设计，自上而下下发的变更通知。

上传位置：【首页】→【工程变更】→【进入后台】→【变更通知】→【添加】

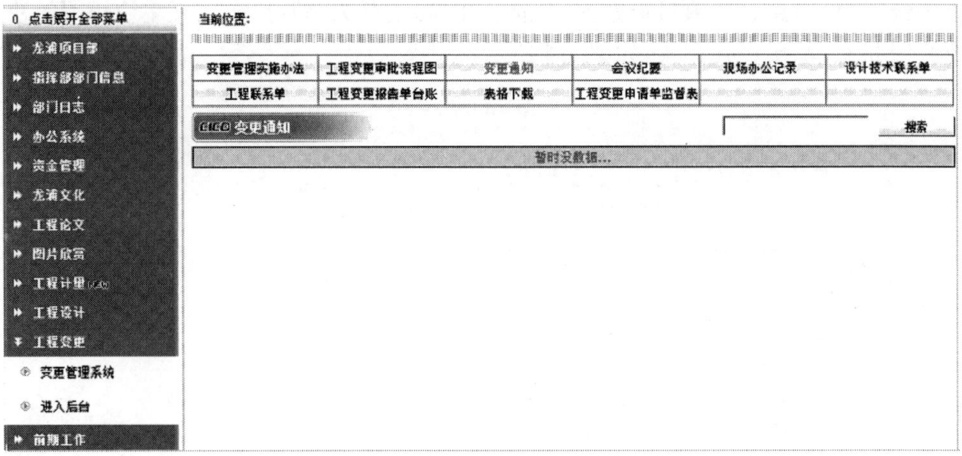

图 5-7　变更管理系统首页

4. 现场会议记录

由施工单位上传 pdf 扫描件,查阅权限只限于本单位。

上传位置:【首页】→【工程变更】→【进入后台】→【现场会议记录】,如图 5-8 所示。

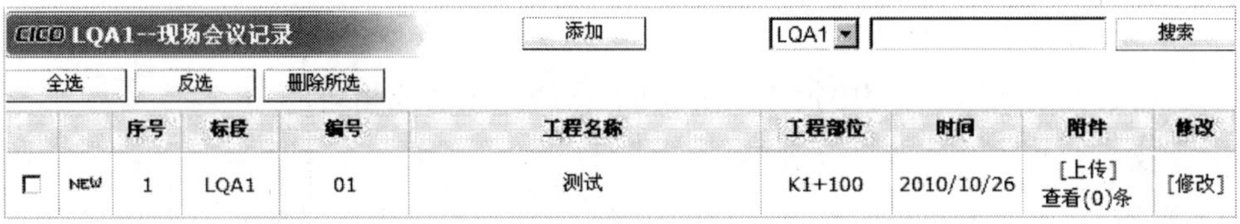

		序号	标段	编号	工程名称	工程部位	时间	附件	修改
□	NEW	1	LQA1	01	测试	K1+100	2010/10/26	[上传] 查看(0)条	[修改]

图 5-8　现场会议记录列表

5. 会议纪要

由指挥部主持的,关于工程设计变更的会议纪要。

上传位置:【首页】→【工程变更】→【进入后台】→【会议纪要】→【添加】

6. 变更申请单

由施工单位添加已上报的"变更申请单"项目,并在批复后上传 pdf 扫描件。指挥部修改审批状态。查阅权限只限于本单位。

上传位置:【首页】→【工程变更】→【进入后台】→【变更申请单】→【添加】,如图 5-9、图 5-10所示。

7. 表格下载

工程变更样表,要求是 word 或 excel 形式,由指挥部上传。

上传位置:【首页】→【工程变更】→【进入后台】→【表格下载】→【添加】

8. 工程变更报告单台账

操作说明:

点击【快速通道】/【设计管理】→【工程变更】→【进入后台】→【工程变更报告单台账】,施工单位【添加】变更项目,并根据审批情况【修改】变更状态,审批完成后【上传】变更文件,如图 5-11所示。

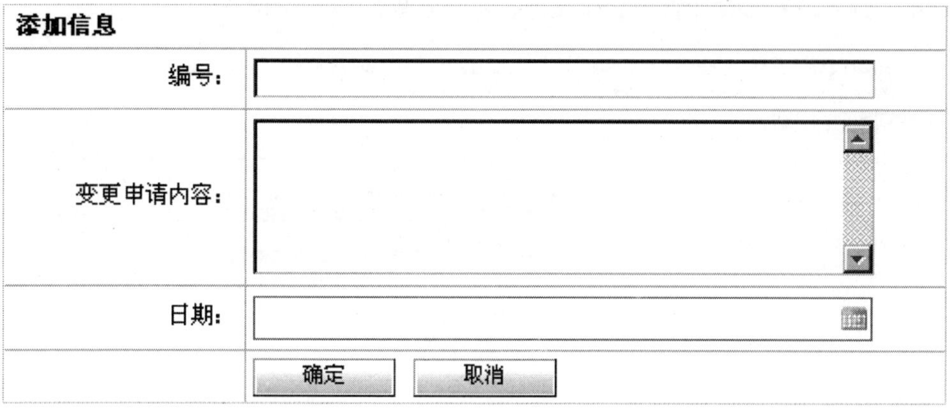

图 5-9　变更申请单添加

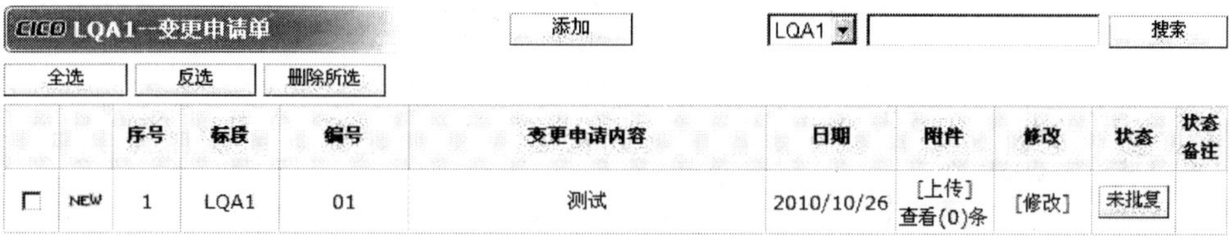

图 5-10　变更申请单列表

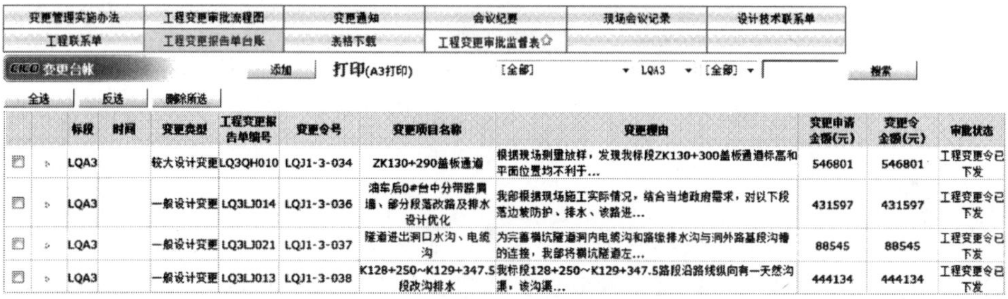

图 5-11　工程变更报告单台账

9. 工程变更审批监督表

工程变更审批监督表主要反映工程变更报告单、变更令的审批进展情况。施工单位上报工程变更报告单后，改变变更台账中的“变更状态”为“变更申请中”，则变更项目自动进入审批监督表中，各部门依据审批时间提交审批进程，系统将自动记录各单位的办理时间、办理状态。审批完成后，由施工单位将附件从“变更台账”中上传。

操作说明：点击【快速通道】/【设计管理】→【工程变更】→【进入后台】→【工程变更审批监督表】，如图 5-12 所示。

10. 设计技术联系单

由设计院上传下发的设计技术联系单，并选择发送单位。本单位只有权限查看本单位的联系单。

操作说明：

点击【后台管理】→【设计管理】→【设计技术联系单】，如图 5-13 所示。

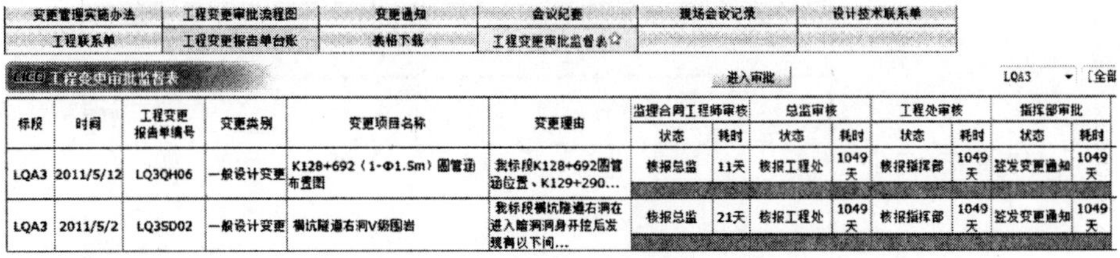

标段	时间	工程变更报告单编号	变更类别	变更项目名称	变更理由	监理合同工程师审核		总监审核		工程处审核		指挥部审批	
						状态	耗时	状态	耗时	状态	耗时	状态	耗时
LQA3	2011/5/12	LQ3QH06	一般设计变更	K128+692（1-Φ1.5m）圆管涵布置图	我标段K128+692圆管涵位置、K129+290...	核报总监	11天	核报工程处	1049天	核报指挥部	1049天	签发变更通知	1049天
LQA3	2011/5/2	LQ3SD02	一般设计变更	横坑隧道右洞V级围岩	我标段横坑隧道右洞在进入暗洞洞身开挖后发现有以下问...	核报总监	21天	核报工程处	1049天	核报指挥部	1049天	签发变更通知	1049天

图 5-12　工程变更报告审批监督表

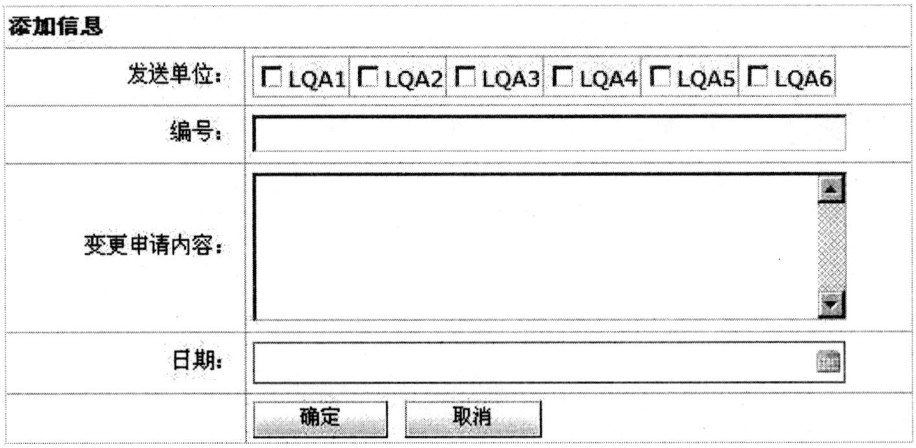

图 5-13　设计技术联系单

11. 工程联系单

由指挥部上传下发的工程技术联系单。查看权限仅授予指挥部相关部门。

操作说明：点击【设计管理】→【工程变更】→【进入后台】→【工程联系单】，如图 5-14 所示。

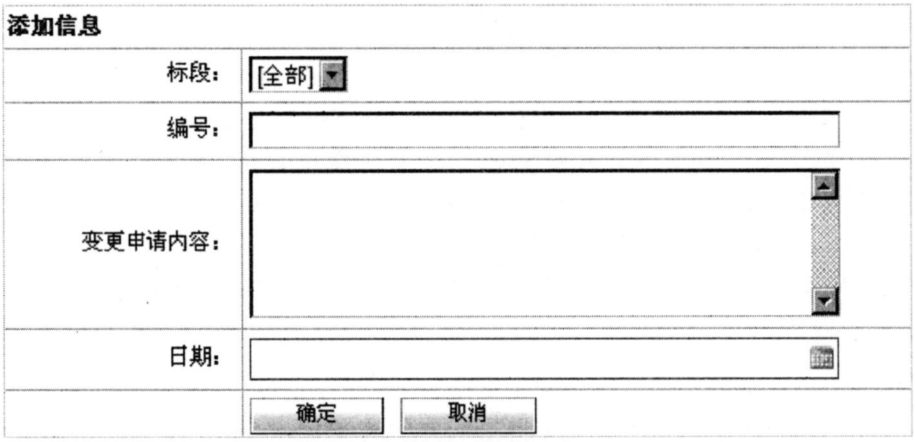

图 5-14　工程联系单

第六章　征地拆迁管理子系统构建

高速公路建设中的地方工作，是指在建设过程中因征地拆迁、取土用地、桥涵施工等引起的与沿途地方政府，特别是农村居民有关联，又需要地方政府来帮助、协调、解决的一些事项，主要是征地拆迁。地方工作是一项庞大、艰巨、复杂、繁冗而又不能缺乏细致的工作。其中各种地方关系、人际关系更是错综复杂。当前，地方问题越来越突出，已经成为制约工程按计划完成的重要因素，征地拆迁也成了困扰工程建设的难点、焦点和热点，严重制约了工程进展。

建立征迁工作管理子系统地方工作栏目，公示地方工作组织机构、责任人、联系方式、相关法规、协议、补偿标准，整理、汇总地方工作内容，并建立征地拆迁台账，按照县、镇、村、户的方式统计，详细到每户居民的征迁数量，做到所有的补偿均做到有据可查，有法可依，真正达到和谐修路、造福一方的目的。

第一节　征迁工作管理概述

一、征迁工作的主要内容

1. 征迁工作的概念

征迁工作是指围绕项目工程建设制定征地、拆迁等政策处理及为工程建设顺利进行排除外部各类干扰而展开的组织协调工作，可保证工程建设顺利进行，实现工程建设目标。

2. 征迁工作的目的、意义

征迁工作是在工程施工阶段影响项目能否顺利推进的外部核心要素，是保证工程进度的外部制约的重要因素，关系着建设单位和施工单位的经济利益，是工程管理工作的重要内容。它的主要目的有以下几个方面：

(1)确定工程建设占用土地、房屋、道路、水利设施、通信电力杆线迁移等补偿标准。通过补偿标准，可以按标准及时地与各物主协商项目建设用地红线内的一切土地及构筑物等的费用，避免因补偿标准和地方差异给建设单位造成的资金失控，同时避免因费用支付的不及时对工程建设造成影响。

(2)对已完成的政策处理工作范围进行有效控制，避免出现争执或其他干扰因素，从而影响工程建设。

(3)规范工程建设过程中对沿线产生影响的一切不可避免的工程活动，对工程活动进行有效监督。

(4)排除因工程建设衍生或牵涉的影响工程建设的各类因素。

(5)减少、排除合同索赔事件发生。

3. 征迁工作的工作内容

在建设过程中常遇到的建设地方工作有：

(1)高速公路红线范围内的土地征用(包括耕地、林地、河流、荒地等)。

(2)高速公路红线范围内的房屋拆迁。

(3)各类构造物迁移，包括通信、电力、国防线路、坟墓、古名树等。

(4)工程所需取弃土场的土地借用。

(5)各类临时用地的租用。

(6)协调施工所需的便道，包括占用地方道路、水利设施等。

(7)帮助协调施工用电。

(8)因施工产生噪声、振动、粉尘等各类污染，与地方的纠纷。

(9)工地上发生的各类治安、交通事故等。

(10)因高速公路建设引起的大小三改设计方案协调。

(11)协调跟踪审计单位对地方各类补偿资金使用情况的审计。

(12)社会和谐建设，如农民工工资问题、因地方其他问题引发阻挠工程建设的事件等。

(13)因工程建设需要，交通改道、封道等与地方政府及部门协调的问题。

(14)与工程建设有关的地方政府提案、变更等。

(15)负责办理征迁资料整理归档等工作，整理土地、环保、水利等全部征迁资料，负责办理土地使用权证书。

(16)制订生产、各种自然灾害紧急救援预案，并组织演练。

(17)其他与建设相关的事件。

二、征迁工作的原则

高速公路建设通常都能在有限期内完成，只有遇到征迁等干扰因素，才特别容易造成工期延期，由此引发一系列合同纠纷、经济赔偿等，造成重大损失。在高速公路建设过程中，各地方政府在实践中总结了许多经验，以下原则对工程推进是非常有效的。

1. 保证建设过程施工无障碍

在实施过程中，由于高速公路建设牵涉面广，社会关系错综复杂，很多项目政府都提出无障碍施工，实际上均做不到。事实上，只要能做到施工范围内和正常的施工活动无障碍，对工程建设而言，就称得上是良好的建设环境了。

2. 工作机构要领导、机构、任务、措施"四落实"

强有力的工作机构是制度落实的根本保证，缺乏职能部门，工作无法正常开展。工作机构要完成任务，必须领导、机构、任务、措施"四落实"，才能开展正常工作。

3. 全力以赴，特事特办，急事急办，变通办，马上办，主动办

工程建设投资大、项目工期紧、施工机械化程度越来越高，一旦受阻，影响的方面众多。只有树立雷厉风行的工作作风，才能减少负面因素的影响，减少各方面经济损失。

4.路上问题路下解决

在解决各项施工干扰时，工作方法就显得特别重要，遵循路上问题路下解决的工作原则，能减少对工程建设的影响，同时，能缓和各类矛盾、纠纷等，各方在矛盾面前更有理性，有助于问题的解决。

三、征迁工作的具体措施

1.广泛宣传动员

各级政府和有关部门要采取多种形式进行宣传动员，增强广大群众对公路建设重要性的认识，正确处理好当前与长远、个人与国家、局部与整体的利益关系，积极配合支持公路建设。新闻媒体要加大宣传力度，及时对公路建设中做出突出贡献的单位和个人进行宣传报道，为工程建设创造良好的外围环境。

2.保证建设用地

高速公路建设用地及附属设施用地由地方政府统一办理用地手续，并组织乡镇、村组自行调整土地，耕地给予青苗补偿，荒地不予补偿。被占用土地的单位、村组应服从公路建设大局，积极配合搞好工作，不得以任何理由阻挠施工。

3.做好拆迁安置工作

公路工程设计范围内的所有建筑物、构造物及地面附着物，必须按照公路建设部门的要求，在规定的期限内由产权单位自行拆除、砍伐或迁移。违章建筑逾期不拆除的，依法强制拆除，补偿费用不予兑现。各级政府要及时做好拆迁户的安置工作。

4.简化工程手续

各有关部门和单位在办理工程建设有关手续时，要本着急事急办、特事特办的原则，加强沟通，密切配合，不得推诿和拖延，切实提高办事效率。

5.为工程建设创造良好的施工环境

各级政府要及时协调解决工程建设中遇到的困难和问题，对建设中出现的新情况、新问题，及时与公路项目管理处沟通，通过合法、正常的渠道解决，绝不能因故影响工程建设。各级公安部门要积极协助施工单位搞好治安保卫工作，对阻拦扰乱施工、盗窃国家财物、毁坏施工工具、殴打征迁及施管人员的，要依法严肃处理；对构成犯罪的人员，要依法追究刑事责任。

6.保护好公路路线范围内界桩及其他测设标志

各级政府要教育广大群众保护公路测设标志，不得借故随意移动或损毁，违者要严肃查处。

7.切实加强对公路建设环境保障工作的领导

各级政府要成立建设环境保障机构，明确责任，严格考核，做到领导、机构、任务、措施“四落实”，确保工程顺利实施。随着高速公路建成通车时间逐渐确定，各项建设进入冲刺阶段，各类问题需要最终解决，各类矛盾纠结也极易转化升级，高速公路建设环境保障处于最关键的时期，各级各有关部门要从促进国家建设、保障群众利益、维护社会稳定的高度出发，切实把高速公路建设环境保障工作纳入重要议事日程。地方政府各部门要进一步加强组织领导，坚持第一责任保稳定，把搞好高速公路建设环境保障作为维护社会稳定的重要任务，主要领导要亲自抓，分管领导要具体抓，相关部门要全力抓，认真研究解决工作中存在的困难和问题。要逐级落实任务，明确责任，加强监督检查，严格责任考核和追究，确保各项任务落到实处。要进一步加强路地双方的沟通交流，充分考虑双方的意见和建议，妥善解决好环境保障中的各种问题，在积极维护国家利益的基础上，兼顾地方利益和群众利益。要进一步建立健全路地双方互相理解、互相支持、密切协作、齐抓共管的工作机制，努力营造良好的建设环境，确保高速公路建设顺利推进。

8. 预防为主、排查为先、有的放矢

结合工程进展和社会环境卫生，在适当的时机，开展大排查、大调处活动，扎实搞好涉路矛盾纠纷的排查调处工作。要坚持“纵向到底、横向到边”，全面开展排查调处，特别是对于一些深层次的、尚未发现和尚未表现出来而极有可能引发矛盾冲突的问题，要深挖细查，超前化解。对排查出来的所有问题，要逐一造册登记、逐一落实责任、限期调处解决到位，确保矛盾排查一个不漏、解决问题一个不留。要坚持“边排查、边调处”，对一般性矛盾纠纷，一旦发现，要立即采取措施，就地进行解决；对特殊矛盾和问题，要召集路地双方认真协商，在坚持政策、把握原则的前提下，积极予以解决。沿线各县区要按照“属地管理、条块结合”原则，切实落实地方党委政府在矛盾纠纷排查调处工作中的主体责任，积极组织力量，扎实开展涉路矛盾纠纷排查调处工作；各级征迁环保办要充分发挥综合协调作用，深入一线调查了解情况，协调路地双方切实存在的具体矛盾和问题；对于跨行业、跨区域的问题，要协调建设管理部门、地方政府和直属有关部门共同协商，分清各自责任，落实具体任务，协调抓好落实。

第二节　征迁工作管理子系统功能规划

一、征迁工作体系规划

1. 项目地方工作管理体系的建设目标

通过建设工程地方工作体系的建设，建立起完整的建设工程地方工作体系管理系统并加以实施和保持，实现动态的、系统的、制度化的、以预防为主、反应敏捷的建设地方工作管理模式，从而在管理上确保全方位、多层次、快速有效地推动工程建设顺利进行。

2. 项目地方工作管理体系的建设内容

项目地方工作管理体系主要包括管理机构、管理制度、工作流程、工作督办等方面。根据项目建设组织模式建立的建设地方工作管理组织机构，通常有：由政府组建的建设单位，多由建设单位直接管理，并在下级政府成立相应的机构；采用代建制的项目，通常是由地方政府实行包干管理，地方政府成立相应机构进行管理。无论项目采取何种建设管理模式，地方工作都属于高速公路沿线政府管理范畴，差别只有资金、监督的主体不同。

为保证高速公路建设地方工作管理工作的顺利进行，该项工作在管理体系中的定位就显得特别突出，各个项目上对该项工作的定位也迥然不同。组建良好的管理体系对工程建设具有良好的推进作用，如龙庆、云景、龙浦等高速公路采用“业主专业管理、地方政府建设保障”模式，在建设地方工作方面，各基层组织都有专人负责，上级有专人做跟踪监督、指导、协调工作，实现无障碍施工，对工程进度、质量、合同、投资管理都起到了良性影响作用，充分发挥了建设单位的专业专长、政府组织管理能力、双方良性互动，其组织机构如图 6-1 所示。

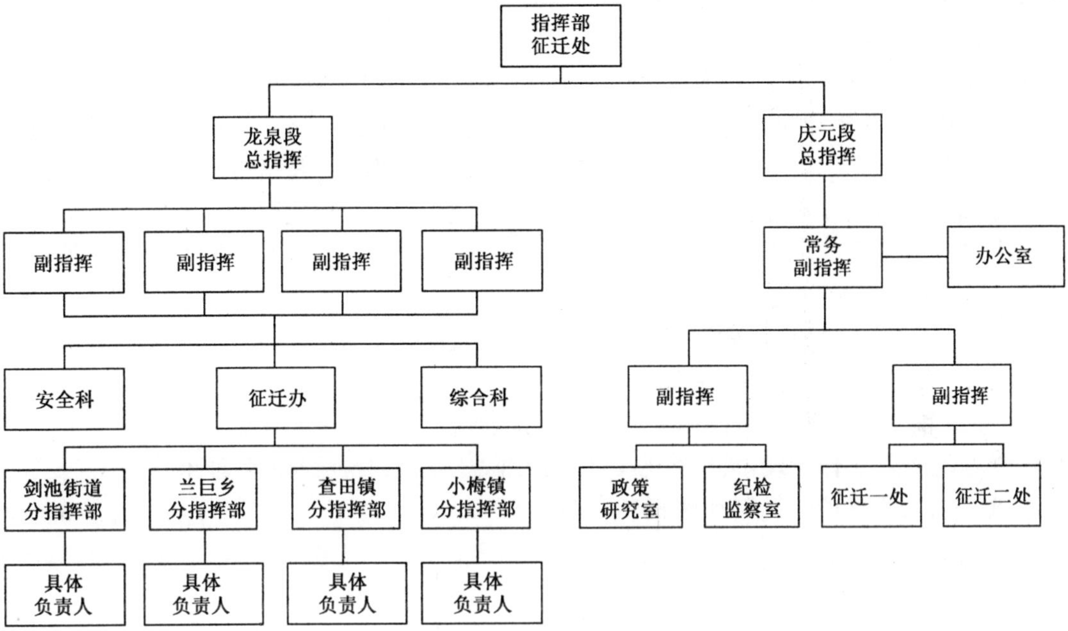

图 6-1　龙庆高速公路地方工作组织机构图

3. 地方政府在项目建设期间的主要工作

(1)协调项目建设单位按时拨付征迁经费。

(2)办理市级以上部门的征(租)地报批手续。

(3)研究处理征迁中的重要问题。

(4)组建地方各级管理机构，并对下属各级机构的建设地方工作进行检查、监督、考核、奖惩。

(5)对征地拆迁工作，应按照“依照政策、统一征地、分段负责、限期完成、超支不补、节约用地、急用先征”的原则，做好征地拆迁补偿、耕地调整、妥善安置群众生产、生活等工作，按时完成辖区内的征地拆迁安置任务，并负责土地、水利、环保等专项验收工作，协助工程的交竣工验收。

(6)为了不影响施工按计划正常进行，在约定时间内与被征地乡(镇)、村签订好全部具体的征地协议，并向省国土资源厅办理好征地有关报批手续。

(7)在施工前完成征地范围内建筑物或构筑物的搬迁和地面附着物的清除，确保土地按时交付使用；做好征地边界桩的放样、定桩工作，负责公路中心和边界的保护。

(8)提供施工临时用地借地资料，办理好有关征地手续，拆除建筑物并提交征地申请；根据工程建设需要，及时办理征地的相关手续。

(9)负责处理辖区内临时用地、弃土场、料场、施工便道以及电力、交通线路调整、线外工程等各类影响工程进度的事项，确保工程建设的无障碍施工。

(10)包干使用政策性处理资金，专款专用。定期安排审计部门对所辖建设机构的资金使用情况和工程建设情况进行审计，同时接受上级和建设单位指定审计单位的审计，确保资金按协议要求使用。

(11)协调交警和路政部门全力做好道路管理，提供方便措施，保障工程建设期间的施工运输安全和畅通。

(12)负责安全保障工作，督促和协调公安、消防等部门，保障工程项目沿线治安和消防安全，严厉打击各种危害高速公路建设的非法行为，协调和处理因项目施工而引起的各方利益冲突，防止群体性案件发生，保障工程建设财产和人身安全，保障高速公路建设良好的施工环境。

(13)加强廉政工作，杜绝以权谋私、权钱交易等现象，确保工程建设不发生重大廉政案件。

(14)负责做好宣传工作。通过多种形式大力宣传，让沿线广大人民群众从全局和长远利益考虑，积极支持高速公路建设。

(15)建立信息管理机制，按时向甲方报送项目建设的有关信息资料。

(16)负责办理征地补偿、办理土地使用权证书等资料的整理、制图归档等工作。征迁工作结束后，在工程交工验收时及时提供经整理的土地、环保、水利等全部征迁资料。

(17)加强维稳工作管理，尤其是要及时解决农民工工资纠纷引起的各种矛盾。

(18)制订突发事件的紧急预案，并组织演练。

二、地方工作管理系统的模块规划

由于高速公路是线性构造物，用地量大，沿线少则数十米，宽则四五百米，涉及土地及地上、地下建筑物，影响面广。因此，建设地方工作的面广、层次多，每天发生的事情多，实行分片管理，各片区工作推进速度不一，实际情况难以估计，对建设环境宏观管理掌控缺乏支撑，设立了地方工作模块。在规划时考虑到安全、农民工工资工作复杂，另建模块或专栏。地方工作模块专栏规划如表 6-1 所示。

地方工作内容及其模块 表 6-1

施工阶段	地方工作内容	构建专栏
事前控制	组织机构	地方工作（建立对应的专栏）
	政策法规公开	
	征迁协议	
	各村镇征迁情况	
	落实政策处理、环境保障工作人员	
事中控制（施工过程）	政策处理工作台账	地方工作（建立对应的专栏）
	征地面积进度	
	房屋拆迁面积进度	
	政策处理周报	
	干扰因素跟踪	
	地方工作督办	

续上表

施工阶段	地方工作内容	构建专栏
事后控制 （交竣工）	政策处理工作台账	地方工作 （对应的专栏结果进行总结）
	征地面积进度	
	房屋拆迁面积进度	
	地方工作督办	

主要领导每天能根据系统模块报表、台账等，及时掌握建设环境保障工作的动态，分析形势，及时采取应对措施，解决存在问题，推进项目建设进程。

具体责任人能通过各专栏反映情况，能及时对一线的动态进行实时管理，上传下达，做好协调、沟通工作，尽快解决工程施工障碍，确保施工能有序展开。

地方工作模块主要针对土地征用和拆迁工作管理，包括以下几个方面的内容。

(1)拆迁协议书。按照《中华人民共和国土地管理法》等法律法规以及政府有关政策和设计文件计算征地拆迁承包费用，并且同高速公路建设项目所在的市签订征地拆迁合同(协议)，并且实现对合同(协议)基本信息的查询、统计、信息的动态维护和查询功能。

(2)政策处理周报和干扰因素跟踪。系统提供增、删、改等信息发布功能，权限用户可以添加附件资料，可进行资料查询与下载，帮助项目管理各方随时随地查询有关项目的建设进度和地方工作进展情况。

(3)征地拆迁标准。管理员设置不同类别的补偿标准，包括补偿类别、单位、标准单价、备注。同时能够通过新增、修改、删除等方式设置新的补偿标准。系统在做“补偿金跟踪”时，依据补偿标准判别实际补偿金是否符合标准。

(4)征地拆迁计划。征迁计划是指在取得用地许可证以后，制订不同类别的征迁计划，实际是对项目征迁量的统计过程。管理员可新增、修改、删除征迁计划，同时可按征迁量分解到不同的区域。征迁计划内容包括：起讫桩号、所在县镇、征迁类别、计量单位、征迁面积、计划征迁费、征迁合同名称(在合同注册中选取征迁合同)、备注、征迁信息附件资料。计划分解内容包括：开始桩号、结束桩号、征迁类别、所属标段(选择登记标段)、所在县镇、计量单位、征迁面积、计划征迁费、补偿标准、参考标准费用、备注。

(5)征地拆迁进度。管理员从标段征迁任务列表中选择已经分解过的任务，在征迁进度信息列表中，“新增”征迁任务进度信息。管理员可修改、删除征迁进度完成情况。征迁进度内容包括：开始桩号、结束桩号、征迁类别、所属标段(选择登记标段)、所在县镇、计量单位、征迁面积、计划征迁费、补偿标准、参考标准费用、备注。有权限的用户可按行政区域、征地拆迁标准、各协议统计征地拆迁完成情况。当征迁进度的完成量与征迁计划不相符时，系统在项目监察中进行预警。

(6)个案信息和拆迁问题。个案信息是指在拆迁过程中遇到的特殊情况，同时系统提供查看、修改、删除功能。个案信息内容包括：名称、个案征迁费、发现日期、处理日期、备注、附件。在开展征迁工作过程中，对出现的征拆问题进行管理。系统提供新增、查看、修改、删除维护功能。用户还可以通过“讨论组”发表讨论。问题描述内容包括：主题、所属类型、发现日期、处理日期、状态(已解决、未解决、进行中)、问题描述、未解决原因、上传资料附件。当状态选择为

"未解决"时，监察管理模块的项目监察中会有预警信息。

(7)资金拨付来源和征地拆迁拨付。资金来源依据是对拆迁资金的来源情况进行登记，系统提供修改、删除功能。登记内容包括：资金来源、金额(元)、依据说明、依据附件。此外，系统提供补偿金的拨款过程，对不符合补偿标准的征地拆迁款及延期补偿原因进行跟踪。系统提供新增"补偿金"记录，删除记录，修改记录。补偿金内容包括：补偿对象、类别、地址、联系方式、数量、补偿费用、计划补偿日期、实际补偿日期、延期补偿原因。当"实际补偿日期"超出"计划补偿日期"时，系统启动项目监察预警。

第三节　征迁工作管理子系统实现

征迁工作的成功与否是影响工程顺利进展的重要因素，通常施工中的人为阻工因素绝大部分源自征地拆迁纠纷。为更好地解决这一问题，并适应政府和投资方关于阳光工程公开的要求，以"阳光"作为消除不信任的手段，网站建立地方工作专栏，公示地方工作组织机构、责任人、联系方式、相关法规、协议、补偿标准，整理、汇总地方工作内容，并建立征地拆迁台账，按照县、镇、村、户的方式统计，详细到每户居民的征迁数量，并对应与村民签署的拆迁协议，方便日后有疑问的村民查询，计算征地拆迁款。所有的补偿均做到有据可查，有法可依，真正达到和谐修路，造福一方的目的。

地方工作管理子系统首页位置：【首页】→【工程建设管理】→【地方工作】，如图 6-2 所示。

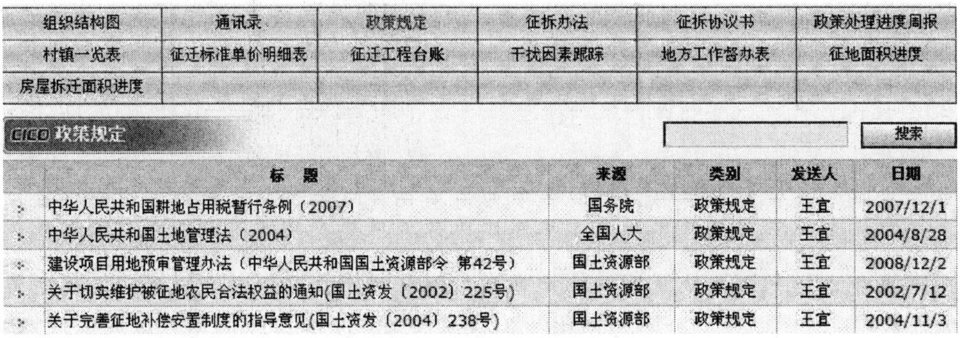

图 6-2　地方工作首页

一、政策法规

国家、地方政府关于征地拆迁的法律、法规、补偿办法、标准、相关的措施、通知。由指挥部搜集上传，附件格式为 pdf 或单个文件网页格式，格式转换请参考 pdf 格式转换说明、工地快报格式说明，包括指挥部制定的"管理规章制度"。

操作流程：【后台管理】→【工程建设管理】→【地方工作】→【政策法规】，如图 6-3 所示。

二、征拆协议书

指挥部与地方政府、集体、个人签署的协议书。附件格式为 pdf。

操作流程：【后台管理】→【工程建设管理】→【地方工作】→【征拆协议书】，如图 6-4 所示。

CICO 政策法规　添加　[所有]　搜索

全选　反选　删除所选　先点击添加,再选择添加类别

标　题	类别	来源	发送人	日期	修改	审核	是否显示在阳光工程
关于成立龙浦高速公路"阳光工程"建设工作领导小组的通知	政策法规	指挥部	毛华红	2013/11/27	[修改]	√	√
龙浦高速公路龙泉段建设项目"阳光工程"实施办法	政策法规	指挥部	毛华红	2013/11/27	[修改]	√	√
龙浦高速公路房屋拆迁宅基地安置实施细则	政策法规	指挥部	毛华红	2013/10/23	[修改]	√	√
关于对龙浦高速公路房屋征收搬迁实行考核奖励的通知 龙浦指（2013）5号	政策法规	指挥部	季颖	2013/10/18	[修改]	√	√
关于龙浦高速公路征收工作考核情况的通报 龙浦指（2013）4号	政策法规	指挥部	季颖	2013/10/18	[修改]	√	√
关于龙浦高速公路政策处理涉及杆线迁移补偿标准的通知 龙浦指(2012)15号	政策法规	指挥部	季颖	2013/10/18	[修改]	√	√
关于印发《龙浦高速公路征收工作奖励考核办法》的通知 龙浦指（2012）13号	政策法规	指挥部	季颖	2013/10/18	[修改]	√	√
关于加强龙浦高速公路工程建设政策处理宣传报道的通知 龙浦指（2012）9号	政策法规	指挥部	季颖	2013/10/18	[修改]	√	√
关于要求对龙泉至浦城（浙闽界）高速公路土地房屋征收安置工程立项的报告 龙浦指（2012）7号	政策法规	指挥部	季颖	2013/10/18	[修改]	√	√
关于龙浦高速公路林地、土地报批工作中有关重大事项的请示 龙浦指（2012）5号	政策法规	指挥部	季颖	2013/10/18	[修改]	√	√
龙浦高速公路龙泉段土地房屋征收实施办法	政策法规		蓝建勇	2012/11/21	[修改]	√	√

图 6-3　政策法规列表

CICO 征拆协议书　添加　[所有]　搜索

全选　反选　删除所选　先点击添加,再选择添加类别

标　题	类别	来源	发送人	日期	修改	审核
龙庆高速公路庆元段征地拆迁和建设环境保障承包责任书	征拆协议书		俞鑫	2010/8/30	[修改]	√
龙庆高速公路龙泉段征地拆迁和建设环境保障承包责任书	征拆协议书		俞鑫	2010/8/30	[修改]	√
龙庆高速公路龙泉段工程建设征地拆迁和建设环境保障责任书（市政府与龙泉市政府之间）	征拆协议书		蓝建勇	2010/7/29	[修改]	√

图 6-4　征拆协议书列表

三、政策处理进度周报

指挥部政策处理进度周报。

操作流程:【后台管理】→【工程建设管理】→【地方工作】→【政策处理进度周报】,如图 6-5 所示。

CICO 政策处理进度周报　添加　[所有]　搜索

全选　反选　删除所选　先点击添加,再选择添加类别

标　题	类别	来源	发送人	日期	修改	审核	是否显示在阳光工程
龙庆高速公路龙泉段征地拆迁进度周报表20130331	政策处理进度周报	市指挥部	蓝建勇	2013/4/1	[修改]	√	√
龙庆高速公路龙泉段征地拆迁进度周报表20130324	政策处理进度周报	市指挥部	蓝建勇	2013/3/25	[修改]	√	√
龙庆高速公路龙泉段征地拆迁进度周报表20130307	政策处理进度周报	市指挥部	蓝建勇	2013/3/19	[修改]	√	√
龙庆高速公路龙泉段征地拆迁进度周报表20130310	政策处理进度周报	市指挥部	蓝建勇	2013/3/11	[修改]	√	√
龙庆高速公路龙泉段征地拆迁进度周报表20130224	政策处理进度周报	市指挥部	蓝建勇	2013/2/25	[修改]	√	√
龙庆高速公路龙泉段征地拆迁进度周报表20130127	政策处理进度周报	市指挥部	蓝建勇	2013/1/28	[修改]	√	√
龙庆高速公路龙泉段征地拆迁进度周报表20130120	政策处理进度周报	市指挥部	蓝建勇	2013/1/21	[修改]	√	√
龙庆高速公路龙泉段征地拆迁进度周报表20130113	政策处理进度周报	市指挥部	蓝建勇	2013/1/14	[修改]	√	√
龙庆高速公路龙泉段征地拆迁进度周报表20130106	政策处理进度周报	市指挥部	蓝建勇	2013/1/7	[修改]	√	√
龙庆高速公路龙泉段征地拆迁进度周报表20121230	政策处理进度周报	市指挥部	蓝建勇	2012/12/31	[修改]	√	√
龙庆高速公路龙泉段征地拆迁进度周报表20121223	政策处理进度周报	市指挥部	蓝建勇	2012/12/24	[修改]	√	√
龙庆高速公路龙泉段征地拆迁进度周报表20121209	政策处理进度周报	市指挥部	蓝建勇	2012/12/10	[修改]	√	√
龙庆高速公路龙泉段征地拆迁进度周报表20121202	政策处理进度周报	市指挥部	蓝建勇	2012/12/3	[修改]	√	√
龙庆高速公路龙泉段征地拆迁进度周报表20121125	政策处理进度周报	市指挥部	蓝建勇	2012/11/26	[修改]	√	√
龙庆高速公路龙泉段征地拆迁进度周报表20121118	政策处理进度周报	市指挥部	蓝建勇	2012/11/19	[修改]	√	√

共有160条记录　每页15条　第1页/共11页　1 2 3 4 5 6 7 8 9 10 首页 上一页 下一页 末页

图 6-5　政策处理进度列表

四、征迁工程台账

台账汇总了所有的拆迁项目,并按照不同级别设置检索,可以分别对村、镇、县进行自由汇

总,方便日后查询。

基本数据由指挥部具体添加,按照基本自然户进行,每户一条数据,要求每拆迁一户,就要添加一户数据,保证征迁台账数据的准确、及时。

操作流程:【进入系统】→【后台管理】→【工程建设管理】→【地方工作】→【征迁工程台账】,如图 6-6 所示。

[村镇一览表]　**征迁工程台账**

总金额：146127807.85（元）

县市区 [全部]　镇/乡 [全部]　村 [全部]　关键字　类别 [全部]　名称 [全部]　规格 [全部]　搜索

县市区	镇/乡	村	类别	名称	规格	单位	数量	金额（元）	备注
庆元县	竹口镇	百兴公司	建设用地	菇棚		亩	4.07	27166.4	
庆元县	竹口镇	蔡双村	建设用地	耕地	Ⅳ区片	亩	0.53	21202.8	
庆元县	竹口镇	陈龙溪村	青苗费补偿	粮食等农作物		㎡	77.94	116.91	
庆元县	竹口镇	陈龙溪村	建设用地	耕地	Ⅳ区片	亩	0.12	4676.4	
庆元县	竹口镇	崔家田村	拆迁建筑物	砖混结构	一等	㎡	438.01	407225.98	
庆元县	竹口镇	崔家田村	拆迁建筑物	砖木结构	三等	㎡	7.68	1996.88	
庆元县	竹口镇	崔家田村	拆迁建筑物	泥木结构	一等	㎡	2043.83	1352166.14	
庆元县	竹口镇	崔家田村	拆迁建筑物	简易房		处	3	6144	
庆元县	竹口镇	崔家田村	拆迁建筑物	坟墓		穴	22	33500	

图 6-6　征迁工程台账列表

五、房屋拆迁面积进度柱状图表

由指挥部每周填写进度数据,在前台以进度图、汇总表的形式表现工作进展情况。操作位置:【后台管理】→【工程建设管理】→【地方工作】,如图 6-7 所示。

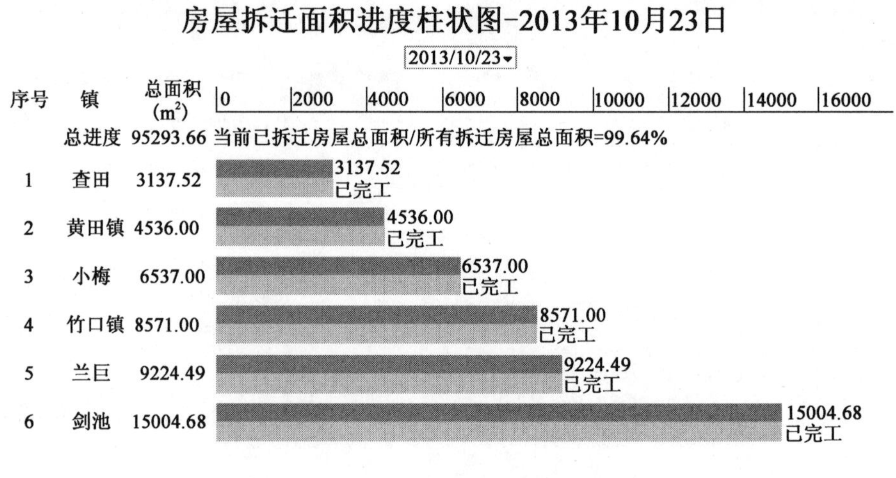

图 6-7　房屋拆迁面积进度柱状图表

六、征地面积进度柱状图表

操作方式与房屋拆迁面积进度柱状图表相同。

七、干扰因素跟踪

针对公路施工干扰因素多、情况复杂、施工单位解决困难或者无法解决的问题，设置干扰因素跟踪专栏，公开影响施工的因素，对于一些紧迫、棘手的问题，在第一时间反映给各管理层，突出矛盾，加快问题处理效率。

干扰因素追踪为施工单位开辟了一条快捷、便利的反映、解决问题的途径，由施工单位进行填写，并对问题解决过程、解决结果进行最终评定，协调人员填写处理记录，各单位互相监督、互相督促，积极主动地参与到项目管理当中。

操作说明：

第一步：施工单位添加干扰信息，进入【后台管理】→【工程建设管理】→【土建施工】→【干扰因素跟踪】，先添加标题和相关说明，确认提交后在【最新进展】中添加跟踪图片，如图 6-8 所示。

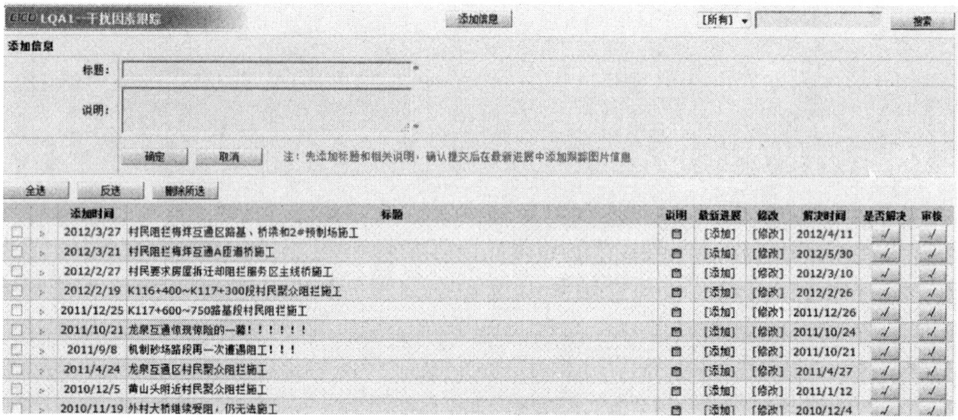

图 6-8　添加干扰因素

第二步：根据事件的进展情况，施工单位可以随时添加【最新进展】，也可以对原有记录进行修改，取消【审核】后，点击【修改】，如图 6-9 所示。

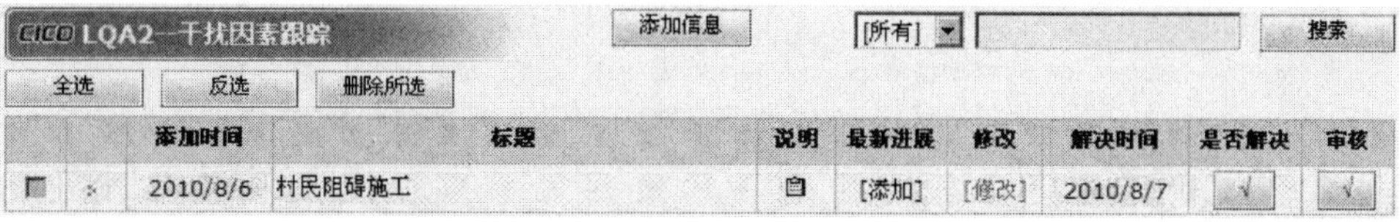

图 6-9　修改干扰因素

第三步：指挥部负责人添加【处理记录】，系统自动记录处理时间，查看记录的人员，进入【首页】→【快速通道】→【工程建设管理】→【土建施工】→【综合信息】→【干扰因素追踪】→【处理记录】，如图 6-10 所示。

第四步：施工单位最终确认干扰因素【已解决】，如图 6-10 所示。

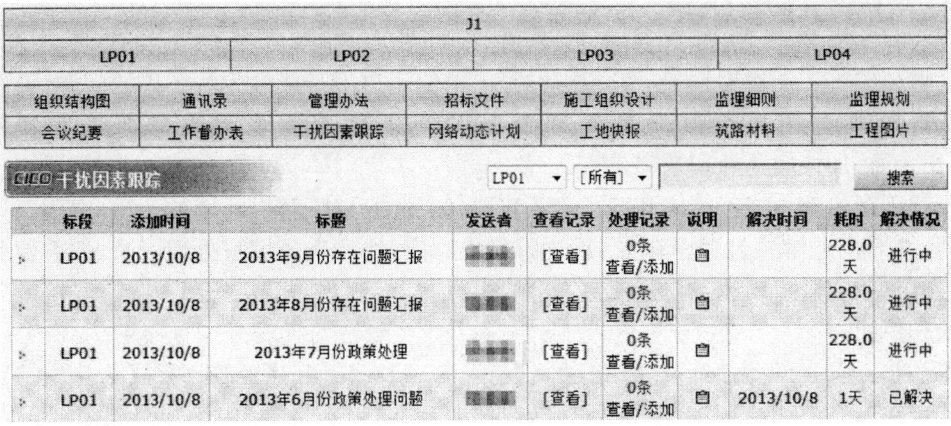

图 6-10　干扰因素处理记录

八、地方工作督办表

在施工过程，因地方工作影响并由指挥部统一召开会议形成文字确定亟待解决的问题，由指挥部征迁处人员将需要解决的问题按责任单位分类列在工作督办表中，并指定责任人、责任单位、督办人。问题解决落实后，由责任人填写解决过程、完成情况，并添加问题整改或解决报告附件。

操作说明：

第一步：点击【首页】→【快速通道】→【工程建设管理】→【土建施工】→【工作督办】，如图 6-11所示。

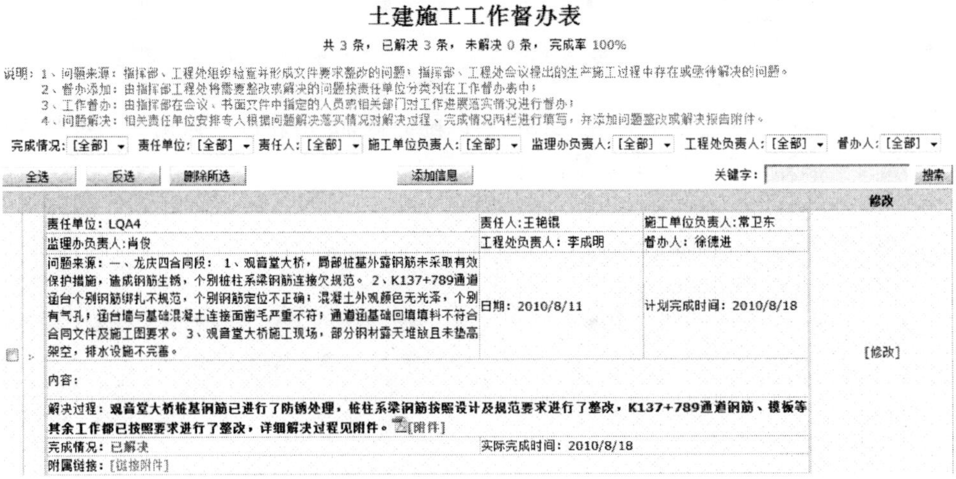

图 6-11　工作督办列表

第二步：指挥部添加工作督办信息，点击【添加信息】，填写问题来源、工作内容、计划时间、相关责任单位、人员、督办人信息。填写完成之后点击【确认】提交信息，如图 6-12 所示。

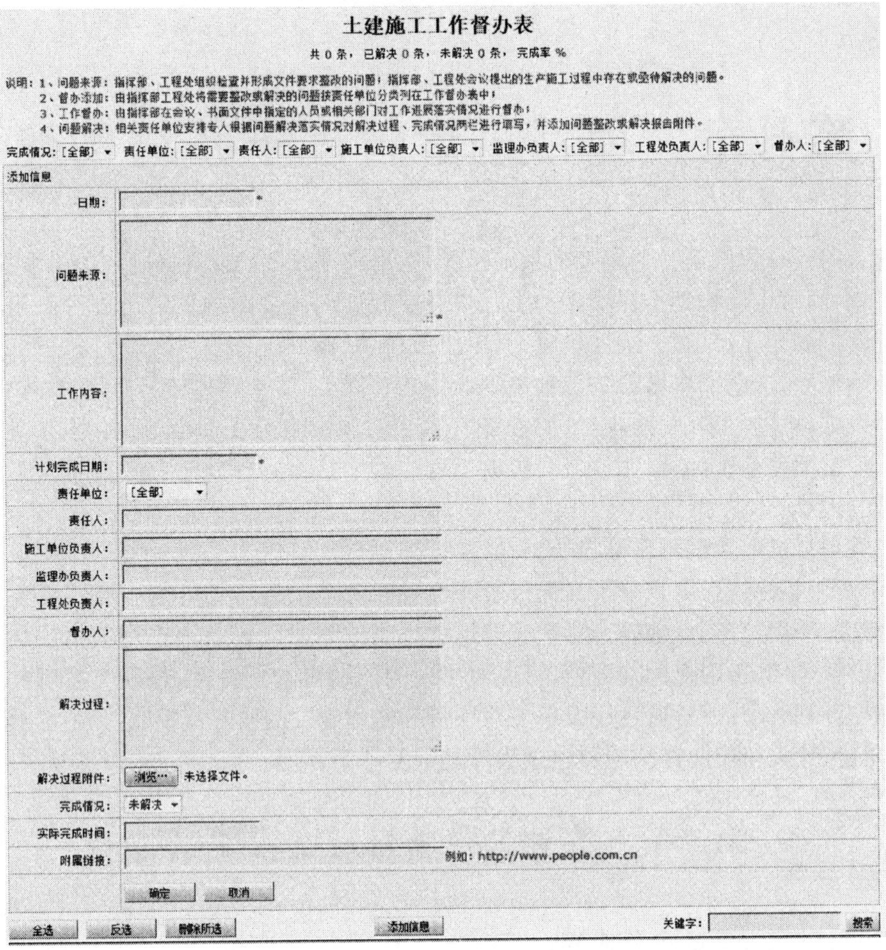

图 6-12　指挥部添加督办信息

第三步：施工单位填写解决过程、完成情况、完成时间，如图 6-13 所示。

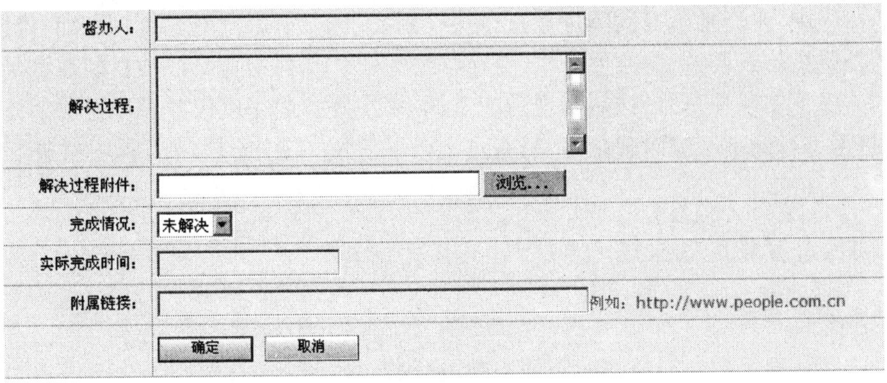

图 6-13　施工单位填写督办完成情况

第七章　项目进度管理子系统构建

高速公路项目建设是一个复杂的系统工程，工程进度控制的好坏，不仅关系到项目建设工期能否实现，同时也影响到工程质量和工程投资控制。高速公路项目的进度控制与其他工程项目的进度控制相比，具有一次性投资大、单位工程多、参建单位多、涉及范围广泛、进度制约因素复杂等特点，这些都直接影响工程进度计划的整体实施。当前高速公路建设均要求土建、交通安全设施、机电工程（联网收费、监控、通信）和附属设施等在批准工期内同步完成，但实施过程中多按照路基桥涵、路面、房建、机电工程的顺序依次招标开工，施工交叉多，造成计划进度管理的困难。

通过将项目进度管理与目标考核结合，实行多层计划管理。工程计划进度可采用实物工程量指标、费用指标进行度量分析。通过过滤器可以从全项目多层计划中筛选需要的中短期计划，如年度、季度、月度计划等。各个管理层次可以按需要设置条件查询项目计划和执行情况。通过设置工期、费用变化临界值，可以对出现的问题自动预警，以便及时发现和解决。建立项目总控计划管理体系，通过建设单位对项目计划和进度的实时监控与协调，完成由施工单位、监理单位、建设单位协作的项目全过程计划进度动态管理。

第一节　高速公路项目进度管理概述

一、项目进度管理的主要内容

项目进度管理是指在项目实施过程中，对各阶段的进展程度和项目最终完成的期限所进行的管理。在规定的时间内，拟订出合理且经济的进度计划（包括多级管理的子计划），在执行该计划的过程中，要经常检查实际进度是否按计划要求进行，若出现偏差，要及时找出原因，采取必要的补救措施或调整、修改原计划，直至项目完成。其目的是保证项目能在满足其时间约束条件的前提下实现其总体目标，实现最优工期，多快好省地完成任务。项目前期处于论证阶段，项目是否可行的不可控因素众多，只有进入设计阶段、施工阶段后工程项目进度管理才具有意义。项目进度管理是一个动态、循环、复杂的过程，也是一项效益显著的工作。

二、项目进度管理的原理

1.动态管理原理

项目进度管理是随着项目的实施而不断进行的，是一个以项目进度计划为基础的动态循环管理过程。从项目立项开始，项目就进入了实际的运行阶段，也就是项目进度计划进入了实际的执行阶段。在项目实施过程中，项目的实际进度符合项目进度计划，项目的进度目标就有实现的保证；实际进度与进度计划不相符时，项目的进度就产生了差异，这时需要采取相应的措施,以保证项目的进度目标及相关目标的实现。因而,对项目进度管理要实行实时监控,以保证进度按计划进行,当实际进度与计划有偏差时,及时采取相应的措施加以处理,调整计划,使项目的实际进度与计划在后续进度上重合。调整后的计划在实施过程中可能会遇到新的问题干扰,从而可能产生新的偏差,这时就又需要继续上述步骤对进度进行调整控制。这就是进度管理的动态循环管理原理。

2.整体系统原理

项目是一个完整的主体,项目的进度管理是一个系统管理。项目立项编制项目的进度计划、物资计划、组织计划、人员计划等形成项目的整体控制系统。计划系统由计划的对象和计划的内容组成。项目的组织系统涉及项目的组织框架和项目的人员配备等,项目的实施组织系统需要有一个完善的组织系统作基础。项目各职能部门和专职人员的工作(检查、统计、分析、事后调整等)保证了项目进度顺利完成。不同职责部门和人员分工协作就形成了一个有序的项目进度管理系统。因而不管是进度管理对象,还是进度管理主体,又或是进度管理计划,都是一个完整的系统。进度管理实际上就是在项目的实施过程中运用系统的理论和方法解决项目系统问题。

3.网络计划技术原理

网络计划技术是项目进度管理所使用的一种先进、科学、有效的管理方法,是项目进度管理,特别是大型的复杂项目进度管理的整体计划系统管理和统计分析的理论基础,其作用不仅体现在编制进度管理计划,而且可以用于进度计划的优化和管理。

4.系统循环原理

项目进度管理过程中,项目进度管理计划的编制、优化、实施、检查、统计分析、调整措施和修改计划,形成了项目进度管理的全过程,这个过程的循环运行保证了项目进度管理的最终实现。项目进度管理过程实际上就是这种过程向着进度管理目标不断循环运行的过程。

5.信息管理原理

项目进度管理的依据是信息,项目信息管理就是信息的不断传递和反馈的过程。首先,项目进度管理计划的信息由上到下传递到工程实施相关人员,而使计划得到贯彻实施;其次,工程实际进度信息则从下到上反馈到各相关部门和专职人员手中,由其对信息进行统计分析,并采取相应的措施和方法,进而使项目进度能够达到预定进度目标。因而,项目的进度管理过程也是一个信息传递和反馈的过程。

6.弹性设计原理

项目的工期一般比较长,并且影响工期的因素非常多。因而当编制项目进度计划时,进度编制人员应依据数据统计经验充分估计各种因素出现的可能性及影响程度,同时分析相关的各种风险,以做到在编制进度计划时留有余地。在进行项目进度管理时,便可以充分利用这些弹性来改变工作的时间或是改变工作的搭接关系,以保证项目进度目标的最终实现。

三、项目进度管理的程序

1.项目进度的分析与分解

项目进度管理目标在确定施工进度管理目标时,必须全面细致地分析与公路工程进度有关的各种有利因素和不利因素，只有这样，才能定出一个科学、合理的进度管理目标。确定工程进度管理目标的主要依据有：公路工程总进度目标对各阶段工期的要求、工期定额、类似工程项目的实际进度、工程难易程度和工程条件的落实情况等。

在确定施工进度分解目标时，还要考虑以下各方面因素：

(1)对于大型公路工程项目，应根据尽早提供可动用单元的原则，集中力量分期分批建设，以便尽早投入使用，尽快发挥投资效益。这时，为保证每一动用单元能形成完整的生产能力，就要考虑这些动用单元交付使用时所必需的全部配套项目。因此，要处理好前期动用和后期建设的关系、每期工程中主体工程与辅助及附属工程之间的关系等。

(2)结合本工程的特点，参考同类公路工程的经验来确定施工进度目标，避免只按主观愿望盲目确定进度目标，从而在实施过程中造成进度失控。

(3)合理安排土建与设备工程的综合施工。要按照它们各自的特点，合理安排土建施工与设备基础、设备安装的先后顺序及搭接、交叉或平行作业，明确设备工程对土建工程的要求和土建工程为设备工程提供施工条件的内容及时间。

(4)做好资金供应能力、施工力量设备、物资(材料、构配件、设备)供应能力与施工进度的平衡工作，确保工程进度目标的要求而不使其落空。

(5)考虑外部协作条件的配合情况，包括施工过程中及项目竣工所使用的水、电、气、通信、道路及其他社会服务项目的满足程度和满足时间。它们必须与有关项目的进度目标相协调。

(6)考虑工程项目所在地区地形、地质、水文、气象等方面的限制条件。

2. 公路工程进度计划的编制

公路工程进度管理的核心是施工阶段的进度管理。编制、审核进度计划时，应按照以下程序进行进度管理：

(1)根据施工合同的要求确定施工进度目标，明确计划开工日期、计划总工期和计划竣工日期，确定项目分期分批的开竣工日期。

(2)编制施工进度计划，具体安排实行计划目标的工艺关系、组织关系、搭接关系、起止时间、劳动力计划、材料计划、机械计划及其他保证性计划。分包人负责根据项目施工进度计划编制分包工程施工进度计划。

(3)进行计划交底，落实责任，并向监理工程师提交开工申请报告，按监理工程师开工令确定的日期开工。

(4)实施施工进度计划。项目经理应通过施工部署、组织协调、生产调度和指挥、改善施工程序和方法的决策等，应用技术、经济和管理手段实现有效的进度管理。项目经理部首先要建立进度实施、控制的科学组织系统和严密的工作制度，然后依据工程项目进度管理目标体系，对施工的全过程进行系统控制。正常情况下，进度实施系统应发挥监测、分析职能并循环运行，即随着施工活动的进行，信息管理系统会不断地将施工实际进度信息按信息流动程序反馈给进度管理者，经过统计整理、比较分析后，确认进度无偏差，则系统继续运行。一旦发现实际进度与计划进度有偏差，系统将发挥调控职能，分析偏差产生的原因及对后续施工和总工期的影响。必要时，可对原计划进度做出相应的调整，提出纠正偏差方案和实施技术、经济、合同保证措施，以及取得相关单位支持与配合的协调措施，确认切实可行后，将调整后的新进度计划输入到进度实施系统中，施工活动继续在新的控制下运行。当新的偏差出现后，再重复上述过程，直到施工项目全部完成。进度管理系统也可以处理由于合同变更而需要进行的进度调整。

(5)全部任务完成后，进行进度管理总结并编写进度管理报告。

四、项目进度管理方法和措施

1.项目进度管理方法

工程项目进度管理方法就是以管理循环理论为基础，把项目的合同进度目标逐层分解，在实施过程中经常进行计划值与实际值的比较和分析，及时采取措施调整修改计划，协调各相关单位之间的进度关系。

在项目进度管理过程中，依据进度计划编制下达各种阶段任务书(信息传递)为网络计划的输入(资源、时间、费用、计划等各方面的目标)，施工现场收到的各种关于进度完成情况(具体表现为按既定格式制成的各种报表)的信息(反馈)为网络计划的输出。通过比较分析，当发现输入与输出不一致时，就要采取相应的措施进行纠正。

采用局部调整，即在现行网络计划基础上加以修正调整，如对项目资源重新安排，对劳动力、机械设备加以调整，或采取加班计划等，进而使工程进度满足项目计划目标；采用整体调整，即对工程从现状到工程项目完工的网络计划重新修订，对项目所需要的各种资源以及投资重新估算。同时在实施过程中，还要对新的网络计划进行优化调整，以保证实现项目的工程目标和进度。

工程项目在实施过程中，各分项工程的工期目标及其搭接关系各不相同，影响进度的因素和条件也有差异。进度管理主要从以下几个途径加以控制：

1)关注关键线路

关键线路上的工作决定了项目的工期，因而项目实施过程中必须以关键线路作为组织管理的基本点，把关键线路上的工作作为最基本的工作，并以此作为调整控制其他各项工作的重心。

2)强化项目生产要素管理

项目生产要素分为劳动力、资金、材料、设备等。在项目实施过程时，要对项目生产要素的存量、流向、流量等做好记录，并对其做好调查、统计、分析、预测和调控。根据项目进度调配生产要素，关注工程建设系统内、外部条件的变化，以及现场等各个方面的发展变化，并加强对项目生产要素情况的统计研究，分析预测各工作资源需求与项目资源总量以及实际工程进度的关系，加强协调管理工作，以达到生产要素配置的合理化。加强生产要素管理，促使生产要素配置合理化是提高施工效率、管理效能的有效方法，也是规范物资投入、确保进度目标的有效途径。

3)工序管理严格化

工程项目实施过程中，要做好工序管理，对工序要做到准确记录各工序的开始时间、工作进度和结束时间，以便为计划实施的检查、分析、调整、总结提供原始记录。要达到如上要求，就要求对工序做到跟踪记录、如实记录，并按格式形成文件存档。

2.项目进度管理措施

进度管理是一项系统的、综合性的、全面的工作。网络计划的编制只是进度管理的第一道工序，而工程实施中的各个环节都对工程进度计划有影响，如何按关键线路进行控制，保证计划目标的实现，就需要采取相应的进度管理措施。

(1)以项目总体进度为目标，加强对项目各分部分项工程工期的目标控制。明确项目各部门和各人员的责任，依据进度计划明确总体目标、阶段目标、节点目标管理措施，以期寻找项目技术与组织、进度与成本质量的最优组合。

(2)强化组织管理，使项目各部门及各相关管理人员按网络计划协调配合努力工作。从项目整体着手组织管理，统一配置项目的劳力、物资、设备等，严格按网络计划安排组织协调项目生产工作，以保证项目计划目标的实现。

(3)建立经济责任考核体系。把施工任务按网络计划要求逐级分解落实到直接责任人或部门，同时以网络计划为标准建立实施考核评定指标，从而调动各责任人的工作责任感和积极性，使各分部分项工程能够按期、按质、按量完成，以期项目总目标的达成。

(4)强化动态管理。进度计划的制订、修正和调整要充分利用计算机，以便对进度计划的执行实施动态管理。工程项目进度管理实施过程中，项目人员配备、物资供应和自然条件等因素的影响经常会打破项目进度计划，而工程实施又是一项复杂的一次性过程，因而需要对工程项目进行计划、组织、指导和控制。首先，从工程项目的整体控制出发，制定出项目的总体和分项施工目标，用网络计划从全局角度对工程进行控制。第二，依据网络计划，按年度、季、月分别生成进度计划，再落实到各施工队和作业班组进行执行。第三，执行过程中，实行工程承包制，落实协调好项目资源的使用计划，在保证工程质量的基础上实现工期目标。在进行项目进度管理时，利用网络计划加强关键工作的考核，着重从整体控制工程进度，尽量减少和避免进度失控现象的发现。

第二节　项目进度管理子系统功能规划

一、项目进度管理体系规划

建设单位以“科学组织、合理投入、促进进度”为原则进行项目规划，合理确定各阶段进度目标和制订进度计划，充分运用组织、管理、技术、经济手段，通过监理督促各施工单位加强内部控制来保证进度计划系统的正常工作，将工程进度控制在目标计划内，实现进度目标受控，确保工程按期完成。

1.根据项目建设目标，精心规划、科学组织

(1)精心规划，逐层细化。项目建设进度计划系统是一个从粗到细的计划层次，建设单位按照项目建设目标，对进度目标进行分析和论证，在搜集资料和调查研究的基础上编制各阶段的进度目标和关键节点，根据项目的特点和施工进度控制需要编制深度不同的控制性、指导性和实时性的进度计划以及按不同计划周期的计划。为此，建设单位根据合同工期，一开始就要建立本项目的总体进度目标，细化年度、月度计划，确定主要总产值计划，明确细部计划；与土建工程各施工单位协商，确定总体、年度计划以及路基土石方、小型结构物等关键节点计划；对进度计划做到由总到分，再从分到总。建设单位才能对进度进行跟踪检查与调整，为进度控制提供决策基础，并作为年度、月度考核及劳动竞赛评比的依据。

(2)落实各项组织措施，及时为工程进度扫除障碍。组织是目标能否实现的决定性因素。为实现进度目标，首先健全建设单位管理的组织体系，由建设单位明确管理职能和分工，派经验丰富的人员负责进度控制日常工作，主要有进度目标分析和论证、编制进度计划、定期跟踪、采取纠偏措施、调整进度计划和进度控制工作流程运行等日常工作。其次是进度控制涉及组织、协调、决策工作，建设单位通过专门会议和其他措施进行解决。对不同阶段的目标和对象，灵活采取有效措施。如对龙庆高速公路的高液限土改良方案、碎石桩等技术难点，建设单位组织现场考察、试验路段、专家会等进行解决。对在施工阶段前期开工点涉及的红线内土地征用和临时用地租用、五线迁移、便道便桥建设等，采取建设单位跟踪、逐点攻坚，并实行开工点日报制，报送当地政府分管领导和建设单位。

2.合理投入，确保进度

(1)以项目进度目标、合同工期为基准点，以合理投入为原则，做好施工组织设计方案编审工作。进度控制的首要条件是一个符合客观条件、合理的施工组织设计方案，以便根据进度计算确定施工方案，安排设计单位的出图进度，协调人力、物力，评价在施工过程中气候变化、工作失误、资源变化以及有关方面的人为因素产生的影响。编制、审查过程中要依据设计图、水文、地质、气象和其他社会经济资料、合同工期、主要工程的施工方案、工序作业能力、人员、机械设备、实施施工定额水平等因素确定施工顺序，合理安排各分项工程作业期，并充分考虑作业期所处季节、质量、安全以及各生产要素的制约。因此，针对龙庆高速公路小型结构物多、路基多、地质差、工期紧等特点，要求建设单位、施工、监理等参建方在土建工程合同段编审时，以合理投入为原则，方案可靠可控，要突出工程特点的施工方案、特殊工程专项施工方案及不利季节施工预案等。

(2)落实施工组织方案，控制进度。落实施工组织方案，主要是：

①按施工阶段分解，突出控制节点。在不同施工阶段确定重点控制对象，制定施工细则，保证控制节点的实现。

②按工程单位分解，明确各分部目标。以总进度计划为依据，明确各个单位的工作目标，通过合同责任书落实责任，分头实现各自的分步目标，以确保总目标的实现。

③按专业工种分解，确定交接时间。在不同专业和不同工种任务之间，要进行综合平衡，并强调相互衔接配合，确定相互交接的日期，强化工期的严肃性，保证工程进度不在本工序造成延误。

④由于气候、季节、地质、作业面等各方面的影响，各分项工程的进度不能如工厂流水线一样稳定。因此，按施工组织设计要求，合理组织各种生产要素及时到位，技术、安全、资金供应、质量管理要密切配合，高度重视并防范组织、管理、技术、合同、资源等方面的风险，以达到保证计划执行的正常工作状态，确保进度目标的实现。

⑤督促各施工单位在施工过程中对工程项目的进度控制，在限定的工期内，以合理投入为核心，编制出最佳的施工进度计划并在进度控制措施的基础上实行动态管理。在执行该计划的施工过程中，要经常检查实际施工进度，收集、统计、整理施工现场的进度信息，并不断同实际进度与计划进度相比较，确定两者是否相符。若出现偏差，便及时分析产生偏差的原因和对后续工作进度的影响，采取必要的补救措施或调整修改进度计划及相关计划，并再次付诸实施。不断循环，直至最终实现项目进度目标。

3. 综合管理，促进进度

(1)加强合同管理。督促各监理单位、施工单位，按合同文件要求，认真履行合同要求，人员、机械设备、原材料、资金及时到位，在人力、物力、财力方面提供良好保障；建设单位做好计量支付工作，及时将资金拨付给施工单位。

(2)开展劳动竞赛活动。以“安全、优质、廉洁、和谐”为主题，牢固树立“质量是生命、质量是责任、质量是财富”、“安全第一”的理念，进一步激发参建人员的积极性、创造性和主人翁责任感，增强质量和安全意识，进一步稳定和谐的劳动关系。通过竞赛活动，进一步促进、提高工程安全质量管理水平，保证工程进度。

(3)落实“首件制”。通过本制度的实施，各分项工程形成规则、稳定的作业状态，提高工序作业水平和能力，从而加快施工进度。

(4)实行工程进度日报制度。每日上报工程进度，与计划比较，及时掌握进度状况，便于动态管理。

(5)由监理工程师主持参建各方参加每月工地例会，对每月完成任务计划的情况进行检查和评价，分析有关问题，提出整改措施，督促施工落实。

(6)责成施工单位法人代表到现场组织施工。对工程进度管理不力、进度明显滞后的施工单位，要求公司领导到场，共同分析，科学合理调整工程进度计划，增加人力、资金、设备投入，确保按合同工期完成。

(7)建立联系蹲点制度，明确分工，责任到人。若工程到了高峰期，发现对工程进度有明显影响的施工单位，建设单位应组织人员蹲点到相关施工点，及时协调解决工程施工中出现的各种难题。

二、项目进度管理子系统模块规划

1. 项目进度管理的业务流程(图 7-1)

具体的流程描述如下：

(1)总量录入，录入每个工程实体工作量，录入按照形象进度划分的每个工程实体的单价、数量、总额。

(2)施工单位录入日进度。周进度、旬进度、月进度按照日进度生成。

(3)根据进度和计划生成形象进度完成情况、合同执行情况、工程管理曲线。

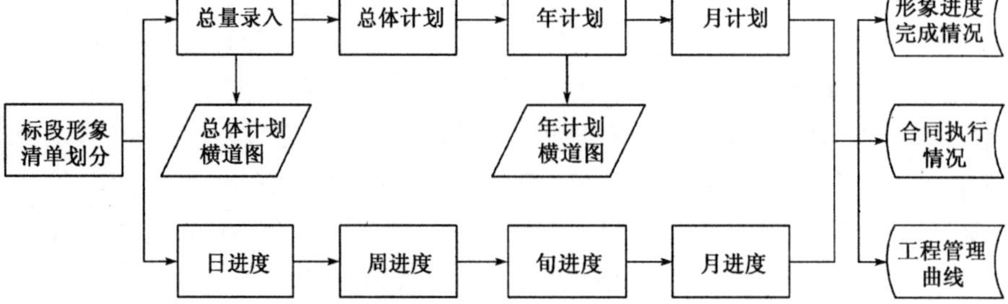

图 7-1 进度管理流程

2. 项目进度管理子系统表现形式

项目进度管理子系统共分为产值、形象进度、网络图三种表现形式，从三个方面诠释进度的情况，为建设单位提供多层次、多角度的参考。

项目进度管理子系统按工程建设的三个阶段对工程进度进行分解，围绕“目标计划分解、过程实时监管、差异及时调整”的原则，设立相应的项目进度管理模块，如表 7-1 所示。

项目进度管理系统模块规划　　表 7-1

施工阶段	进度管理内容	构建模块
事前控制	策划工程进度目标，做好工程进度计划目标分解	工程进度（后续工程设专业模块）
	建立工程进度管理制度	
	审查各标段详细的施工进度计划，包括施工准备计划、劳动力进场计划、施工设备、机具进场计划等	
	审查关键过程或特殊过程，编制相应的施工进度计划，确定相应的节点，编制建设单位的节点控制计划	
	审查各标段施工节点实施细则，明确搭接和流水的节拍	
事中控制（施工过程）	严格审核施工（各供货、配合等）单位进度计划、季度计划、月计划，并监督各分包单位按照已制订的施工进度计划实施	工程进度（后续工程设专业模块）设置每日一报子目
	检查工程施工期间特殊时期的安排	
	在施工高峰时，每日总结施工进度，协商解决当天生产过程的问题，应解决的问题绝不拖延	
	狠抓施工安全和质量，加强宣传教育；只有在确保安全、质量的前提下才能求速度、讲进度、抓工期	
	根据施工现场实际情况，及时要求施工单位修改和调整施工进度，并定期向建设单位通报工程施工进度情况	
事后控制（交竣工）	根据施工进度计划，及时组织有关部门进行分项施工及隐蔽工程验收	工程进度（后续工程设专业模块）
	定期整理有关施工进度的资料，汇总编目，建立相应的档案	
	加强工程项目竣工验收管理	

第三节　项目进度管理子系统实现

根据工程建设情况，对周期长、施工难度大、干扰因素多的土建工程建立工程进度模块。根据路基基本完成，路面、绿化、房建、交安设施工期较短、专业化强等因素影响的情况，建立单独的子模块进行管理。

土建工程按标段、各标段的进度总目标、各主要单位工程、主要分部、分项工程设置专门的子模块或栏目进行管理。路基主要是每公里的填、挖方，桥梁覆盖到每座桥的每根桩、柱、梁，隧道覆盖每座隧道的毛洞开挖、初支、二衬、路面全过程，对上述实行每日一报，以柱状图、网络图、横道图、表格等进行表示，从而对工程进度进行实时对比，动态跟踪，掌握工程实际情况。

一、产值表现形式

采用进度周报表，按照指挥部下发表格样式，在系统做成网页格式，施工单位每周填报，系统自动汇总、计算，生成进度柱状图、工程管理曲线图，每周进行产值评比，并形成历史数据，方便建设单位统筹分析进度因素，如图 7-2 所示。

序号	标设	估计最终完成值(万元)	上周末累计量(万元)	本周完成量(万元)	本周末累计完成量(万元)	完成百分比	施工	监理
1	LP01	41779.6630	16122.0000	0.0000	16122.0000	38.59%	缺报	未审
2	LP02	43297.3360	16919.0000	0.0000	16919.0000	39.08%	缺报	未审
3	LP03	42374.0578	14862.0000	0.0000	14862.0000	35.07%	缺报	未审
4	LP04	53665.1223	14831.0000	0.0000	14831.0000	27.64%	缺报	未审
数据合计		181116.1791	62722.7409	0.0000	62722.7409	34.63%		

图 7-2 各标段完成产值

进度柱状图表包括完成百分比柱状图和每周完成产值柱状图，可横向比较每个标段的完成情况，如图 7-3 所示。

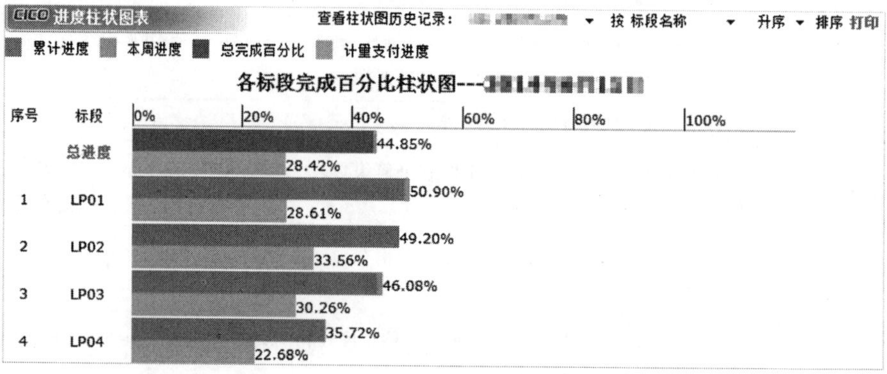

图 7-3 土建工程总体周柱状图及累计曲线

工程管理曲线包括每周完成产值和累计完成产值，可纵向比较每周的完成情况。

操作说明：

第一步：施工单位每周填写。

进入【后台管理】→【工程建设管理】→【土建施工】→【进度周报表】。

第二步：监理办审核，并修改工程变更金额。

施工单位填报完后，【提交】所有数据，通知监理办审核。如工程量发生变更，由监理办在系统中修改变更工程金额。

进度周报表要求施工单位每周三 17:00 前填报，监理办每周四 12:00 前审核，未按期填报的，在前台显示施工单位缺报或监理未审核。

二、日进度表现形式

采用日进度报表形式，对于一些重点结构物实行每日一报，施工单位在第一时间填写完成量，监理工程师审核后，系统按照结构物分项生成汇总表、柱状图，并作为基础数据，与施工单位上报的阶段目标结合，生成工程竞赛考核数据，各管理阶层可以随时查看目标阶段的工程完成情况，做到心中有数，适时调整管理策略。

系统可根据建设单位关于进度管理的需要生成符合标准的上报表格，通过调用基础数据，自动汇总、计算，提高报表的准确度，减少重复上报数据。

操作流程：【首页】→【后台管理】→【工程建设管理】→【土建施工】→【进度日报】，进度日报包括路基填方进度、路基挖方进度、桩基进度、墩柱进度、盖梁进度、预制梁板进度等，页面如图 7-4 所示。要求施工单位每天 8:30 前填写前一天的完成情况，监理办每天 9:00 前审核完毕。

标段	总方量（万方）	本日数量（万方）	累计完成（万方）	剩余量	百分比	日期	备注	修改	监理办审核	审核备注	修改备注
LP04	30.9010	0.000	26.2	4.701	84.79%	2014/4/6		[修改]	×		
LP04	30.9010	0.000	26.2	4.701	84.79%	2014/4/5		[修改]	√	📋	
LP04	30.9010	0.000	26.2	4.701	84.79%	2014/4/4		[修改]	√	📋	
LP04	30.9010	0.000	26.2	4.701	84.79%	2014/4/3		[修改]	√	📋	
LP04	30.9010	0.150	26.2	4.701	84.79%	2014/4/2		[修改]	√	📋	📋
LP04	30.9010	0.000	26.05	4.851	84.3%	2014/4/1		[修改]	√	📋	
LP04	30.9010	0.000	26.05	4.851	84.3%	2014/3/31		[修改]	√	📋	
LP04	30.9010	0.450	26.05	4.851	84.3%	2014/3/30		[修改]	√	📋	📋
LP04	30.9010	0.000	25.6	5.301	82.85%	2014/3/29		[修改]	√	📋	

图 7-4　进度日报页面

三、网络图形式

分为横道图、双代号网络图、单代号网络图、信息跟踪表四种表现形式。

为使网络图更贴近施工现场，符合施工组织设计的要求，网络图的编制由施工单位按照施工组织设计进行分项，动态管理项目组人员利用专业项目管理软件绘制网络图，由建设单位主持，动态管理项目组、监理办、施工单位共同参与，依照合同工期、施工组织设计以及施工单位已有的劳动力、设备、资金等资源，以座谈会形式编制网络计划。讨论确定的网络计划作为对施工单位的考核依据，并以此生成网络报表，每周由监理填写完成情况，并进行滞后因素分析，再由动态管理项目组制作成直观、形象的横道图、双代号网络图、单代号网络图以及信息跟踪表上传网站。各参建单位及管理层通过网络图可了解施工单位计划情况和实际完成情况，较好地掌握现场进度。

网络图编制完成后，动态系统项目组根据网络图中的分项，做成网络计划报表，每周二 12:00 前上传空表，监理办每周三填写进度，17:00 前上传报表，工程处审核，动态系统项目组依据进度数据，每周更新网络图。

网络计划报表下载、上传位置：【后台管理】→【工程建设管理】→【土建施工】→【网络计划报表】，如图 7-5 所示。

CICO LQA1--网络计划报表　添加信息　[所有]　搜索

全选　反选　删除所选

		网络计划报表	状态	发送人	日期	修改	监理办上传	业主审核
☐	▹	w-lqa1-2012-6-13[下载]	监理办已下载	陈国伟	2012/6/12	[修改]	上传	×
☐	▹	w-lqa1-2012-6-6[下载]	监理办已上传	肖国林	2012/6/6	[修改]	上传	√
☐	▹	w-lqa1-2012-5-30[下载]	监理办已上传	肖国林	2012/5/30	[修改]	上传	√
☐	▹	w-lqa1-2012-5-23[下载]	监理办已上传	肖国林	2012/5/23	[修改]	上传	√
☐	▹	w-lqa1-2012-5-16[下载]	监理办已上传	肖国林	2012/5/16	[修改]	上传	√
☐	▹	w-lqa1-2012-5-9[下载]	监理办已上传	肖国林	2012/5/9	[修改]	上传	√
☐	▹	w-lqa1-2012-5-2[下载]	监理办已上传	肖国林	2012/5/3	[修改]	上传	√
☐	▹	w-lqa1-2012-4-25[下载]	监理办已上传	肖国林	2012/4/26	[修改]	上传	√
☐	▹	w-lqa1-2012-4-18[下载]	监理办已上传	肖国林	2012/4/18	[修改]	上传	√
☐	▹	w-lqa1-2012-4-11[下载]	监理办已上传	肖国林	2012/4/11	[修改]	上传	√
☐	▹	w-lqa1-2012-4-4[下载]	监理办已上传	肖国林	2012/4/4	[修改]	上传	√
☐	▹	w-lqa1-2012-3-28[下载]	监理办已上传	肖国林	2012/3/28	[修改]	上传	√
☐	▹	w-lqa1-2012-3-21[下载]	监理办已上传	肖国林	2012/3/21	[修改]	上传	√
☐	▹	w-lqa1-2012-3-14[下载]	监理办已上传	肖国林	2012/3/14	[修改]	上传	√
☐	▹	w-lqa1-2012-3-7[下载]	监理办已上传	肖国林	2012/3/7	[修改]	上传	√

共有83条记录　每页15条　第1页/共6页　1 2 3 4 5 6 首页 上一页 下一页 末页

图 7-5　网络计算报表

四、隧道形象进度图

由施工单位每日填写隧道形象进度，监理办审核。

操作流程:【后台管理】→【工程建设管理】→【土建施工】→【隧道形象进度图】，如图 7-6 所示。

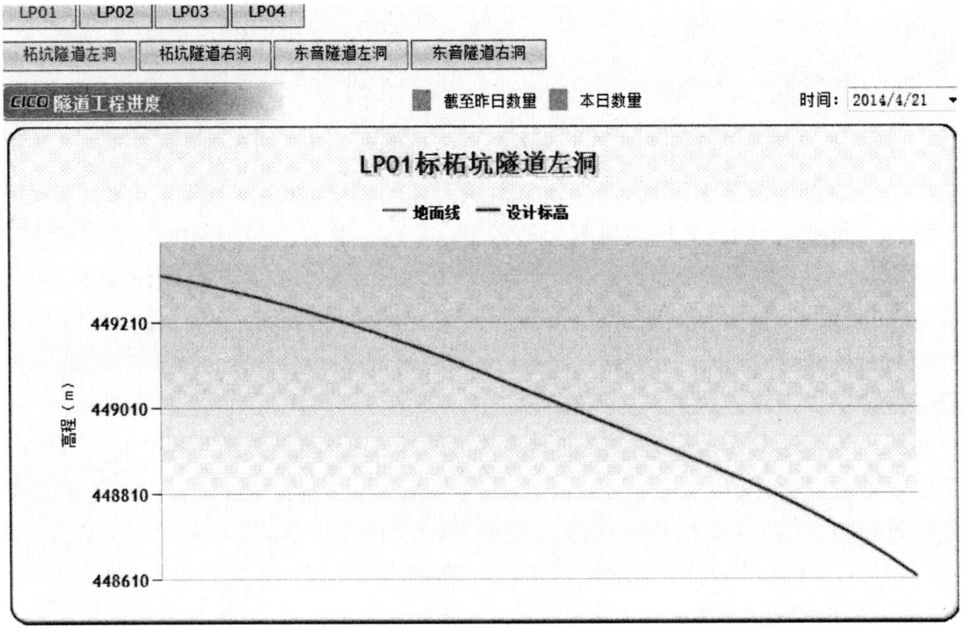

图　7-6

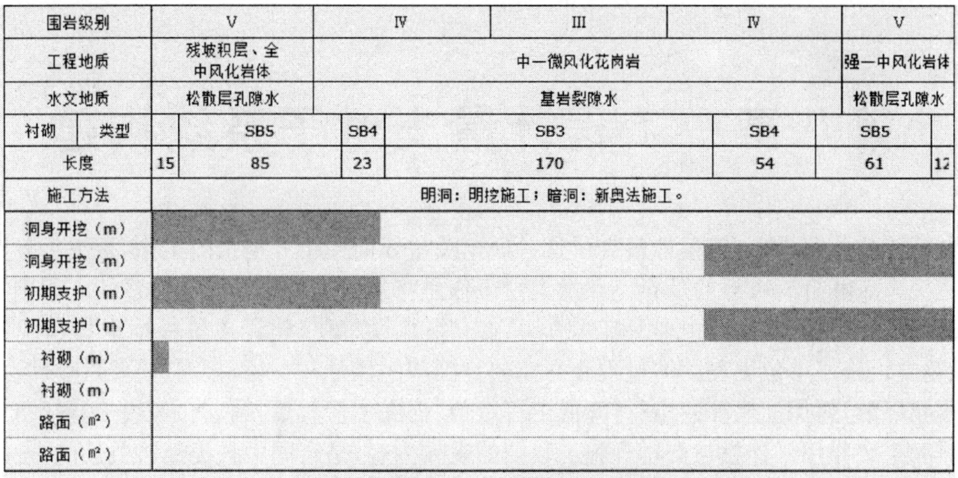

LP01标柘坑隧道左洞进度汇总表

方向	工序名称	长度	本日数量(m)	截至本日数量(m)	累计完成百分比	剩余里(m)	日期	监理审核
进洞口	洞身开挖（m）	2246	0	638	28.41%	904	2014/4/21	未审
出洞口	洞身开挖（m）		0	704	31.34%		2014/4/21	未审
进洞口	初期支护（m）	2246	0	638	28.41%	904	2014/4/21	未审
出洞口	初期支护（m）		0	704	31.34%		2014/4/21	未审
进洞口	衬砌（m）	2246	0	45	2%	2201	2014/4/21	未审
出洞口	衬砌（m）		0	0	0%		2014/4/21	未审
进洞口	路面（㎡）	33185	0	0	0%	33185	2014/4/21	未审
出洞口	路面（㎡）		0	0	0%		2014/4/21	未审

图 7-6 隧道形象进度图

第八章　工程计量支付子系统构建

在高速公路建设中，工程计量支付是一项至关重要而又十分复杂的工作，是工程各参建方的利益交叉点和合同履行的基石。计量支付工作是将经监理工程师检验合格的工程项目按统一格式填写支付报表，然后由监理工程师审核上报建设单位，建设单位根据审核情况进行批复，最终支付施工单位工程款的过程。高速公路工程的计量与支付，是高速公路建设管理中的一个重要环节，对保证概算的执行，降低工程造价，提高工程质量，制定和考核工、料、机定额情况都具有重要作用。计量与支付是施工合同的重要内容，是合同中各类经济关系的全面反映，揭示了施工活动的经济本质。通过计量与支付这两个经济杠杆，可以调节合同双方利益。一方面，制约施工单位严格遵守合同，准确按设计图纸进行施工；另一方面，促使建设单位履行义务，及时向施工单位支付，确保施工活动中资金运动与物质运动平衡地进行，使施工合同得到全面的履行。

第一节　工程计量概述

高速公路由于工程项目多、结构复杂、数量和金额巨大，计量支付和资金管理工作特别引人注目。高速公路的计量支付和资金管理工作与其他等级公路相比，其程序更加规范、计算更加精确、流程更加完善、更加注重合同履行的合法性，其主要内容概述如下。

一、工程计量支付的概念

1. 计量的概念

计量是按照合同及有关文件规定的方法对施工单位符合要求的已完工程的实际数量所进行的测量、计算、核查和确认的过程。计量是否准确、合理，直接影响承包合同中的经济关系，影响承包合同的正常履行。计量的任务是确定实际工程量的多少，不能以工程量清单中的数量为结算依据，实际工程量的多少只能通过计量才能揭示和确定。按实际完成的工程量进行付款，可减少工程量的估计误差给双方带来的风险，增强造价结果的公平性。计量必须准确真实、合法和及时。准确指计量结果是正确地按照确定的计量方法和工程量计算规则而得出的，方法正确、结果正确无误，使已完工程的实际数量得到了正确地确定，没有漏计和错计；真实指被计量的工程内容真实可靠，没有虚假的部分，即被计量的工程质量合格，也没有重复计量，工程量中没有虚报成分；合法指计量是按规定的程序合法地进行的，因为计量结果是支付的直接基础和依据，直接关系到建设单位和施工单位双方的经济利益，只有通过了严格审查程序产生的计量结果才是合法的；及时指计量必须按合同规定的时间进行，不得无故推延。

2. 支付的概念

支付是指根据合同规定对施工单位的应付款进行确认并办理付款手续的过程。支付是建设单位与施工单位之间的一种货币收支活动，既是施工合同中经济关系全面实现的一个主要环节，也是监理工程师控制的根本手段和制约合同双方（建设单位和施工单位）的有力杠杆。合理的支付是工程顺利完成的前提和条件。

支付必须以合同为依据、以计量为基础、以质量为前提，只有符合合同规定的费用才能签认，对于合同中不明确的，要依据合同精神，实事求是地去确认，如索赔、变更的估价等。支付金额的多少，必须以准确的计量为基础，对质量不合格的工程量一律不能支付，并要求施工单位做返工处理直至达到合格要求才能支付。

二、工程计量支付的目的与意义

计量支付是工程施工阶段资金控制的重心，是保证工程质量、工程进度、合同管理的重要手段，关系着建设单位和施工单位的直接经济利益，是项目建设过程中工程管理工作的重要内容之一。它的主要目的有以下几个方面。

1. 对施工单位完成的工程数量和应得款项进行确认

通过计量与支付，可以及时地确认已完成的工程数量，避免因工程进度与支付费用的不同步给建设单位或施工单位造成资金失控；避免因费用支付的不及时而使施工单位资金周转困难，造成工程进度滞后，导致项目总体工期延期。

2. 对已完成的工程质量进行有效地监管

对于质量不合格的工程不得确认工程量，工程量未确认而不能计量时，施工单位将得不到付款，由此造成的损失由施工单位自己承担，这就使施工单位必须严格履行合同条款。因此，计量与支付是监理工程师对质量控制的重要手段，也是建设单位对工程质量监管的手段。

3. 对工程进度进行统计和监督

没有工程进度就谈不上计量，监理工程师通过计量支付及时掌握累计完成的工程量，绘制进度曲线图表，并通过这些图表对工程实行管理，发现问题及时采取措施进行调控，及时纠偏，以保证项目总体计划的实现。

计量与支付是兑现合同价款的两个方面，具有相辅相成的关系，计量是前提，支付是结果。由于现行工程量清单计价的有关规定中，部分工程细目的计量规则的描述比较笼统，在工程结算中，甲、乙双方往往对清单细目所包含的工程内容在理解上有差异，造成工程经济纠纷；同时，由于附属工作在工程量清单中的认定比较模糊，也造成了一部分建设资金的不合理支出等问题。为了在工作中解决这些问题，必须熟悉计量依据、审批流程、清单计量规则、计量方法、费用支付、合同计量以及计量支付的关键因素。

三、工程计量支付的原则

计量与支付不仅直接涉及建设单位与施工单位的经济利益，而且是监理工程师的重要权力和监理手段。在计量支付中遵守基本原则，是工程质量的有效保障。

1. 合同原则

无论是计量还是支付，都应熟悉合同文件、技术规范、设计图纸和工程清单，必须严格遵守合同中的有关规定，明确技术规范中一些不单独计量与支付的项目，使每一项工程的计量与支付都符合合同要求。

2. 公正性原则

计量与支付应保持公正的立场和恪守公正的原则，监理工程师必须在计量与支付中正确地行使权力，准确地计量，实事求是地处理建设单位和施工单位之间的纠纷，合理地确定工程费用。必须以认真负责、客观公正的态度做好每一项工作，确保计量与支付准确、真实和合法。

3. 时效性原则

计量与支付都具有严格的时间要求，时效性强。计量不及时，会影响施工单位的施工进度；支付不及时，会直接产生合同纠纷。《公路工程标准施工招标文件》对计量与支付规定了严格的时间限制，因此，一定要按时进行计量与支付。

4. 程序性原则

为了保证计量与支付准确、真实和合法，合同条款规定了严格的程序，这些程序规定了各项工程细目和各项工程费用进行计量与支付的条件、办法及计算、复核、审批的环节，是从合同上、组织上和技术上对计量与支付的严格管理，确保了准确和公正，如计量必须以质量合格为前提，支付必须以计量为基础等。因此，计量与支付必须遵守程序，通过按程序办事来提高数据的准确性、真实性和合法性，以保证计量与支付准确、合理。

四、工程计量支付的依据

在工程实施过程中，计量支付工作主要按照合同及有关文件规定执行。因此，合同文件中有关计量支付的规定是工程实施过程中计量与支付工作的主要依据，它体现在以下几个方面。

1. 合同条款

合同条款由项目专用条款、通用条款组成，是计量与支付工作的最根本依据。合同条款对计量支付的办法、计量支付的项目做出具体描述，并对合同价款的支付办法、支付期限作出具体规定。

2. 技术规范

技术规范是有关使用设备工序、执行工艺过程以及产品、劳动、服务质量要求等方面的准则和标准。当这些技术规范在法律上被确认后，就成为技术规范。技术规范可分为国家、部门、行业、地方等不同效力四级。合同文件中的技术规范对工程项目应达到的质量要求进行了约定。只有达到技术规范所要求的技术标准和约定的质量标准的工程才能进行计量。

3. 计量支付细则

为了统一公路工程量清单的项目号、项目名称、计算单位、工程量计算规则和界定工程内容而制定的计量支付细则，是编制工程量清单的依据。根据《公路基本建设工程造价计价规范》中各章节的计量支付细则对计量支付的项目及每个支付项目的工作内容、计量方式进行了详细的规定和描述，尤其是针对本项目制定的项目专用条款中的计量支付细则，包括项目建设过程中的一些计量补充协议等。

4.设计图纸(含工程变更)

设计图纸是确定计量工程量的最重要依据。施工单位必须按图纸施工,任何设计图纸以外的工程数量都不予计量,除非该部分工程量在施工前通过变更等书面方式经监理工程师或建设单位同意。

5.工程量清单

工程量清单是计量的基础,是编制招标控制价、投标报价、计算工程量、支付工程款、调整合同价款、办理竣工结算以及工程索赔等的依据之一。若对工程量清单进行了修订,则以修订的工程量清单为准。

工程量清单由前言、工程细目、计日工明细表、暂估价表、清单汇总表、工程量清单单价分析表等六部分组成。

1)前言

工程量清单前言中分清单说明、报价说明、计日工说明、其他说明,对清单项目的计量方式和方法、费用计算依据进行了约定。在工程实施过程中,这对如何进行计量支付工作有重要影响。

2)工程细目

又称工程量清单,按分项或分部门工程确定了各工程项目的单价及金额;房建工程由分部分项工程量清单、措施项目清单、其他项目清单、规费项目清单、税金额项目清单组成。

3)计日工明细表

当工程细目中所列各项均没有包括,而这种例外的附加工作出现的可能性又很大,并且这种例外的附加工作的工程量很难估计时,通常用计日工明细表来处理这种例外。该表规定了各计日工劳务、材料、机械的单价。建设单位通常都不愿意采用计日工。

4)暂估价表

个别项目中存在材料品种、设备型号、专业技术服务或专业工程不确定时,通常采用暂估价来处理,在实施过程中,据实计价。

5)清单汇总表

对工程细目、计日工细目、暂估价分别汇总,确定作为不可预见费的暂定金额并确定合同价格。

6)工程量清单单价分析表

当工程发生变更时,利用此表便于对新增单价的组价或报价时不平衡报价的分析达成一致意见,以减少合同争端发生。

五、工程计量支付的审批流程

计量支付的审批流程在现行《公路工程施工监理规范》(JTG G10)中有明确的规定。各工程具体实施中有细微差别,但大致均可分为三大步骤:现场计量、监理工程师审核、建设单位审定并支付。

1.现场计量

工程需要计量时,监理工程师应审查施工单位提出的计量申请或向施工单位发出计量通知，开始现场计量工作。现场计量主要是对工程的实际进度进行现场测量与计算，并确认其工程数量。现场计量方式主要有以下四种：

(1)监理工程师独立计量。

(2)施工单位进行计量。

(3)监理工程师与施工单位共同计量。

(4)监理工程师、施工单位、设计单位、建设单位共同计量。

以上四种计量方式各有优缺点：由监理工程师独立计量程序较为复杂，工程量确认时间较长，占用监理人员较多；由施工单位进行计量可以减少监理人员的工作量，但对计量的精确性不易控制；由监理工程师与施工单位共同计量综合了前两种方法的优点，故大多数工程采用由监理工程师和施工单位共同计量的方式；路基基底处理、结构物基底处理及其他复杂、有争议项目、需现场确认项目采用第四种方式计量。

2.监理工程师审核

监理工程师必须检查施工单位为计量准备的有关资料，发现问题或资料不全，退回施工单位，暂不进行计量。监理工程师应填写中间计量表，必须清楚真实地填写计量结果，对施工单位在合同规定的时间内提出的异议，应进一步检查计量记录。现场计量之后监理工程师要对以下几个方面的内容进行审核：

(1)计量的工程必须质量合格、手续齐全，且符合安全和环保要求；质量达不到要求的不予计量。

(2)现场计量的数量应准确，避免重复计量或超额计量，避免计量工程量超计、漏计、重计(即各方面核定的工程量)。

(3)费用的计算应符合合同条款要求。

(4)必须经总监理工程师批准。

3.建设单位审定并支付

在完成现场计量、监理工程师审核之后，由施工单位、监理单位有关人员签字形成计量支付证书，上报建设单位后，建设单位应对以下几个方面的内容进行审查：

(1)对计量的工程质量是否符合技术规范进行抽样检查。

(2)对现场计量数量的准确性进行抽样检查。

(3)费用的计算是否符合合同要求。

建设单位收到监理工程师签认的支付证书后，审查无误后按合同规定的时间支付费用给施工单位。

六、工程计量支付的方法

工程计量是计量支付工作的基础，是准确、及时地进行支付工作的前提，必须遵循一定的方法，才可以做到准确、及时。

1.工程计量的计算方法

根据技术规范、计算细则、工程量清单及合同文件的规定，工程计量主要采用以下几种方法：

(1)断面法:常用于土石方的计量。

(2)图形法:常用于结构物的计量,或用断面法计算误差较大时土石方的计量。

(3)凭证法:常用于保险、技术服务等工程细目的计量。

(4)均摊法:主要用于工程量清单第100章中的有关细目(如临时工程、监理工程师有关设施的提供等)计量,按合同有关规定按月或其他方式分期支付。

(5)定额法:主要用于材料调差的计量,采用定额或施工、生产配合比进行质量计算,如沥青、水泥等。

(6)总额法:对成套结构物或结构单元采用总额或一次性支付。

2. 工程计量的周期

工程计量的周期在合同条款中有明确规定,通常采用以下方式:

(1)分期计量:每月按照规定截止日期的当期完成量达到一定额度进行计量,竣工后结算。大多数工程采用这种方式。

(2)一次计量:部分合同金额较小的工程项目可以采用竣工后一次计量的方式。这种方式操作最简单,但不利于施工单位资金周转。

(3)分阶段计量:按照阶段形象进度进行计量,如房建基础完成计量一次、主体完成计量一次、装饰完成计量一次等。这种方式计量次数少,计算较为简单,适用于合同金额不大、工期不长的工程。

3. 工程计量的格式

计量支付证书的格式取决于建设单位规定的表格处理方法。通常,表格处理方法有以下几种:

(1)手工法:手工填写固定格式的表格,或手工填写后打印成固定格式的表格。这种方法的好处是成本低、直观、不需要电脑知识;缺点是速度慢、错误多,除少数工程量小的项目外,现基本不采用。

(2)电子计量法:采用软件公司等编制的计量支付软件,可以实现数据的全自动计算、汇总、打印,可以实现网上数据的上传、审核、分析、监控,可以实现计量支付上报、审核、审批的流程化作业,效率高、智能化程度高;缺点是前期数量复核工作量大、价格较高,大中型工程可以采用,小型工程普及较难。

(3)Excel法:综合了手工法和电子计量法的优点,在一定程度上实现了自动化和格式化,便于建设单位统一格式;同时,Excel属于通用程序,因此不需要花钱购买专业软件,只需要由建设单位规定一个模板软件,复制使用即可。

高速公路工程施工中普遍采用电子计量法,国省道路网改建工程中普遍采用Excel法,手工法较少采用。部分项目计算、核量采用软件,审批流程走书面形式,费用较经济。

4. 工程计量分析

(1)总体进度分析:工程计量的结果可以精确地反映出工程的进度情况。通过计量可以得到该工程的实际进度,通过与计划进度的对比,得到S曲线图,可以得出工程实际进度、工程计划进度、计量进度互相之间的差距;同时,通过与形象进度对比,可以反映施工单位流动资金需求量等。

(2)各单位工程、分部工程、分项工程的计量统计分析：一方面可以分析出实际进度与计划进度的差距发生在哪些方面，从而找出原因以便采取措施；另一方面可以复核工程计量的合理性与准确性。

七、工程计量支付的关键环节

1.熟悉计量支付管理流程与程序

目前，我国的公路工程建设管理有多种模式。因此，在处理计量支付时，首先应对该工程的管理流程与程序进行研究，根据管理模式、管理目标等，制定计量支付管理制度，明确计量支付程序，细化各环节流程。

2.全面掌握和理解合同条款与技术规范

合同条款和技术规范是工程计量、费用支付管理的依据，因此在进行计量支付业务之前必须全面理解合同条款明示与暗示的内容。

3.熟悉工程图纸与工程量清单

进行计量支付业务前还必须将工程图纸对照工程量清单、计量细则进行研究，以了解工程图纸中的项目哪些不属于计量支付项目，哪些属于计量支付项目以及属于哪一个计量支付项目，进一步分析出每一单位工程、分部工程、分项工程的工程承包费用，以便在计量支付时进行对比分析。

4.做好日常管理记录，并加强计量分析

虽然合同对工程费用进行了大量的、详细的规定，但对工程实施过程中有些必须发生的费用，还是无法确定，如工程变更、计日工、暂定金的使用与批复，有关法规的变更等，与计量支付有密切相关的内容都必须加以记录。同时，在计量时，必须加强分析，以确保计量的合理性、准确性。可以从不同的角度进行分析，如将清单的支付项目、分部分项工程等计量结果与工程进展、合同数量进行对比分析。

5.运用计算机进行辅助管理

在实际工作中，人工管理总是会出现一些不尽如人意的问题，如时间长、工效低、易出错等，因此应尽可能地利用计算机进行管理。实践证明，利用计算机进行管理的好处较多：

(1)大大提高工作效率，使计量支付工作及时、有效地得以展开。

(2)提高准确性和可追溯性。

(3)规范计量支付工作，加强管理力度，减少人为因素对计量支付业务的干扰。

(4)便于统计各种报表，减少计量人员统计工作强度。

(5)能对计量支付工作进行实时动态管理。

(6)计量工作提高透明度，加强廉政建设。

计量支付工作中涉及合同双方的经济利益，具有极其重要的作用。同时，计量支付是一项复杂的系统工程，涉及工程、合同、财务、计算机等多个方面，做好计量支付工作需要拓宽知识面、加强责任心、补充业务知识、总结经验教训。计量支付工作需要具有合同、技术、安全、环保、法律、财务等多方面知识的复合型人才。

第二节　工程计量支付子系统功能规划

一、工程计量支付运行体系

1.工程计量运行程序

公路建设自实行招投标制度以来，工程计量支付就以工程清单为基础进行计价。计量支付工作表面上是从合同签订后才开始，事实上在施工图完成后，编制工程量清单时就已经开始了；而且清单编制和技术规范是相辅相成的，工程量清单是否完善决定了计量支付工程能否顺利进行，有歧义的内容多，势必争议多、争端多、索赔多，会造成计量支付工作局面被动，严重影响工程建设进展。实质上，工程计量支付工作就是清单形成、计算的过程。按行业惯例，高速公路计量与资金管理运行体系的程序如下：

(1)设计院完成施工图设计后，按国家公路工程标准施工招标文件编制工程量清单。

(2)招标代理单位或代建单位或建设单位对清单进行复核，提出修改建议，并与技术规范一一对应。

(3)施工单位投标时，评标专家对清单进行复核，审查其是否符合招标文件要求。

(4)建设单位组织施工、监理对工程进行单位、分部、分项工程划分，为与工程量清单一致，增加部分分部、分项工程的子单元。

(5)各方计算分项工程数量，经汇总后与工程量清单核对，确定各方认可的工程数量。

(6)完善计量、支付操作细则，如：对设计中的估算量，个别分项工程数量特别巨大、施工时间长的项目、众多结构物完成后养护时间长的项目、科研项目，原设计错、漏、碰、缺的项目等要明确处理办法、程序。

(7)根据计量支付管理办法、程序、细则及管理要求编制电子计量支付系统。

(8)将各方确认的工程数量输入系统并固化。

(9)对工程变更新增项目、单价，经审查确认后，按变更形式输入系统。

(10)施工单位每期计量只要选择要计量的分项工程，自动生成计量支付报表。

(11)监理单位、建设单位对电子计量支付报表进行审核认可后，予以支付，确认采用电子签章、数字签名等。

(12)结合所有中间计量支付汇总形成结算报表。

2.工程计量与资金管理流程

高速公路建设项目动态管理系统计量管理的业务流程及中期计量审批流程(图8-1、图8-2)具体描述如下：

(1)施工单位通过系统把当月需要计量的数据录入系统，并将需要审核的计量数据上报给监理单位进行审核。

(2)监理对施工单位上报的数据进行审核时，如果监理完全认可上报的数据，则监理审核通过，并上报建设单位。如果监理对数据不完全认可时，监理将对不同意的清单进行标识(包括签署意见或修改计量数据)，并将未审核通过的清单及信息返回到施工单位。

(3)施工单位可以看到不能审核通过的清单信息,并组织对未审核通过的清单进行重报。监理接到施工单位重报数据时,可以看到上次的审批意见和数据并重新审核施工单位的重报数据,并签署新的审批意见(系统将覆盖原审批意见,如果要保存原审批意见,则要求在原审批意见后增加新的审批内容),如果此次审批通过则上报,若仍不通过,则再打回。系统支持多次数据多次往返,但同一角色再次输入的信息将覆盖原信息。

(4)同样的,监理把审核通过的上报给建设单位。采用这种方式,最终数据上报到建设单位合同部进行审定。

(5)系统可以在各级岗位形成报表以及中期支付证书。最终合同部审定的数据除了合同部之外任何岗位不允许修改。

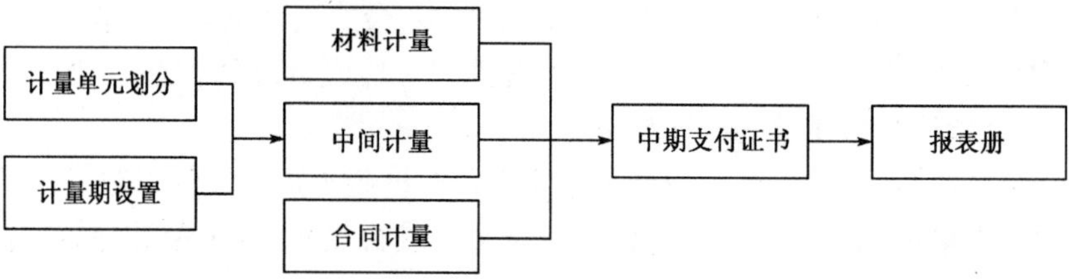

图 8-1　计量管理流程

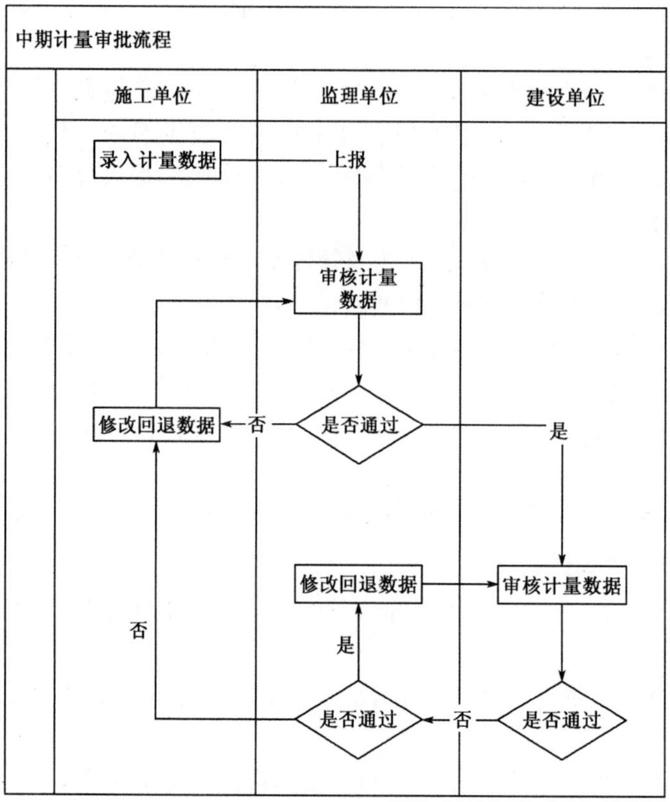

图 8-2　中期计量审批流程

资金管理对资金的支付情况建立台账，并分模块以进度图的形式反映资金支付情况；通过资金计划功能对资金的使用情况也需要进行监控。施工单位资金计划填报流程：①财务负责人添加期号，填写截止日期。②财务负责人填报资金计划，上传相关附件。③财务负责人计划列表填写完后，进入签署流程。④建设单位各处室领导分别进行签署。⑤签署完毕，进行下一个月计划填报。同时可以在资金支付查询里查询到已经审批的资金。

二、工程计量支付子系统模块规划

项目计量支付过程的时间较长、涉及面广、影响因素多，从施工图开始到竣工验收、完成决算止，通常要有 5～6 年的时间，期间不可避免会出现政治变化、价格上涨、地质和气候异常、人员更替等情况，各项资料要保存完整、齐全也十分困难。建立计量支付动态管理的运行机制，通过信息化、网络管理，能加强对工程计量支付的有效控制和管理。通过对计量支付管理内容的分析、综合，结合工程组织管理模式，构建模块，主要内容如表 8-1 所列。

工程计量支付模块功能规划 表 8-1

<table>
<tr><th>阶段</th><th colspan="2">计量与资金管理内容</th><th>构建模块</th></tr>
<tr><td rowspan="7">事前控制</td><td rowspan="3">设计阶段</td><td>设计院在编制清单和填写工程数量分项时清晰、准确</td><td rowspan="7">招标投标</td></tr>
<tr><td>重视专业咨询机构，使项目工程量清单编制科学化</td></tr>
<tr><td>建设单位要组织协调好各参与编制、复核、审查方，做到清单与技术规范一致，尽可能减少错、漏、缺</td></tr>
<tr><td rowspan="4">招投标合同订立阶段</td><td>认真审查招标文件，按规范编制工程清单；工程量清单作为招标文件的组成部分，还必须与招标文件的原则保持一致，确保其编制的全面、准确性，为合理确定和有效控制开发项目投资打好基础。清单中暂定价、暂估量和第 100 章的内容计量规则要与实际管理协调</td></tr>
<tr><td>对材料调查中材料计算方法要明确，避免出现依据不统一的现象</td></tr>
<tr><td>做好招标过程补遗书的叙述，避免出现与原招标文件冲突的现象</td></tr>
<tr><td>在评价过程中，要加强对不平衡报价的审查和计算复核</td></tr>
<tr><td rowspan="7">事件控制</td><td colspan="2">明确工程计量支付管理办法</td><td rowspan="7">建立对应的子模块</td></tr>
<tr><td colspan="2">明确工程计量支付流程</td></tr>
<tr><td colspan="2">工程划分与工程复核统一，避免出现重计、多计现象</td></tr>
<tr><td colspan="2">规范计量，并附计量分项工程的质保资料</td></tr>
<tr><td colspan="2">规范开工预付款的计量工作</td></tr>
<tr><td colspan="2">规范材料调差的计量工作</td></tr>
<tr><td colspan="2">规范材料预付款及其扣回工作</td></tr>
<tr><td rowspan="4">事后控制</td><td colspan="2">每期电子计量支付报表，在下一期前报一份书面报表存档</td><td rowspan="4">资金管理</td></tr>
<tr><td colspan="2">根据台账、报表实时掌握计量支付工作</td></tr>
<tr><td colspan="2">不让施工单位的建设资金流到项目外</td></tr>
<tr><td colspan="2">将计量支付材料汇总后，报工程结算</td></tr>
</table>

第三节　工程计量支付子系统设计与实现

工程计量管理与资金管理是工程合同管理的重要环节，它贯穿整个工程项目管理始终，是控制工程造价、质量、进度的重要因素，需要进行重点设计与实现。

社会上各种工程计量软件较多，功能大同小异，它们基本上是先走网上填报审批程序，解决快速支付问题，然后打印附件再补走人工签署程序。网上签署时，看不到附件，签署没有依据，难以把控；文本签署时，因资金已支付，容易粗心大意。而且这些工程计量支付方式不仅耗时较长，施工单位需要投入的精力多，造成人力、物力、财力多重浪费，容易滋生工程建设领域的腐败。资金拨付慢，甚至还会影响到工程进度。

在工程计量环节采用电子签名计量支付系统具有以下优点：

(1)采用电子签名，直接在网上签署。

(2)操作界面简单，不需要安装用户端，签署逐步提醒，审批人只需被动操作。

(3)一次性网上填报审批签署，不需再进行文本签署，避免了先网上签署后文本补签形成的漏洞。

(4)自动记录各级审核耗时，签署全过程公开，有效起到监督作用；解决了目前电子文件无法取代文本文件的矛盾，杜绝作假和代签现象。

(5)数据库中保留审核修改记录。

(6)全过程动态控制，生成各种图表和台账，随时根据各单位需求开发功能，且随着工程进展不断调整功能。

(7)降低各单位的管理成本，提高效率。

电子签名计量支付系统只有工程计量人员有权限登录。计量分为两个流程：计量信息的填报、计量的签署。

首先由施工单位计量人员添加计量期号、填报计量数据、上传计量附件，正常的计量表格包括工程计量表、材料预付款、扣回材料预付款、中期财务支付证书，前面的表格填写完成后，最后提交支付证书，支付证书提交完成，计量填报即结束，系统自动生成支表 2 至支表 12 的表格信息，下一步进入签署流程。

进入签署，系统设定了黄色星号提醒功能，审批签字人员只需被动地根据星号提示进行审批，“刷新”，进入下一个星号的签署。各级签署过程中，如发现计量存在问题，都可进行还原，还原后即回到施工单位填报的状态，但施工单位填报的数据仍保存，可进行修改、填报，流程重新开始。系统会自动通过签署进度条记录各签署进程和签署耗时。

指挥长签字完成后，计量流程结束。施工单位只需将计量资料“打印全套文件”，分送监理、建设单位存档，并报建设单位财务科进行支付。

“打印全套文件”后，由监理核对文本文件，并在计量系统“文档核对”中最后确认无误，施工单位即可添加下一期计量。

工程计量支付模块包含工程计量表、添加期号、计量清单汇总、计量台账、期中财务支付证书等子功能，如图 8-3 所示。下面从计量报表填报、资金计划和支付管理三个方面说明各项功能的使用流程。

公 告 栏	计量管理办法	组织结构图	通 讯 录	计量帮助	施工报表总目录
添加期号	开工预付款支付证书	工程计量表	永久性材料差价金额	永久材料到达现场	扣回材料预付款
项目基本信息	分项工程汇总	计量清单汇总	计量台账	期中财务支付证书	[进入签署]

图 8-3　工程计量支付模块首页

一、计量报表填报

1. 数据填报

(1)第一步:进入系统:【快速通道】→【工程计量】→【计量系统】。

(2)第二步:添加期号。

每月添加次数最多为三次(计量编号 A、B、C),下一期工程计量表添加可与上一期计量签署同步进行,计量网上签署完毕,打印成纸质报表,报送监理办计量工程师审核,并由监理办计量工程师在计量系统“文档核对”栏进行确认后,施工单位才能提交下一期的支付证书。每期的纸质报表应根据指挥部的要求,分送给相关部门存档。

“文档核对”的目的是要求各单位将签署完毕的计量报表和相关资料及时存档。

(3)第三步:动员预付款的填报。

填写预付款金额,上传招标文件要求的资料,如图 8-4 所示。

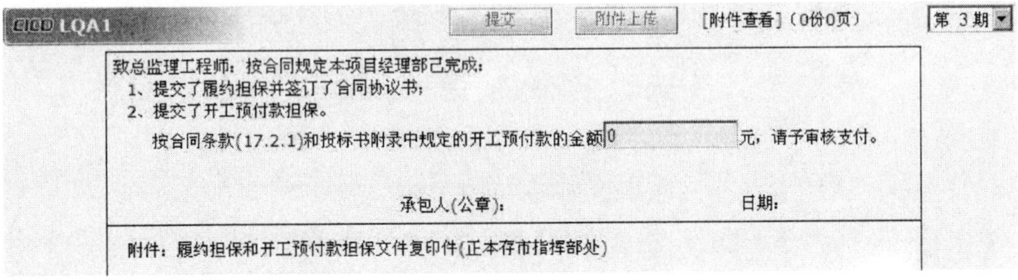

图 8-4　填报预付款

(4)第四步:工程计量表的填写。

点击【工程计量表】→【添加】→【选择项目名称】,根据所选项目名称系统自动调用“单位”、“单价”、“分项工程”,计量人员可根据四级筛选,逐次筛选清单,选择“计量清单”,每次最多可选择 20 条清单信息,填写计量表编号(期号+序列号,例如第 2 期,第 3 条为:02-3),点击【确定】,生成【工程计量表】,如图 8-5 所示。

点击【上传附件】,选择具有相同附件的清单,并填写附件“标题”、“页数”。附件上传内容:按照指挥部计量管理办法,添加计算书、草图、质检资料,附件要求采用 pdf 格式,每个 pdf 文件大小应控制在 10M 以下。

“工程计量表”按照清单编号,分别生成工程计量表格。

注:对工程计量表的签字必须在支表 2 填写完毕并提交后进行。

(5)第五步:材料预付款的添加。

点击【永久材料到达现场】,填写材料款信息,点击【确定】,【上传】材料款发票,完成材料款的添加,如图 8-6 所示。

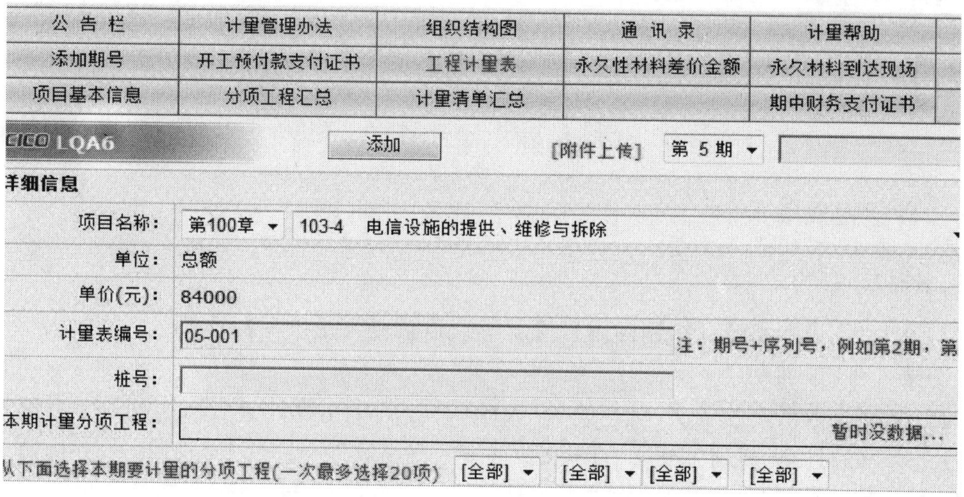

图 8-5 工程计量表填写

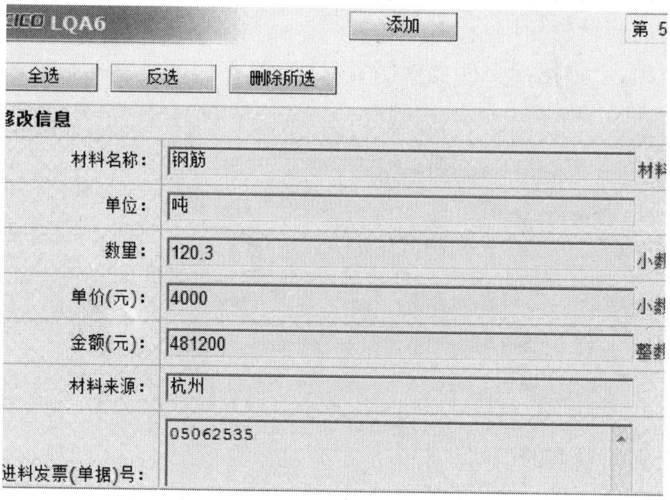

图 8-6 添加材料预付款

(6)第六步：扣回材料预付款。

点击【扣回材料预付款】，填写本期回扣金额，填写数据应为负值，如－500000 元，填写【备注】，点击【提交】，如图 8-7 所示。

(7)第七步：期中财务支付证书。

填写暂定金额、索赔金额、违约奖罚，上传相关附件，其余数据由系统自动汇总。

【提交】报表，计量工程师完成报表填报。

2. 计量签署

【期中财务支付证书】提交后，插入计量工程师电子签章，点击【进入签署】，按照黄色五角星提示，打开报表，点击【签字】，完成报表签字。

A：本合同段合同价(人民币)：438596462 元	
B：材料预付款为材料到场价的(60)%（水泥、钢筋、钢绞线、锚杆和钢拱架）	
C：本合同段合同期限：24 个月	
D：已付材料预付款（人民币元）：4931794	
E：根据合同文件，材料预付款按材料进场时间在当期期中支付证书中支付，在下一期期中支付证书中起扣，扣回期不超过3个月	
扣除金额	到本期末累计已回扣金额（人民币元）：0
	到上期末累计已回扣金额（人民币元）：0
	本期回扣金额（人民币元）：0

图 8-7　扣回材料预付款表格

每签署完一个页面，点击刷新按钮，黄色五角星提示下一个需要签署的表格，如图 8-8 所示。

龙泉至庆元（浙闽界）公路土建工程

工程计量表

承包单位：东盟营造工程有限公司　　合 同 号：LQA5

监理单位：杭州公路工程监理咨询公司　　支付期号：第4期　　截止日期：2011年11月25日

项目编号	项目名称	单位	计量表编号	分项数目	计量负责人	承包人	合同监理	签署
203-1-a	挖土石方	m3	04-010	6项	未签署	未签署	未签署	[进入]
204-1-g-1	透水性材料	m3	04-009	1项	未签署	未签署	未签署	[进入]
204-1-a-1	换填宕渣	m3	04-008	2项	未签署	未签署	未签署	[进入]
104-1	承包人驻地建设	总额	04-007	1项	未签署	未签署	未签署	[进入]
103-5	供水与排污设施	总额	04-006	1项	未签署	未签署	未签署	[进入]
103-4	电信设施的提供、维修与拆除	总额	04-005	1项	未签署	未签署	未签署	[进入]
103-3	临时供电设施架设、拆除、维修	总额	04-004	1项	未签署	未签署	未签署	[进入]
103-2	临时占地	总额	04-003	1项	未签署	未签署	未签署	[进入]
103-1	临时道路修建、桥梁的修建养护与拆除(包括原道路、桥梁的养护费)	总额	04-002	1项	未签署	未签署	未签署	[进入]
102-3	安全生产费	总额	04-001	1项	未签署	未签署	未签署	[进入]
共有10条记录　每页20条　第1页/共1页　1 首页 上一页 下一页 末页								

图 8-8　工程计量表签署

3. 还原签字

【进入签署】点击“还原签字前状态”，报表将直接退还至施工单位计量工程师，除工程计量表(支表 11)外所有签字都将被消除。如需修改工程计量表，可点击对应项目的【清除签章】。

【还原记录】将显示红色，并出现闪动的喇叭提示，点击则会出现历次的还原记录说明，并作为基础资料永久保存。

【审核记录】作为每期计量的备注说明，本期存在哪些问题，下期需要改正哪些，都可以在这里填写，所有内容在以后的计量签署中均可以查看。

4.保留金的填写

支付证书中的保留金，为每期100章～700章、计日工、清单外工程完成量的10%，并按照合同价格5%的上限控制。系统自动生成。

5.资料打印

进入【支付月报目录】，按照顺序填写页码。

进入【打印全套文件】→【文件】→【页面设置】→【取消页眉页脚】→【选择纸张】→【打印预览】，根据内容设置【页面方向】→【调节页边距或调整字体填充】→【打印】。

如果要恢复页眉页脚，需要重新填写页眉页脚，格式如图8-9所示。

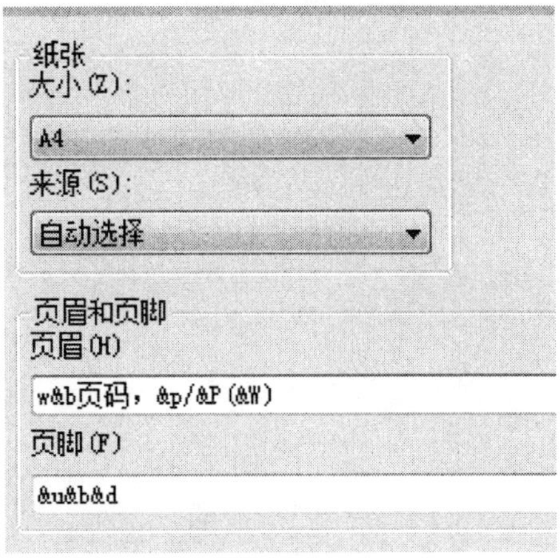

图8-9　设置页眉页脚

二、资金计划

资金计划共分为两个模块：

(1)资金计划审批模块。要求施工单位每月25日，按照支付项目、支付单位、转账形式、转账账户，填写下一月的资金计划，审批走网上审批流程。

(2)资金支付模块。资金计划审批通过后，由施工单位按照资金计划项目，填写资金支付情况，并上传资金支付凭证。

由具有财务权限的人，用本人的用户名进入，填写报表。(财务人员在指挥部备案，由指挥部向项目组提供财务人员信息，并分配权限。)

进入【工程计量】→【资金监控】→【添加期号】。

选择【计划编号】和【计划日期】，每月最多可报三期资金计划，每期计划的上报必须在上一期计划已经签署完毕，才能显示。

进入【资金计划填报】，点击【添加】，如图8-10所示。

列出的项目为历次上报资金计划的项目，可直接选择，调取原有基本信息，也可以点击【添加】按钮，添加新的项目，点击【确定】。

点击【进入签署】→【报表】，填写财务审核人、制表人、支付金额等信息，提交报表，如图8-11所示。

本月资金计划签署完成后，施工单位按照本月资金支付情况，随时填写资金使用情况，点击【资金支付填报】。填写数据，资金支付填报截止日期为每月25日。

三、支付管理

资金管理是对资金的支付情况建立台账，并分模块以进度图的形式反映资金支付情况。包括合同支付台账和工程款支付进度两个模块。

图 8-10　资金计划填报

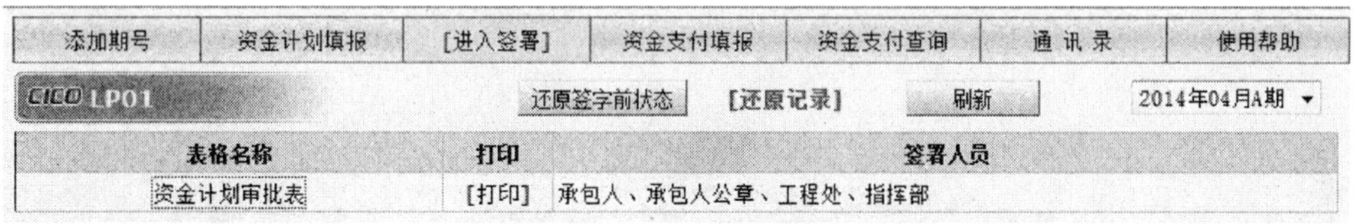

图 8-11　资金计划审批表

1.合同支付台账

项目各科室签署合同的汇总，并建立财务支付台账。合同支付台账模块功能有如下约束：

(1)各科室签署的合同，由各科室相关人员在合同信息中添加合同基本信息，并填写每笔工程款的支付记录。本模块将自动引用【合同信息】中的数据。

(2)从【合同支付台账】中添加的【合同信息】只在本模块中显示。

(3)仅限于拥有【资金管理】权限的财务人员才可以查看。

(4)本节【支付台账】中的支付信息，由工程计量款与其他支付款项组成，工程计量款由指挥部相关科室计量管理人员在合同信息模块中添加，其他支付款项由财务管理人员在本节中添加。

操作说明：

第一步：添加合同信息。

进入【首页】→【办公系统】→【资金管理】→【合同支付台账】(或可直接调用合同信息模块中的合同记录)。

点击【添加合同支付】按钮。填写图 8-12 中的合同信息。

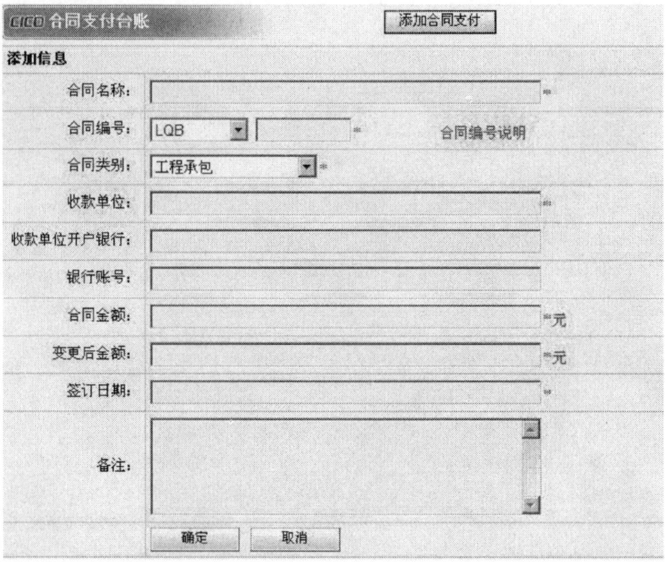

图 8-12　添加合同支付

第二步：添加支付信息，点击【查看/添加】，如图 8-13 所示。

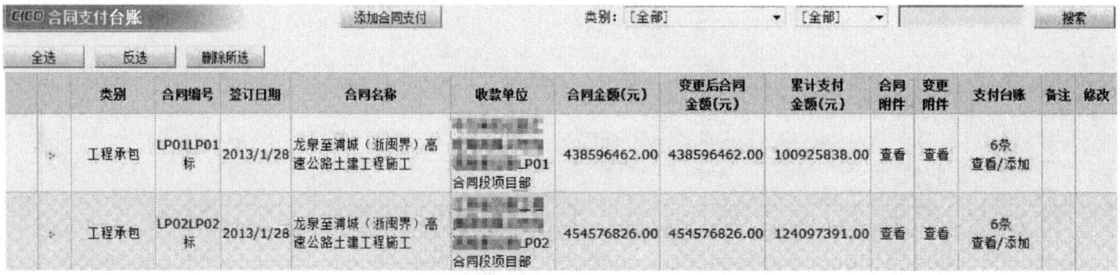

类别	合同编号	签订日期	合同名称	收款单位	合同金额(元)	变更后合同金额(元)	累计支付金额(元)	合同附件	变更附件	支付台账	备注	修改
工程承包	LP01LP01标	2013/1/28	龙泉至浦城（浙闽界）高速公路土建工程施工	[redacted]LP01合同段项目部	438596462.00	438596462.00	100925838.00	查看	查看	6条 查看/添加		
工程承包	LP02LP02标	2013/1/28	龙泉至浦城（浙闽界）高速公路土建工程施工	[redacted]P02合同段项目部	454576826.00	454576826.00	124097391.00	查看	查看	6条 查看/添加		

图 8-13　添加支付信息

点击图 8-14【添加合同支付台账】，弹出图 8-15 对话框，添加本次支付金额。

支付日期	凭证号	本次实际支付金额(元)	累计支付金额(元)	账面未付金额(元)	开工预付款(元)	质保金(元)	应扣金额(元)	备注	修改
2014/1/23	2月7号	14200000.00	100925838.00	337670624.00	0.00	2083251.00	0.00		[修改]
2014/1/9	1月12日	16184347.00	86725838.00	351870624.00	0.00	1525217.00	21000.00		[修改]
2013/12/27	12月37号	600000.00	70541491.00	368054971.00	0.00	0.00	0.00		[修改]
2013/11/27	12月9号	26081845.00	69941491.00	368654971.00	0.00	2944143.00	1637500.00		[修改]

图 8-14　合同支付台账

2. 工程款支付进度

将支付情况以进度柱状图的形式表现出来，由指挥部实时填写。

填写位置：进入【首页】→【办公系统】→【资金管理】→【工程款支付进度】，选择支付页面，点击【修改】填写支付金额，并在【备注】中填写支付记录，如图 8-16 所示。

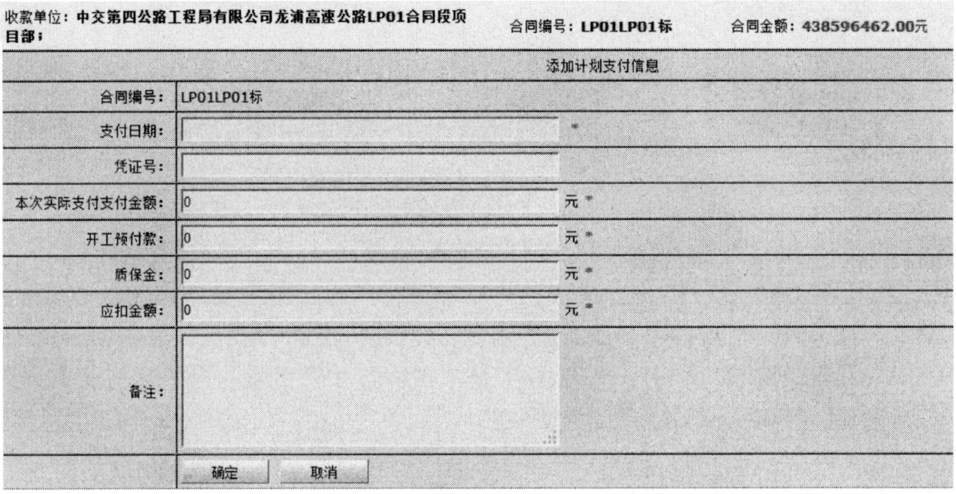

图 8-15　添加合同支付台账

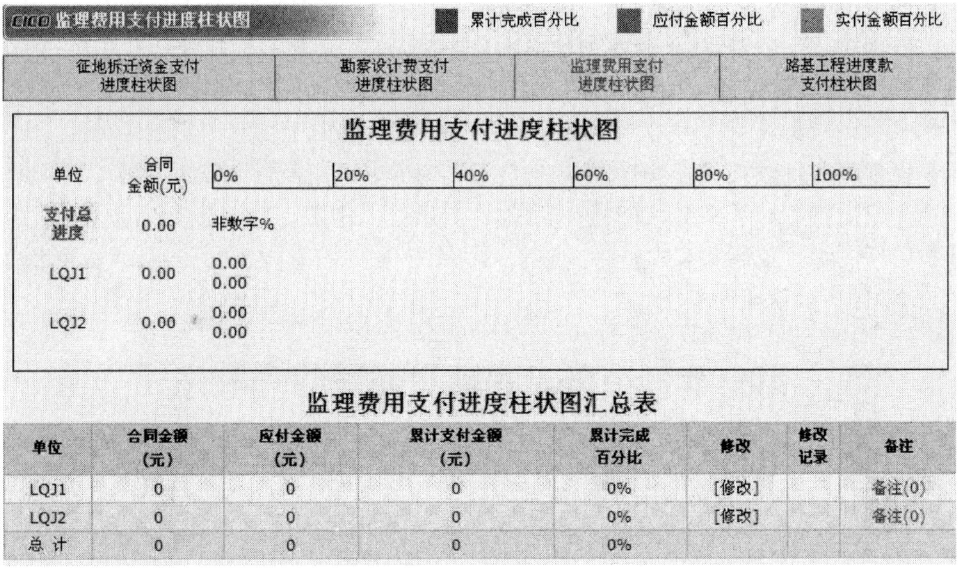

图 8-16　支付情况柱状图及汇总

第九章　项目质量管理子系统构建

质量管理是高速公路建设工程的三大目标管理之一，在整个高速公路建设管理体系中具有十分重要的地位，研究如何提高其管理成效对于提高高速公路建设工程整体效率和效益具有重要意义。随着公路事业的不断发展，高速公路建设速度越来越快，行业竞争日益加剧，提高管理水平、保证工程质量已成为企业获得经济效益赖以生存的前提条件。完善的质量管理制度和先进的质量控制手段是保证工程质量的基础。

高速公路建设具有路线长、涉及面广的特点，项目建设管理单位面临诸多质量监管的难题，如在大型高速公路建设期间，建设单位与施工、监理单位驻地距离较远，单位之间信息直接交流不方便，容易出现质量监管不到位、工作效率低等问题；建设单位通过现场巡检等传统方式掌握现场情况，耗时长，成本高；施工资源组成变化频繁，管理幅度广，动态性强；原材料运输车辆无法实现无缝隙监管，易出现作弊抽换现象；现场施工监控手段现代化程度低，监管措施主观性强，无法有效确保施工质量；现场所有施工原始资料无法长期保存，容易出现资料遗失毁损等情况。

为加强现场质量监管，通过现代化信息技术实现专业化、标准化、精细化的工程管理要求，研发高速公路质量管理子系统，以期通过现代化信息技术落实工程质量管理理念与思路，实现工程质量管理的综合控制和有效监管。该子系统充分发挥信息技术的作用，大大降低了质量管理的成本，提高了管理的效率。

第一节　公路工程项目质量管理概述

一、工程项目质量管理的主要内容

1. 工程质量管理的概念

质量是指固有特性满足要求的程度。工程质量管理就是为了满足项目预定的使用价值及其属性等目标的要求而制定一整套管理体系，同时采取必要的方法和措施来保证目标实现的过程，其最终目的是为了使得项目产品能够满足顾客以及各利益相关者的不同需求。当前，世界各国都有一套严密的监督检查办法用来保证工程质量，而逐步与世界接轨的我国，在工程质量监督和检查上，也已经形成了一系列的质量管理制度及明确的质量主管理部门，在质量监督管理上责任到人。

高速公路建设质量概念可以从狭义与广义两方面来定义。从狭义上说，高速公路建设项目质量指工程质量，即可定义为“高速公路建设符合国家相关的法规、技术标准规范，符合行业标准，满足用户（社会）出行与运输需求而具备的使用功能”。广义上说，高速公路建设项目质量不仅包括工程质量，还包含工作质量，即指“对高速公路建设项目性能的明确要求，以及为达到这些性能而进行的工作的质量，即质量形成过程的质量”。

2.质量管理内容

广义的质量管理是涉及项目实施全过程的质量管理。其管理范围包括工程建设的决策、勘察、设计和施工等所有过程。狭义的质量管理是指工程施工阶段的质量管理。在质量管理上，要以正确合理的设计文件为基础，综合考虑专业技术、数理统计和运营管理，编制一套施工质量保证计划体系，用科学的方法对工程项目进行综合管理，建成符合标准、满足工程使用价值的项目。

一般而言，项目质量管理的内容主要包括四点，它们依次是项目质量计划、项目质量保证、项目质量控制以及项目质量改进。下面对上述这四方面的内容进行分析。

1)项目质量计划

所谓的项目质量计划指的是对项目要达到的质量标准的确定，以及关于如何达成项目要求的质量标准所进行的工作安排和计划。一般而言，质量检查并不一定能达到项目质量标准的要求，需要经过质量计划的实施以及质量的控制与保障活动而达到。为此，项目质量的计划安排是进行项目质量管理的起点，只有不断地开展和实施项目质量计划以及质量控制与保障活动等工作，才能避免质量不达标所造成的不良后果以及返工等现象，从而使项目的质量达到质量标准的要求。

在进行项目质量计划的编制过程中，其主要的条件和依据是各种信息以及文件。这些信息和文件是人们确定项目质量计划以及进行项目质量计划编制所必不可少的。它主要包括四方面的内容，分别是项目质量方针、项目范围描述、项目产出物的描述以及各项标准和规定。

(1)项目质量方针主要针对项目设计与实施质量、项目完工交付质量等。它的作用是通过对组织实现项目质量的具体表达以及描述，从而更好地知道项目质量计划的制订。

(2)所谓的项目范围描述，主要需要描述出项目目标、项目任务范围的有关说明以及项目产出物的有关说明等，是对项目设计范围的详细描述。它对为了完成质量计划而开展的工作进行了明确并提出了具体详细的要求。

(3)所谓的项目产出物的描述，指的是详细地说明项目的产出物的各方面特征，即说明项目产出物的功能以及特性，说明项目产出物的有关细节情况。

(4)所谓的各项标准以及规定，指的是与项目质量相关的各项标准、政府规定以及规范等。在进行项目质量计划制订时，必须认真考虑这些相关的标准、政策法规等。

进行项目质量计划编制之后，会产生一些相关的项目质量计划文件，这是项目质量计划编制的最终成果。其中项目质量计划文件主要包括项目质量管理计划和项目质量管理工作说明。

(1)所谓的项目质量管理计划，指的是为了实现项目质量方针，项目中的管理者以及项目组织所做出的一系列有关项目质量管理工作的安排以及计划。该计划文件主要包括以下几方面的内容，它们分别是项目质量体系的组织结构，质量体系的工作程序以及责任划分、项目质量管理的过程，项目质量管理的方法和措施，以及项目质量目标实现所需要的资源等。

(2)所谓项目质量管理工作说明，指的是具体描述项目质量管理工作以及具体说明项目质量控制方法等情况。这一工作说明主要包括两方面的内容，即对项目质量计划中执行情况的检验以及对项目质量控制方面的规定。

2)项目质量保证

所谓项目质量保证，指的是为了保证项目的质量，在执行项目质量计划时，所进行的一系列评估性活动或者工作，对项目质量进行核查从而对项目质量进行改进。项目质量保证工作主要包括以下几方面的内容，它们分别是项目质量要求要明确清晰、项目质量标准要科学并且具有可行性、所需资源要充足并且符合各项标准、项目质量体系要健全、进行质量改进时要有效、项目控制方面要做到全面等等。在进行项目质量保证时，其主要的依据是项目质量管理计划、项目质量核检清单、项目质量管理工作的有关说明以及项目实际质量的度量结果。

3)项目质量控制

国际标准组织在质量管理体系基础中这样定义质量控制，它认为质量控制是为了尽力满足项目质量方面的要求，同时，质量控制是质量管理中必不可少的一个组成部分。一般而言，项目质量控制包括一系列活动过程，它们分别是界定项目质量标准，度量项目质量的实际情况，比较项目质量标准与项目质量实际情况，确认项目质量中存在的问题以及实际质量与项目质量标准的差距，分析造成项目质量问题的原因，采取一定的措施来消除项目质量差距等。

4)项目质量改进

所谓的质量改进，指的是在整个组织内部采取一系列措施，这些措施能够在一定程度上提高组织实施过程中的效率或者效益，最终目的是为了给其组织以及顾客带来更大的收益。它是一项持续不断的完善过程，其主要内容包括产品以及服务的不断完善和改进，作业方法的不断完善和改进，组织管理活动的不断完善和改进，以及生产过程的不断完善和改进等。根据顾客对项目的要求，企业或者组织通过各种方法来提高项目可交付物以及最终产品的质量的活动即为对产品或者项目本身的一种质量改进。这种改进包括改进项目产品的质量和改进项目管理过程以及施工等的质量。一般来说，项目都是一次性的，也是无重复的，因此，质量改进仅能在过程中发挥作用，项目一旦形成，质量改进就无法发挥作用。

二、工程项目质量管理的特点

工程项目是指为达到预期的目标，投入一定量的资本，在一定的约束条件下，经过决策与实施的必要程序从而形成固定资产的一次性事业。工程项目质量是指国家现行的有关法律、法规、技术标准、设计文件及工程合同中对工程的安全、使用、经济、美观等特性的综合要求。公路工程的建设由于涉及面广，其过程极其复杂，同时工程产品不同于其他的流程产品，其位置固定但生产流动，结构类型、质量要求、施工方法各不相同，具有体型大、整体性强、建设周期长、自然条件影响大等特点，工程项目的质量控制比一般工业产品更难，正因为这些原因，形成了工程项目质量本身难以控制的特点：

(1)影响质量的因素多而复杂。诸如决策、设计、材料、机械、地形、地质、人文、气象、施工工艺、操作方法、技术措施、管理制度等均直接影响或间接影响工程项目的质量。

(2)建设周期长。一般项目要 2～4 年，有的更长，建设过程中以及在使用过程中，要消耗大量的人力、物力和财力。

(3)质量波动大。工程项目不是标准化生产产品，没有固定的生产线，没有规范化的生产工艺和完善的检测技术，没有成套的生产设备和稳定的生产环境，其质量波动大是必然的。

(4)质量变异大。由于影响工程项目的质量因素较多，任一因素出现质量问题，均会引起工程项目的实施系统的变异，造成工程质量事故。

(5)质量隐蔽性。工程项目在施工过程中，由于工序交接多，中间产品多，且各类隐蔽工程多，没有及时的过程控制，就不能发现其存在的问题，事后表面质量可能很好，容易产生第二判断错误，最终易把不合格品当成合格品验收。

(6)终检局限性大。高速公路工程项目建成后，不可能像某些工业产品那样，再拆卸或解体检查内在的质量，或重新更换零件，即使发现质量有问题，也不可能像工业产品那样实行包换或退款。工程项目的终检无法进行工程内在质量的检验，发现隐蔽的质量缺陷，这是终检的局限性。

(7)评价方法的特殊性。工程质量的检查评定及验收是按检验批、分项工程、分部工程、单位工程进行的。检验批的质量是分项工程乃至整个工程质量检验的基础，检验批合格质量主要取决于主控项目和一般项目经抽样检验的结果。隐蔽工程在隐蔽前要检查合格后验收，涉及结构安全的试块、试件以及有关资料，应按规定进行见证取样检测，涉及结构安全和使用功能的重要分部工程要进行抽样检测。

三、工程项目质量管理的原则

1. 坚持质量第一、用户至上原则

市场经济经营的原则是“质量第一，用户至上”。高速公路工程项目作为一种特殊的商品，使用年限较长，直接关系到人民生命财产的安全。所以工程项目在施工中应自始至终地把质量第一作为质量控制的基本原则。

2. 以预防、预控为主的原则

从对质量的事后检查把关为主转变为预防为主，对过程质量进行事前控制、事中控制，加强对工作质量、工序、中间产品质量的检查，确保施工项目的有效实施。

3. 坚持质量标准、严格检查的原则

质量标准是评价产品质量的尺度，数据是质量控制的基础和依据。产品质量是否符合质量标准，必须通过严格检查，用数据说话。

四、工程项目质量控制的方法

高速公路工程项目质量是按照工程建设程序，经过工程建设系统各个阶段而逐步形成的，其中，施工阶段根据设计图纸的要求进行实施，形成过程实体。质量控制工作量最大的阶段就是施工阶段，所有与建设活动有关的单位都要在此时参与质量形成的活动。所以，施工阶段的质量控制是工程项目质量控制的重点，也是最重要的阶段。

工程质量控制的方法，主要是审核有关技术文件、报告和直接进行现场检查或必要的试验等。

1. 审核有关技术文件、报告或报表的具体内容

审核有关技术文件、报告或报表的具体内容有：

(1)审核有关技术资质证明文件。

(2)审核开工报告，并经现场核实。

(3)审核施工方案、施工组织设计和技术措施。

(4)审核有关材料、半成品的质量检验报告。

(5)审核反映工序质量动态的统计资料或控制图表。

(6)审核设计变更、修改图纸和技术核定书。

(7)审核有关质量问题的处理报告。

(8)审核有关应用新工艺、新材料、新技术、新结构的技术鉴定书。

(9)审核有关工序交接检查,分项、分部工程质量检查报告。

(10)审核并签署现场有关技术签证、文件等。

2.现场质量检查

现场质量检查的内容有:

(1)开工前检查。监理工程师应着重检查是否具备开工条件,开工后能否连续正常施工,能否保证工程质量。

(2)工序交接检查。对于重要的工序或对工程质量有重大影响的工序,监理工程师应在施工单位自检的基础上,还要组织专业工程师进行工序交接检查。

(3)关键工序签认。完工后无法检验的关键工序,须经监理工程师签认,并留存相应的图像资料,未经签认不得进行下道工序。

(4)隐蔽工程检查。凡是隐蔽工程,监理工程师均应重点检查,并得到签认后方能掩盖。

(5)停工后复工前的检查。因处理质量问题或某种原因停工后需复工时,亦应经监理工程师检查认可后方能复工。

(6)分项、分部工程完工后,应经监理工程师检查认可,签署验收记录后,才能进行下一工程项目施工。

(7)成品保护检查。检查成品有无保护措施,或保护措施是否可靠。此外,监理工程师还应经常巡视现场,对施工操作质量进行检查,必要时,还进行跟班或追踪检查。

现场质量检查的方法有目测法、实测法和试验法三种。

3.工序质量控制的方法

高速公路工程项目质量管理的对象主要是原材料、结构、建筑安装工程的质量,施工过程中的各个环节和完工后的总体质量。为了保证达到质量控制的目的,一般采用如下的方法:

(1)旁站:监理人员对工程的某些环节或部位,实施全过程或部分时间的现场监督监理,用来检查施工单位在施工过程中采用的施工工艺是否符合技术规范的规定。

(2)巡视:监理人员对施工现场或关键工程进行经常性检查。为了便于监理工程师有计划地安排巡视工作,要求施工单位提交详细的施工进度计划。

(3)测量:监理人员对施工单位的路线放样有关几何指标进行检查和控制的重要手段。

(4)试验:监理人员对工程质量的判断应该尽可能通过试验数据结果来得出结论。试验是监理工程师对工程质量监控的一个重要手段。

(5)指令文件:监理工程师通过发布指令文件指出施工单位在施工过程中存在的问题或质量事故的苗头,及时提醒施工单位加以注意或改进,也可以通过指令文件发布变更设计、补充技术标准和质量要求,也可以发布通知、备忘录和会议记录等。

(6)计算机管理:监理工程师应建立和完善质量数据管理系统,包括指令文件和试验数据的归纳、整理、分析和反馈,促使质量管理信息快速交流,以保证对工程质量进行及时有效的控制。

五、工程项目质量管理的措施

1.决策阶段质量管理

此阶段的质量管理工作主要是搜集、整理项目资料,然后对资料加以调查、研究、分析和比较,进行项目质量可行性研究,拟制项目质量方案。

2.开工前质量管理

开工前质量管理主要分为两个方面:

(1)对工程施工单位资质进行核查,确保施工单位具备相应的施工技术能力。

(2)对工程涉及的合同和技术文件、报告做一个详细的核查审阅,确保工程项目的各相关合同完善,技术准备、技术标准全面而详实,涉及的报告、证书完备。

3.施工过程中质量管理

施工过程中的质量管理主要包括三个方面:

(1)实施过程中,加强对工程质量控制管理力度,做好工程的质量技术交底工作,从施工工艺和质量控制点等各个方面对质量进行控制。

(2)加强质量监督力度,严格质量检查和验收程序,针对质量事故及时采取措施进行处理。

(3)加强质量保护工作,对已完成工程采取适当必要合理的防护措施,保证已完工工程的质量。

4.竣工后质量管理

严格按照合同进行工程竣工质量验收,针对工程质量缺陷及时采取有效措施加以解决,编制竣工图和竣工资料。同时保证维修期内工程的质量。

5.质量管理目标

质量管理的目标是使工程建设质量达到国家规定的施工验收规范的规定和质量检查评定的标准。同时在竣工时准备好相关的图纸和资料,以备验收和检查。

第二节　项目质量管理子系统功能规划

根据国家政府和行业主管部门的规定,结合项目所在地的地方政府和行业主管部门的要求,规划工程质量管理体系,制定质量管理制度;监理制定质量控制程序,企业制定质量自检体系,各参建方据此策划本项目质量管理办法、制度、方法、措施等。项目质量管理实行"政府监督、业主管理、社会监理、企业自检"四级质量管理体系,建设单位实行"定期检查、随机检查、结果检测"的质量管理,监理实行"总监抽检、专监巡检、现场旁站"三重监管,企业实行"自检、互检、交接检"三检制度,构建公路工程质量管理体系,如图 9-1 所示。

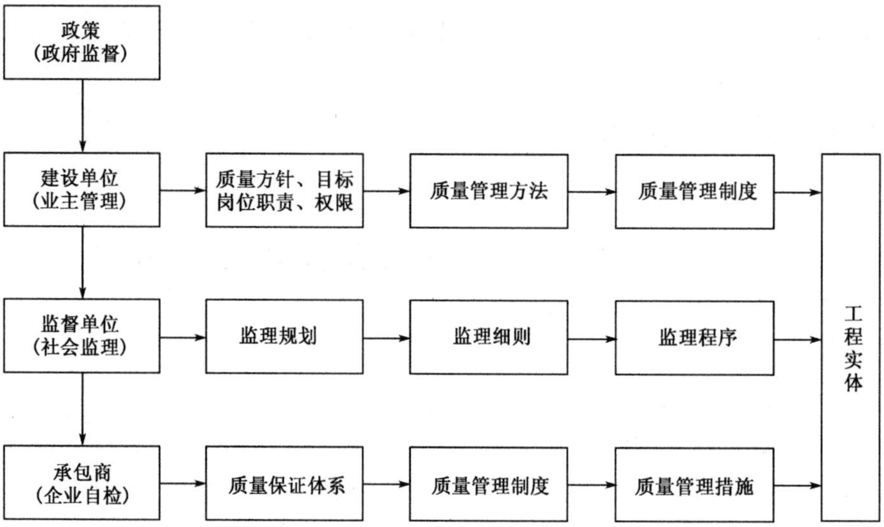

图 9-1 高速公路工程质量管理体系

一、工程项目质量管理的过程

为了加强项目的质量管理,明确整个质量管理过程的重点所在,可将公路工程项目质量管理的过程分为事前控制、事中控制和事后控制三个阶段。

1. 事前控制

即对工程施工前准备阶段进行的质量控制。它是指在各工程对象正式施工活动开始前,对各项准备工作及影响质量的各因素和有关方面进行的质量控制。

1)施工技术准备工作的质量控制要求

(1)组织施工图纸审核及技术交底。应要求勘察设计单位按国家现行的有关规定、标准和合同规定,建立健全质量保证体系,完成符合质量要求的勘察设计工作。在图纸审核中,审核图纸资料是否齐全,标准尺寸有无矛盾及错误,供图计划是否满足组织施工的要求及应达到的质量标准。

(2)核实资料。核实和补充对现场调查及搜集的技术资料,应确保其可靠性、准确性和完整性。

(3)审查施工组织设计或施工方案。重点审查施工方法与机械选择、施工顺序、进度安排及平面布置等是否保证连续施工,审查所采取的质量保证措施。

2)现场准备工作的质量控制要求

(1)场地平整度和压实程度是否满足施工质量要求。

(2)测量数据及水平点的埋设是否满足运输要求。

(3)施工道路的布置及路况质量是否满足施工要求。

(4)水、电、热及通信等的供应质量是否满足施工要求。

3)材料设备供应工作的质量控制要求

(1)材料设备供应程序与供应关系是否能保证施工顺利进行。

(2)所供应的材料设备的质量是否符合国家有关规定、标准及合同规定的质量要求。设备应具有产品详细说明书及附图;进场的资料应检查验收,验规格、验数量,做到合格证、化验单与材料实际质量相符。

2. 事中控制

即对施工过程中进行的所有与施工相关的质量控制,也包括对施工过程中的中间产品(工序产品或分部、分项工程产品)的质量控制。

事中控制的策略是:全面控制施工过程,重点控制工序质量。其具体措施是:工序交接有检查;质量预控有对策;施工项目有方案;技术措施有交底;图纸会审有记录;配置材料有试验;隐蔽工程有验收;计量器具校正有复核;设计变更有手续;钢筋代换有制度;质量处理有复查;成品保护有措施;行使质控有否决;质量文件有档案(凡是与质量有关的技术文件:如水准、坐标位置,测量、放线记录,沉降、变形观测记录,图纸会审记录,材料合格证明,试验报告,施工记录,隐蔽工程记录,设计变更记录,调试、试压运行记录,试车运转记录,竣工图等都要编目建档)。

3. 事后控制

是指对通过施工过程所完成的具有独立功能和使用价值的最终产品(单位工程或整个建设项目)及其有关方面(例如质量文档)的质量进行控制。

二、工程质量管理流程

质量管理流程如图 9-2 所示。

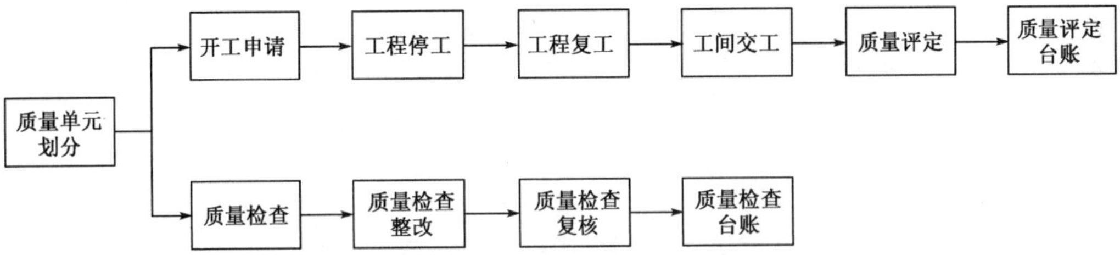

图 9-2　质量管理流程

具体的流程描述如下:

(1)首先系统初始化项目质量标准。

(2)通过对质量管理业务的信息化,使项目管理者更加快速、准确掌握工程质量动态,使工程质量数据得以完整的保存下来,使质量管理活动得到规范化。

(3)质量管理子系统的规划考虑了数据采集的实际及管理的需要,从质保体系的建立、工程划分、分项评定、质量月报、质量动态发布、查询等角度考虑信息化规划。

(4)施工单位录入开工申请,建设单位发布工程停工和工程复工,并进行质量评定。

(5)建设单位做质量检查,施工单位填写整改,建设单位再填写复核,最后形成质量检查台账。

三、工程质量管理系统模块规划

项目质量管理的过程是建立质量管理的运行机制，对工程质量进行有效控制。通过网络化管理，实行“过程内部公开，结果社会公开”，接受各参建方和社会监督，促进工程质量管理水平和工程实体质量的提高。项目动态系统管理以施工过程的三个阶段为纲，以工序作业管理为核心，充分控制影响建设项目工程质量的五大因素，利用网路技术、信息技术结合项目质量管理策划、规划方案、管理制度、措施和上级主管部门的有关规定构建动态平台中质量管理栏目或模块，通过对质量管理内容分析、综合，结合工程组织管理模式，以“制度健全为纲、首件制为抓手，实时动态监控”进行模块构建，主要内容如表 9-1 所列。

质量管理子系统模块规划

表 9-1

施工阶段	质量管理内容		构建管理模块	备　注
事前控制	施工准备质量控制	质量控制系统组织	质量管理规章制度、首件制	建设单位、监理审查
		质量保证体系、施工管理人员资质审查		
		原材料、半成品及构配件质量控制	试验检测、整改督查	以外委第三方检测为主
		机械设备质量控制	首件制、合同管理栏目、整改督查	在首件制中检验
		施工方案、施工计划、施工方法、检验方法审查	施工组织设计、整改督查	
		工程技术环境监督检查		
		现场管理环境监督检查		
		新技术、新工艺、新材料审查把关	专家组审查制、整改督查	
		测量标桩审核、检查	施工图复核、整改督查	
	图纸会审及技术交底		技术交底制、整改督查	
	审查开工申请，把好开工关		首件制、整改督查	
事中控制	施工过程质量控制	工序控制	首件制、远程监控、整改督查	
		工序之间交接检查	首件制、远程监控、整改督查	
		隐蔽工程质量控制	首件制、远程监控、整改督查	
	中间产品质量控制		远程监控、远程监控、整改督查	
	分部、分项工程质量评定		整改督查	
	设计变更与图纸修改审查		专家组审查制	归到设计管理模块
事后控制	施工质量	联动试车(试运营三年)	缺陷修复	
		验收文件审核	档案模块	
		竣工检验	试验检测	
	工程质量评定		整改督查、总结	
	工程质量文件审核与建档		计量模块、档案	

第三节　项目质量管理子系统实现

质量管理是工程施工中最重要，又最难以控制的一个环节，除了质量管理者监管以外，很大一部分是要依靠施工者的技术水平、经验来保证。平台利用网络技术的迅捷，把重点项目的施工过程，以文字、图片的形式在网上进行公开，显示施工、监理责任人、评定结果，形成评比、竞争、监督的管理体制，促使施工向标准化、规范化的方向发展。通过施工过程公开，加强建设单位的质量审查能力，提高监理办、施工单位在施工过程中的质量意识。

对隐蔽分项工程建立专栏，通过照片、文字说明，并明确施工、检查责任人，所有工程图片对外共享，各标段可以互相参考、监督，有助于在感官上确定工程标准，促进工程技术的交流。对一些重要的分项工程，规范施工程序，确立施工样板，以图片、文字的形式，建立施工标准，施工及监管人员在施工工程、施工评比中对施工结果有依据可以参照，提高一线人员自身的质量管理素质，从主观上提高施工质量的可行性。

一、质量管理规章制度

汇集国家、省、交通主管部门和建设单位质量管理规章，指挥部各项质量管理制度，上级、指挥部质量检查情况及通报、事故处罚通报等文件。

操作说明：

由指挥部、项目部根据要求分别上传文件，指挥部按照公开要求对上传文件进行审核。施工单位上传位置：首先进入【后台管理】→【工程建设管理】→【土建施工】→【质量管理】→【管理制度】，如图 9-3 所示。

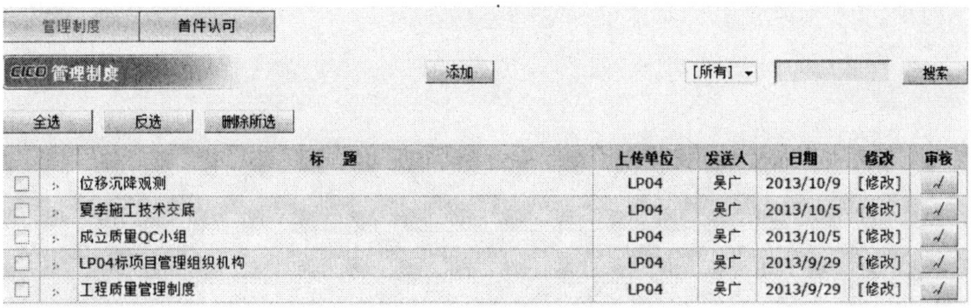

图 9-3　管理制度上传

指挥部上传位置：进入【后台管理】→【工程建设管理】→【质量管理】→指挥部审核是否在阳光工程【质量管理中公开】，如图 9-4 所示。

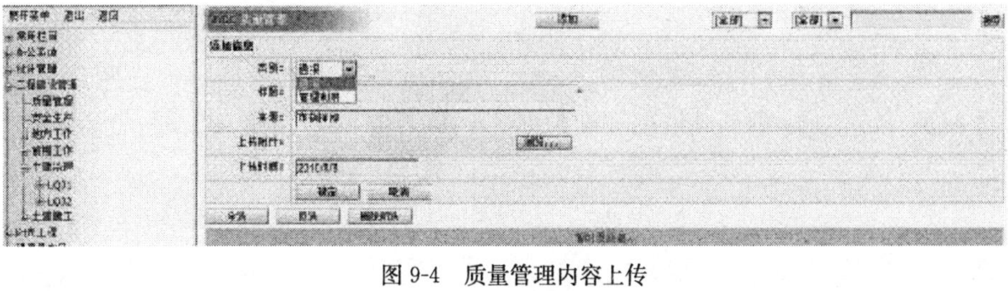

图 9-4　质量管理内容上传

二、首件认可

要求对试验路段、预制、现浇、构件首件等分项工程的材料、设备、工艺、现场管理进行网上认可，以便实现对各部位工艺定型，建立施工标准。由施工单位在施工前确定材料、设备、工艺、现场管理方案后，在系统上申报，监理办审核，指挥部审查并在首件完工验收后签认。

操作说明：

施工单位网上申报，除了申报内容的附件外，还必须上传相应的照片，对照片内容进行说明，以便审核人员能够清楚地了解现场材料、设备的调配情况。施工单位申报、监理办审核均在后台管理中，指挥部审查在前台进行。

施工单位添加：进入【首页】→【后台管理】→【工程建设管理】→【土建施工】→【质量管理】→【首件认可】，添加【分项工程名称】，点击【上传】，jpg 格式图片与文件均在同一位置上传，如图 9-5 所示。

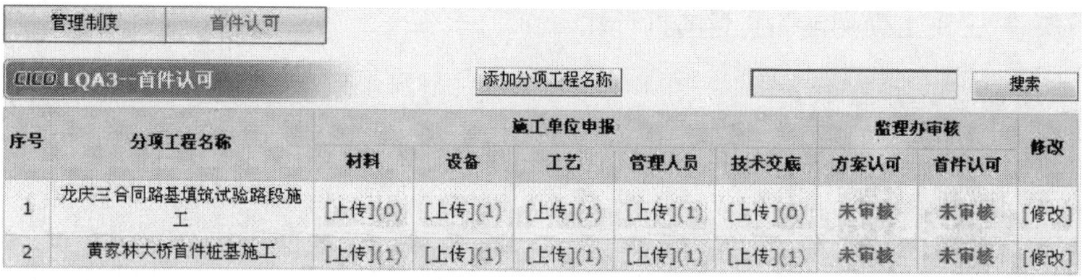

序号	分项工程名称	施工单位申报					监理办审核		修改
		材料	设备	工艺	管理人员	技术交底	方案认可	首件认可	
1	龙庆三合同路基填筑试验路段施工	[上传](0)	[上传](1)	[上传](1)	[上传](1)	[上传](0)	未审核	未审核	[修改]
2	黄家林大桥首件桩基施工	[上传](1)	[上传](1)	[上传](1)	[上传](1)	[上传](1)	未审核	未审核	[修改]

图 9-5　首件认可上传

监理办在同一位置审核，审核通过后，系统将自动锁定修改，施工单位将不能再修改上传资料。

指挥部审核先进入【首页】→【快速通道】→【工程建设管理】→【质量管理】，然后在打开的下拉框里找到【首件认可】并点击，页面如图 9-6 所示。

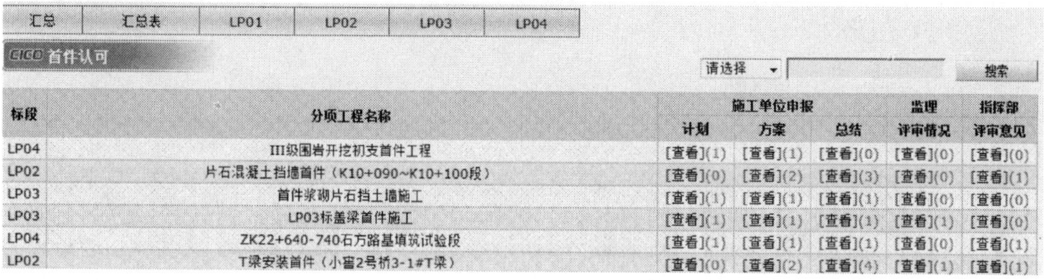

标段	分项工程名称	施工单位申报			监理	指挥部
		计划	方案	总结	评审情况	评审意见
LP04	III级围岩开挖初支首件工程	[查看](1)	[查看](1)	[查看](0)	[查看](0)	[查看](0)
LP02	片石混凝土挡墙首件（K10+090~K10+100段）	[查看](0)	[查看](2)	[查看](3)	[查看](0)	[查看](1)
LP03	首件浆砌片石挡土墙施工	[查看](1)	[查看](1)	[查看](1)	[查看](0)	[查看](0)
LP03	LP03标盖梁首件施工	[查看](1)	[查看](1)	[查看](1)	[查看](1)	[查看](0)
LP04	ZK22+640-740石方路基填筑试验段	[查看](1)	[查看](1)	[查看](1)	[查看](0)	[查看](1)
LP02	T梁安装首件（小窖2号桥3-1#T梁）	[查看](0)	[查看](2)	[查看](4)	[查看](1)	[查看](1)

图 9-6　指挥部审核首件认可

三、试验检测管理

建立抽检结果台账，主要是指挥部委托试验检测中心对施工单位的抽检报表。

试验检测管理包括各个标段的隧道超前地质预报和隧道监控量测报告两部分。进入位置：【首页】→【后台管理】→【工程建设管理】→【土建施工】→【质量管理】→【试验检测管理】。

四、桩基检测

对于重要的分项、隐蔽工程，设置分项检查、交流专栏，如基桩检测、桥梁检查、台背回填、通道检查、工程技术交流等等，要求施工单位、监理把施工检查的图片上传，公示检查结果，系统严格按照工程建设管理程序，设定相应的操作界面。各单位添加、审核、评定在同一个界面完成，每个步骤均在网上体现，公开、透明工程建设管理过程。

以基桩检测为例，要求所有用于主体工程的桩基、水泥搅拌桩以及素混凝土桩检测的申请、审核、确认以及检测结果上传，都需要在系统上进行。首先由施工单位提出检测申请，再由监理工程师审核是否具备检测条件，再由检测单位确认检测时间，组织实施检测。因出具正式检测报告时间较长，检测单位可提前开具中间检测报告，并按照时间限定上传。施工单位以此为依据，即可进入下一道工序施工。正式检测报告出来后，检测单位需上传系统，作为基桩质量依据。所有记录在检测单位填写完成后 24h 自动锁定，通过管理过程的制度化、程序化，明确责任人，以透明作为约束各方行为的有力措施。所有上传图片、检查报告向所有单位公开，促进优秀施工模式的交流，同时起到监督、借鉴的作用，提高工程管理程序化、规范化的水平。

进入位置：【首页】→【后台管理】→【工程建设管理】→【土建施工】→【质量管理】→【桩基检测】，如图 9-7 所示。

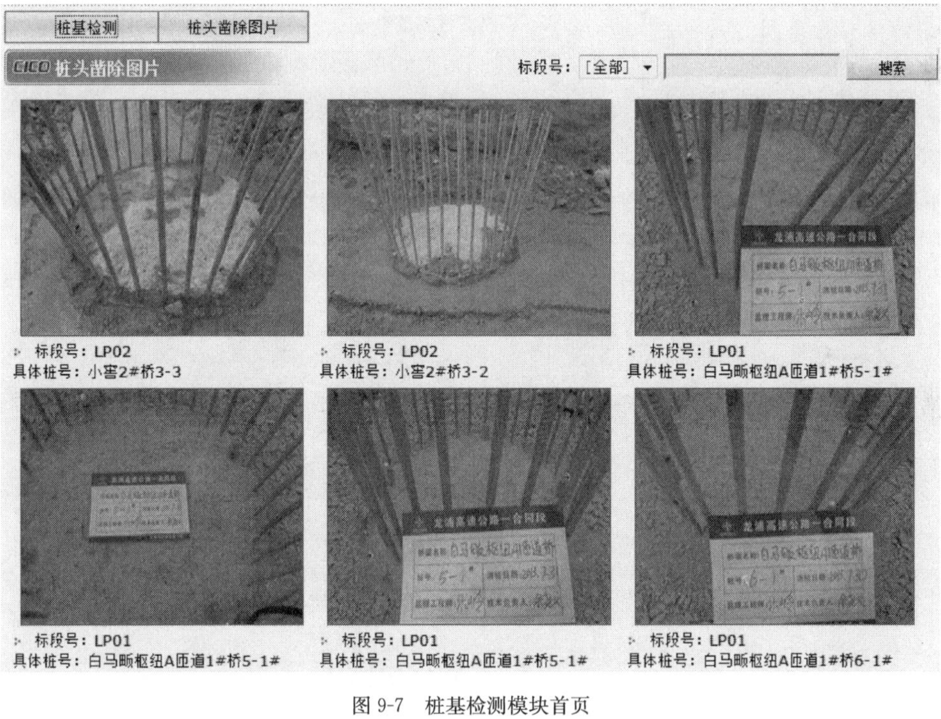

图 9-7　桩基检测模块首页

五、质量整改督查

用于指挥部提出的质量督查整改，由施工单位落实、监理检查、指挥部督查。可在某种程度上弥补惯用的“整改通知书”运转中落实及反馈过程长的缺陷，提高督查落实效率。

操作说明：

指挥部添加整改督查的内容，明确责任单位、责任人、监理办检查人，施工单位填写完成情况及整改后的图片，由指挥部在平台最后确定整改结果是否通过。

进入【首页】→【快速通道】→【工程建设管理】→【质量管理】→【质量整改督查】→指挥部添加整改信息→施工单位填写【完成情况】及【整改后图片】→指挥部确认【办理结束】，如图 9-8 所示。

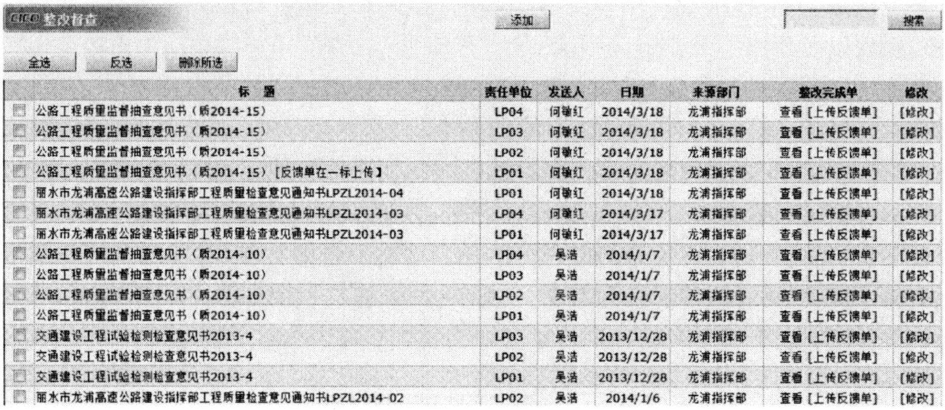

标题	责任单位	发送人	日期	来源部门	整改完成单	修改
公路工程质量监督抽查意见书（质2014-15）	LP04	何敏红	2014/3/18	龙浦指挥部	查看 [上传反馈单]	[修改]
公路工程质量监督抽查意见书（质2014-15）	LP03	何敏红	2014/3/18	龙浦指挥部	查看 [上传反馈单]	[修改]
公路工程质量监督抽查意见书（质2014-15）	LP02	何敏红	2014/3/18	龙浦指挥部	查看 [上传反馈单]	[修改]
公路工程质量监督抽查意见书（质2014-15）[反馈单在一标上传】	LP01	何敏红	2014/3/18	龙浦指挥部	查看 [上传反馈单]	[修改]
丽水市龙浦高速公路建设指挥部工程质量检查意见通知书LPZL2014-04	LP01	何敏红	2014/3/18	龙浦指挥部	查看 [上传反馈单]	[修改]
丽水市龙浦高速公路建设指挥部工程质量检查意见通知书LPZL2014-03	LP04	何敏红	2014/3/17	龙浦指挥部	查看 [上传反馈单]	[修改]
丽水市龙浦高速公路建设指挥部工程质量检查意见通知书LPZL2014-03	LP01	何敏红	2014/3/17	龙浦指挥部	查看 [上传反馈单]	[修改]
公路工程质量监督抽查意见书（质2014-10）	LP04	吴浩	2014/1/7	龙浦指挥部	查看 [上传反馈单]	[修改]
公路工程质量监督抽查意见书（质2014-10）	LP03	吴浩	2014/1/7	龙浦指挥部	查看 [上传反馈单]	[修改]
公路工程质量监督抽查意见书（质2014-10）	LP02	吴浩	2014/1/7	龙浦指挥部	查看 [上传反馈单]	[修改]
公路工程质量监督抽查意见书（质2014-10）	LP01	吴浩	2014/1/7	龙浦指挥部	查看 [上传反馈单]	[修改]
交通建设工程试验检测检查意见书2013-4	LP03	吴浩	2013/12/28	龙浦指挥部	查看 [上传反馈单]	[修改]
交通建设工程试验检测检查意见书2013-4	LP02	吴浩	2013/12/28	龙浦指挥部	查看 [上传反馈单]	[修改]
交通建设工程试验检测检查意见书2013-4	LP01	吴浩	2013/12/28	龙浦指挥部	查看 [上传反馈单]	[修改]
丽水市龙浦高速公路建设指挥部工程质量检查意见通知书LPZL2014-02	LP02	吴浩	2014/1/6	龙浦指挥部	查看 [上传反馈单]	[修改]

图 9-8　质量管理整改督查

第十章　项目安全管理子系统构建

安全生产关系到国家稳定发展大局，是构建和谐社会的重要基础，也是确保交通建设顺利发展的头等大事。由于高速公路建设线长、面广，参建人员庞杂，涉及因素特别多，安全事故时有发生，工程施工安全更是成为社会关注的焦点。尤其是在地质条件复杂地区，安全管理任务更为艰巨。由于建设单位是建设工程项目实施过程的总集成者和总组织者，建设单位的安全管理也更为全面，是项目参建各方安全管理的核心。

要尽可能降低由于安全事故所带来的经济损失，就应该在高速公路建设过程中，投入足够的人力、物力以及财力。一旦有安全事故发生，必须立即展开调查，结合事故性质以及严重程度等及时采取有效的对策予以处理。更重要的是建立一套完善的安全管理系统，把安全管理工作落到实处，这样才能全面提升施工人员的安全意识，减少各类安全事故的发生。

第一节　公路工程安全管理概述

一、工程项目全过程安全管理

1. 投标阶段的安全管理

在工程招投标时，应仔细研究招标书的内容，把安全管理问题充分考虑在内，如费用、施工环境等能否保证正常安全施工所需，若达不到要求，坚决不能投标，避免出现安全隐患甚至出现安全事故。

2. 签约阶段的安全管理

在签订合同时，合同风险是客观存在的，这是由合同的特殊性、履行的长期性和多样性及建筑工程的特点所决定的。如建设单位有时故意将一部分风险转嫁给施工企业；有的前后矛盾或用词不严谨，导致双方误解而互相扯皮；合同中有时缺少或存在不完善的担保、索赔、保险等条款。因此，一定认真核实每一项合同条款是否符合必需的安全环境、是否具备保证正常施工要求条件等，若不符合坚决不能签订合同，避免出现安全隐患甚至出现安全事故。

3. 施工准备阶段的安全管理

在此阶段，应做好双方各自的工作，为正式施工奠定有利基础，明确是否已具备开工条件，如各种手续是否齐全，施工现场的基础施工条件是否具备等。必须及时把此时的不安全因素排除，不能忙于施工抢进度而忽视安全，坚决不能带着隐患进入施工阶段。

施工单位应建立健全施工现场安全生产保证体系、落实安全生产责任制。审核施工单位编制的施工组织设计中的安全技术措施和危险性较大的分部、分项工程安全专项施工方案及应急抢险方案，所有这些均应符合安全生产强制性标准要求。主要内容应当包括：

(1)根据实际情况并符合标准规范要求制订地下管线保护措施方案。

(2)确定的基坑支护与降水、土方开挖、模板、起重吊装、脚手架、拆除等分部、分项工程的安全生产技术措施和安全专项施工方案应符合标准规范要求。

(3)施工现场临时用电施工组织设计或者安全用电技术措施和电气防火措施应符合标准规范要求。

(4)冬季、雨季等季节性施工方案的制订应符合实际需要。

(5)施工总平面布置图应合理,办公、宿舍、食堂、道路等临时设施设置以及排水、防火措施应符合安全技术标准和文明施工的要求。

(6)电工、焊工、架子工、起重机械工、塔吊司机及指挥人员等特种作业人员应具有资格证书。

(7)开工时所必需的施工机械、材料和主要人员到达现场,并处于安全状态。

(8)施工单位的安全设施和设备(如吊篮、漏电保护开关、安全网等)进入现场前,做好逐级安全技术交底工作。

4.施工阶段的安全管理

施工企业的“产品”不同于一般制造业的产品,它具有生产周期长、单位价值高、单件性、固定性等特点,因此施工风险伴随着施工过程不断出现,如地质、设备、运输、气候、变更等。必须综合考虑此阶段的生产条件是否能够保证施工安全。必须把各种不安全因素排除,否则坚决不能进行下一步施工。

施工单位应按照工程建设强制性标准和专项安全施工方案组织施工,不得违章指挥和违章作业;对施工过程中的高危作业、文明施工等进行经常性检查,及时排除安全事故隐患。主要内容包括:按照审查过的施工组织设计(方案)及安全技术措施进行作业,架子工、提升设备安装工必须持证上岗,所有现场施工人员必须使用安全网、安全帽、安全带,避免因这类作业引起的高空坠落、物体打击等伤亡事故的发生;起重机械应经过技术标准部门的验收并取得安全使用许可证,要求驾驶人员必须持证上岗,避免因物体打击、机械设备倒塌等造成人员伤亡事故的发生;施工中临时用电电线、电缆的架设,各种用电设备应符合安全用电要求,要求电工必须持证上岗,避免因触电造成人员伤亡事故的发生;施工用机械设备应处于正常运行状态,应正确使用安全防护装置,使用相应设备的人员必须持证上岗,避免因使用机械设备不当造成人身伤害事故的发生。施工中的安全防护措施必须落实,避免人员及物体坠落造成人员伤亡事故的发生;现场周围应设有安全警示标志,现场周围不安全区域应搭设临时防护设施,避免物体坠落伤及工地周围行人;确保基坑支护、坑边防护等安全技术措施的落实,避免因土方开挖后基坑坍塌、人员和物体坠落造成人身伤害事故的发生。

5.验收及使用阶段的安全管理

施工单位不能只顾自己,施工过程安全就万事大吉了,高速公路是一种特殊商品,必须为使用阶段的安全负责。出现安全隐患将给建设单位带来不可估量的生命、财产损失,也会给社会带来不良影响,还会影响到企业自身的生存与发展。在验收阶段,一旦发现影响公路安全性的问题,必须及时解决,否则坚决不能交工。企业还必须对公路进行正常的保修,坚持回访制度,通过回访和保修,以达到公路这一特殊商品的使用安全,为企业负责,为建设单位负责,为社会负责。

二、工程项目安全管理的控制方法

现代安全管理理论的方法和技术有：安全目标管理法、PDCA 循环法（全面管理法）、系统安全分析方法、无隐患管理法、安全经济技术方法、安全评价方法、安全管理的计算机应用技术、本质安全技术、安全决策方法、事故判定技术、危险分析方法、系统危险分析技术、故障树分析技术、危险控制技术等。

通常，工程项目中采用的安全生产管理控制方法有：

（1）安全目标管理法：它包括确定安全目标、分解安全目标、执行安全目标和检查总结等基本内容。

（2）全面管理法：全面管理即全过程、全方位、全员参与、全天候的管理。

（3）无隐患管理法：无隐患管理法指隐患作为企业安全管理的基本对象，对隐患进行辨识、分类、分级、检验、报表、建档、统计、分析等基本管理，并最终进行有效的治理，从而达到预防事故的目的的方法。

三、工程项目安全管理的影响因素

产生安全事故的系统涉及四个因素：

（1）人：人的不安全行为是事故产生的最直接的因素。

（2）物：机械设备的不安全状态也是事故产生的直接因素。

（3）环境：不良的生产环境影响人的行为，同时对机械设备产生不良的作用。

（4）管理：管理的欠缺。其中最重要的因素是管理，因为管理对人、机、环境都会产生作用和影响。

四、工程项目安全管理的基本制度

1.安全生产责任制度

安全生产责任制度是公路建设中最基本的安全管理制度，是所有安全管理制度的核心。安全生产责任制度是指各种不同的安全责任落实到负有安全管理责任的人员和具体岗位人员身上的一种制度。这一制度是“安全第一、预防为主”方针的具体表现，是安全生产的基本制度。安全生产责任制度的主要内容包括：一是从事建设活动的负责人的责任制，比如施工单位的法定代表人要对本企业的安全负主要责任；二是从事建设活动的职能机构或职能专职人员的安全生产责任制，岗位人员必须对安全负责，从事特种作业的安全人员必须进行培训，经过考核合格后方能上岗作业。

2.群防群治制度

群防群治制度是职工进行预防和安全治理的一种制度。这一制度也是“安全第一、预防为主”方针的具体体现，同时也是群众路线在安全工作中的具体体现，是企业进行民主管理的主要内容。这一制度要求建设企业的职工在施工中应当遵守有关安全生产的法律、法规和建设行业安全规章、规程，不得违章作业；对于危及生命安全和身体健康的行为有权提出批评、检举和控告。

3.安全生产教育培训制度

安全生产教育培训制度是对职工进行安全教育培训，以提高其安全意识，增加安全知识和技能的制度。安全生产，人人有责，只有对广大职工进行安全教育、培训，才能使广大职工真正认识到安全生产的重要性、必要性，才能使广大职工掌握更多更有效的安全生产科学知识，牢固树立安全第一的思想，自觉遵守安全生产的规章制度。

4.安全生产检查制度

安全生产检查制度是上级管理部门或企业自身对安全生产状况进行定期或不定期检查的制度。通过检查可以发现问题，查出隐患，从而采取有效措施，把事故消灭在发生之前。

5.伤亡事故处理报告制度

伤亡事故处理报告制度是施工中发生事故时，企业应当采取紧急措施减少人员伤亡和事故损失，并且按照国家有关规定及时向有关部门报告的制度。事故处理必须遵循一定的程序，做到原因不清不放过、事故责任者和群众没有受到教育不放过、没有预防措施不放过。

6.安全生产责任追究制度

法律规定，建设单位、设计单位、施工单位、监理单位由于没有履行职责造成人员伤亡和事故损失的，视情节轻重给予相应的处理；情节严重的，责令停业整顿，降低资质等级，直至吊销资质证书；构成犯罪的，依法追究刑事责任。

五、建设单位安全管理的主要责任和义务

1.应当向施工单位提供有关资料

《建设工程安全生产管理条例》第六条规定，建设单位应当向施工单位提供施工现场及毗邻区域内供水、排水、供电、供气、供热、通信、广播电视等地下管线资料，气象和水文观测资料，相邻建筑物和构筑物、地下工程的有关资料，并保证资料的真实、准确、完整。建设单位因建设工程需要，向有关部门或者单位查询规定的资料时，有关部门或者单位应当及时提供。

2.不得向有关单位提出不符合建设工程安全生产法律、法规和强制性标准规定的要求

《建设工程安全生产管理条例》第七条规定，建设单位不得对勘察、设计、施工、工程监理等单位提出不符合建设工程安全生产法律、法规和强制性标准规定的要求，不得压缩合同约定的工期。

3.应当确定安全生产所需费用

《建设工程安全生产管理条例》第八条规定，建设单位在编制工程概算时，应当确定建设工程安全作业环境及安全施工措施所需费用。

4.不得明示或者暗示施工单位使用不符合安全施工的物资

《建设工程安全生产管理条例》第九条规定，建设单位不得明示或者暗示施工单位购买、租赁、使用不符合施工要求的安全防护用具、机械设备、施工机具及配件、消防设施和器材。

5.在申请领取施工许可证或开工报告时，应当提供有关安全施工措施的资料

《建设工程安全生产管理条例》第十条规定，建设单位在申请领取施工许可证时，应当提供

建设工程有关安全施工措施的资料。

依法批准开工报告的建设工程，建设单位应当自开工报告批准之日起 15 日内，将保证安全施工的措施报送建设工程所在地的县级以上地方人民政府建设行政主管部门或者其他有关部门备案。

6. 应当将拆除工程发包给具有相应资质等级的施工单位

《建设工程安全生产管理条例》第十一条规定，建设单位应当将拆除工程发包给具有相应资质等级的施工单位。建设单位应当在拆除工程施工 15 日前，将下列资料报送建设工程所在地的县级以上地方人民政府建设行政主管部门或者其他有关部门备案：

(1)施工单位资质等级证明。

(2)拟拆除建筑物、构筑物及可能危及毗邻建筑的说明。

(3)拆除施工组织方案。

(4)堆放、清除废弃物的措施。

实施爆破作业的，应当遵守国家有关民用爆炸物品管理的规定。

六、勘察、设计、工程监理等有关单位的安全责任

1. 勘察单位的安全责任

《建设工程安全生产管理条例》第十二条规定，勘察单位的安全责任包括：

(1)勘察单位应当按照法律、法规和工程建设强制性标准进行勘察，提供的勘察文件应当真实、准确，满足建设工程安全生产的需要。

(2)勘察单位在勘察作业时，应该严格执行操作规程，采取措施保证各类管线、设施和周边建筑物、构筑物的安全。

《浙江省交通建设工程质量和安全生产管理办法》(浙政令〔2012〕300 号)第十五条规定，勘察单位应当按照工程建设强制性标准和有关技术规范进行勘察，所提供的地质、测量、水文等勘察成果必须真实、准确、完整。

2. 设计单位的安全责任

《建设工程安全生产管理条例》第十三条规定，设计单位的安全责任包括：

(1)设计单位应当按照法律、法规和工程建设强制性标准进行设计，防止因设计不合理导致生产安全事故的发生。

(2)设计单位应当考虑施工安全操作和防护的需要，对涉及施工安全的重点部位和环节在设计文件中注明，并对防范生产安全事故提出指导意见。

(3)采用新结构、新材料、新工艺的建设工程和特殊结构的建设工程，设计单位应当在设计中提出保障施工作业人员和预防生产安全事故的措施建议。

(4)设计单位和注册建筑师等注册执业人员应当对其设计负责。

《浙江省交通建设工程质量和安全生产管理办法》(浙政令〔2012〕300 号)第十五条规定，设计单位应当按照工程建设强制性标准、有关技术规范和勘察成果文件进行设计；设计文件应当符合国家和省规定的设计深度要求，注明工程合理使用期。

3. 工程监理单位的安全责任

《建设工程安全生产管理条例》第十四条规定，工程监理单位的安全责任包括：

(1)工程监理单位应当审查施工组织设计中的安全技术措施或者专项施工方案是否符合工程建设强制性标准。

(2)工程监理单位在实施监理过程中，发现存在安全事故隐患的，应当要求施工单位整改；情况严重的，应当要求施工单位暂时停止施工，并及时报告建设单位。施工单位拒不整改或者不停止施工的，工程监理单位应当及时向有关主管部门报告。

(3)工程监理单位和监理工程师应当按照法律、法规和工程建设强制性标准实施监理，并对建设工程安全生产承担监理责任。

《浙江省交通建设工程质量和安全生产管理办法》(浙政令〔2012〕300 号)第三十五条规定，监理单位应当审查施工组织设计和工程开工报告中的安全技术措施以及危险性较大的工程的安全专项施工方案；核查施工单位的生产安全事故应急预案和应急救援组织建立情况；对危险性较大的工程，应当编制专项监理细则，明确安全监理方法、措施和控制要点以及对施工安全措施的检查方案。

第三十六条规定，监理单位应当落实安全监理巡视责任，监督安全技术措施和安全专项施工方案的实施，重点监管施工的关键部位、关键环节、关键工序；对发现的事故隐患，应当及时督促施工单位整改，必要时可以下达暂停施工指令，并向建设单位和有关部门报告。监理单位应当及时、真实、完整地做好安全监理记录。

4. 其他有关单位的安全责任

(1)《建设工程安全生产管理条例》第十五条规定，为建设工程提供机械设备和配件的单位，应当按照安全施工的要求配备齐全有效的保险、限位等安全设施和装置。

(2)《建设工程安全生产管理条例》第十六条规定，出租的机械设备和施工机具及配件，应当具有生产(制造)许可证、产品合格证。

出租单位应当对出租的机械设备和施工机具及配件的安全性能进行检测，在签订租赁协议时，应当出具检测合格证明。

禁止出租检测不合格的机械设备和施工机具及配件。

(3)《建设工程安全生产管理条例》第十七条规定，在施工现场安装、拆卸施工起重机械和整体提升脚手架、模板等自升式架设设施，必须由具有相应资质的单位承担。

安装、拆卸施工起重机械和整体提升脚手架、模板等自升式架设设施，应当编制拆装方案、制定安全措施，并由专业技术人员现场监督。

施工起重机械和整体提升脚手架、模板等自升式架设设施安装完毕后，安装单位应当自检，出具自检合格证明，并向施工单位进行安全使用说明，办理验收手续并签字。

(4)《建设工程安全生产管理条例》第十八条规定，施工起重机械和整体提升脚手架、模板等自升式架设设施的使用达到国家规定的检验检测期限的，必须经具有专业资质的检验检测机构检测。经检验不合格的，不得继续使用。

(5)《建设工程安全生产管理条例》第十九条规定，检测机构对检测合格的施工起重机械和整体提升脚手架、模板等自升式架设设施，应当出具安全合格证明文件，并对检测结果负责。

七、施工单位的安全责任

1. 施工单位应当具有的安全生产资质条件

《建设工程安全生产管理条例》第二十条规定，施工单位从事建设工程的新建、扩建、改建和拆除等活动，应当具备国家规定的注册资本、专业技术人员、技术装备和安全生产等条件，依法取得相应等级的资质证书，并在其资质等级许可的范围内承揽工程。

2. 施工单位的安全生产责任制度

《建设工程安全生产管理条例》第二十一条规定，施工单位主要负责人依法对本单位的安全生产工作全面负责。施工单位应当建立健全安全生产责任制度和安全生产教育培训制度，制定安全生产规章制度和操作规程，保证本单位安全生产条件所需资金的投入，对所承担的建设工程进行定期和专项安全检查，并做好安全检查记录。

施工单位的项目负责人应当由取得相应执业资格的人员担任，对建设工程项目的安全施工负责，落实安全生产责任制度、安全生产规章制度和操作规程，确保安全生产费用的有效使用，并根据工程的特点组织制定安全施工措施，消除安全事故隐患，及时、如实报告生产安全事故。

3. 施工单位的安全生产基本保障措施

1)安全生产费用应当专款专用

《建设工程安全生产管理条例》第二十二条规定，施工单位对列入建设工程概算的安全作业环境及安全施工措施所需费用，应当用于施工安全防护用具及设施的采购和更新、安全施工措施的落实、安全生产条件的改善，不得挪作他用。

《浙江省交通建设工程质量和安全生产管理办法》(浙政令〔2012〕300 号)第三十三条规定，施工单位的工程报价应当包含安全生产费用，并在工程报价中单列安全生产费用项目清单。安全生产费用应当用于施工安全防护用具以及设施的采购和更新、安全施工措施的落实、安全生产条件的改善，不得挪作他用。

2)安全生产管理机构及人员的设置

《建设工程安全生产管理条例》第二十三条规定，施工单位应当设立安全生产管理机构，配备专职安全生产管理人员。

专职安全生产管理人员负责对安全生产进行现场监督检查。发现安全事故隐患，应当及时向项目负责人和安全生产管理机构报告；对违章指挥、违章操作的，应当立即制止。

专职安全生产管理人员的配备办法由国务院建设行政主管部门会同国务院其他有关部门制定。

《浙江省交通建设工程质量和安全生产管理办法》(浙政令〔2012〕300 号)第三十二条规定，施工单位应当建立健全安全生产责任制度和安全生产技术交底制度，设置安全生产管理机构，配备专职安全生产管理人员。

施工现场应当按照下列规定配备专职安全生产管理人员：

(1)合同价(下同)5000 万元以下的工程不少于 1 人；

(2)5000 万元至 1 亿元的工程不少于 2 人；

(3)1 亿元以上的工程不少于 3 人。

专职安全生产管理人员负责对施工安全生产状况进行现场监督检查,并做好检查记录;发现事故隐患时,应当及时向项目负责人和施工单位安全生产管理机构报告;对违章指挥、违章操作和违反劳动纪律的,应当立即制止。

3)编制安全技术措施及专项施工方案的规定

《建设工程安全生产管理条例》第二十六条规定,施工单位应当在施工组织设计中编制安全技术措施和施工现场临时用电方案,对下列达到一定规模的危险性较大的分部分项工程编制专项施工方案,并附安全验算结果,经施工单位技术负责人、总监理工程师签字后实施,由专职安全生产管理人员进行现场监督:

(1)基坑支护与降水工程。

(2)土方开挖工程。

(3)模板工程。

(4)起重吊装工程。

(5)脚手架工程。

(6)拆除、爆破工程。

(7)国务院建设行政主管部门或者其他有关部门规定的其他危险性较大的工程。

对前款所列工程中涉及深基坑、地下暗挖工程、高大模板工程的专项施工方案,施工单位还应当组织专家进行论证、审查。

本条第一款规定的达到一定规模的危险性较大工程的标准,由国务院建设行政主管部门会同国务院其他有关部门制定。

4)对安全施工技术的交底

《建设工程安全生产管理条例》第二十七条规定,建设工程施工前,施工单位负责项目管理的技术人员应当对有关安全施工的技术要求向施工作业班组、作业人员作出详细说明,并由双方签字确认。

5)安全警示标志的设置

《建设工程安全生产管理条例》第二十八条规定,施工单位应当在施工现场入口处、施工起重机械、临时用电设施、脚手架、出入通道口、楼梯口、电梯井口、孔洞口、桥梁口、隧道口、基坑边沿、爆破物及有害危险气体和液体存放处等危险部位,设置明显的安全警示标志。安全警示标志必须符合国家标准。

施工单位应当根据不同施工阶段和周围环境及季节、气候的变化,在施工现场采取相应的安全施工措施。施工现场暂时停止施工的,施工单位应当做好现场防护,所需费用由责任方承担,或者按照合同约定执行。

6)对施工现场办公、生活区与作业区设置要求

《建设工程安全生产管理条例》第二十九条规定,施工单位应当将施工现场的办公、生活区与作业区分开设置,并保持安全距离;办公、生活区的选址应当符合安全性要求。职工的膳食、饮水、休息场所等应当符合卫生标准。施工单位不得在尚未竣工的建筑物内设置员工集体宿舍。

施工现场临时搭建的建筑物应当符合安全使用要求。施工现场使用的装配式活动房屋应当具有产品合格证。

7)环境污染防护措施

《建设工程安全生产管理条例》第三十条规定,施工单位对因建设工程施工可能造成损害的毗邻建筑物、构筑物和地下管线等,应当采取专项防护措施。

施工单位应当遵守有关环境保护法律、法规的规定,在施工现场采取措施,防止或者减少粉尘、废气、废水、固体废物、噪声、振动和施工照明对人和环境的危害和污染。

在城市市区内的建设工程,施工单位应当对施工现场实行封闭围挡。

8)消防安全保障措施

《建设工程安全生产管理条例》第三十一条规定,施工单位应当在施工现场建立消防安全责任制度,确定消防安全责任人,制定用火、用电、使用易燃易爆材料等各项消防安全管理制度和操作规程,设置消防通道、消防水源,配备消防设施和灭火器材,并在施工现场入口处设置明显标志。

9)劳动安全管理规定

(1)《建设工程安全生产管理条例》第三十二条规定,施工单位应当向作业人员提供安全防护用具和安全防护服装,并书面告知危险岗位的操作规程和违章操作的危害。

作业人员有权对施工现场的作业条件、作业程序和作业方式中存在的安全问题提出批评、检举和控告,有权拒绝违章指挥和强令冒险作业。

在施工中发生危及人身安全的紧急情况时,作业人员有权立即停止作业或者在采取必要的应急措施后撤离危险区域。

(2)《建设工程安全生产管理条例》第三十三条规定,作业人员应当遵守安全施工的强制性标准、规章制度和操作规程,正确使用安全防护用具、机械设备等。

(3)《建设工程安全生产管理条例》第三十八条规定,施工单位应当为施工现场从事危险作业的人员办理意外伤害保险。

意外伤害保险费由施工单位支付。实行施工总承包的,由总施工单位支付意外伤害保险费。意外伤害保险期限自建设工程开工之日起至竣工验收合格止。

10)安全防护用具及机械设备、施工机具的安全管理

(1)《建设工程安全生产管理条例》第三十四条规定,施工单位采购、租赁的安全防护用具、机械设备、施工机具及配件,应当具有生产(制造)许可证、产品合格证,并在进入施工现场前进行查验。

施工现场的安全防护用具、机械设备、施工机具及配件必须由专人管理,定期进行检查、维修和保养,建立相应的资料档案,并按照国家有关规定及时报废。

(2)《建设工程安全生产管理条例》第三十五条规定,施工单位在使用施工起重机械和整体提升脚手架、模板等自升式架设设施前,应当组织有关单位进行验收,也可以委托具有相应资质的检验检测机构进行验收;使用承租的机械设备和施工机具及配件的,由施工总承包单位、分包单位、出租单位和安装单位进行验收。验收合格的方可使用。

(3)《特种设备安全监察条例》规定的施工起重机械,在验收前应当经有相应资质的检验检测机构监督检验合格。

施工单位应当自施工起重机械和整体提升脚手架、模板等自升式架设设施验收合格之日起30日内,向建设行政主管部门或者其他有关部门登记。登记标志应当置于或者附着于该设

备的显著位置。

4. 施工总承包单位和分包单位安全责任的划分

《建设工程安全生产管理条例》第二十四条规定，建设工程实行施工总承包的，由总承包单位对施工现场的安全生产负总责。

总承包单位应当自行完成建设工程主体结构的施工。

总承包单位依法将建设工程分包给其他单位的，分包合同中应当明确各自安全生产方面的权利、义务。总承包单位和分包单位对分包工程的安全生产承担连带责任。

分包单位应当服从总承包单位的安全生产管理，分包单位不服从管理导致生产安全事故的，由分包单位承担主要责任。

5. 安全教育培训制度

1)特种作业人员培训和持证上岗

《建设工程安全生产管理条例》第二十五条规定，垂直运输机械作业人员、安装拆卸工、爆破作业人员、起重信号工、登高架设人员等特种作业人员，必须按照国家有关规定经过专门的安全作业培训，并取得特种作业操作资格证书后，方可上岗作业。

2)安全管理人员和作业人员的安全教育和考核

《建设工程安全生产管理条例》第三十六条规定，施工单位的主要负责人、项目负责人、专职安全生产管理人员应当经建设行政主管部门或者其他有关部门考核合格后方可任职。

施工单位应当对管理人员和作业人员每年至少进行一次安全生产教育培训，其教育培训情况记入个人工作档案。安全生产教育培训考核不合格的人员，不得上岗。

3)作业人员进入新岗位、新工地或采用新技术时的上岗教育培训

《建设工程安全生产管理条例》第三十七条规定，作业人员进入新的岗位或者新的施工现场前，应当接受安全生产教育培训。未经教育培训或者教育培训考核不合格的人员，不得上岗作业。

施工单位在采用新技术、新工艺、新设备、新材料时，应当对作业人员进行相应的安全生产教育培训。

八、工程项目安全监督管理

1. 建设工程综合监督管理部门的职责

《建设工程安全生产管理条例》第三十九条规定，国务院负责安全生产监督管理的部门依照《中华人民共和国安全生产法》的规定，对全国建设工程安全生产工作实施综合监督管理。

县级以上地方人民政府负责安全生产监督管理的部门依照《中华人民共和国安全生产法》的规定，对本行政区域内建设工程安全生产工作实施综合监督管理。

2. 专业建设工程安全生产监督管理部门的职责

《建设工程安全生产管理条例》第四十条规定，国务院建设行政主管部门对全国的建设工程安全生产实施监督管理。国务院铁路、交通、水利等有关部门按照国务院规定的职责分工，负责有关专业建设工程安全生产的监督管理。

县级以上地方人民政府建设行政主管部门对本行政区域内的建设工程安全生产实施监督

管理。县级以上地方人民政府交通、水利等有关部门在各自的职责范围内，负责本行政区域内的专业建设工程安全生产的监督管理。

3.专业行政主管部门和安全生产监督管理部门的工作协同

《建设工程安全生产管理条例》第四十一条规定，建设行政主管部门和其他有关部门应当将本条例第十条、第十一条规定的有关资料的主要内容抄送同级负责安全生产监督管理的部门。

4.施工许可管理

《建设工程安全生产管理条例》第四十二条规定，建设行政主管部门在审核发放施工许可证时，应当对建设工程是否有安全措施进行审查，对没有安全措施的，不得颁发施工许可证。

建设行政主管部门或者其他有关部门对建设工程是否有安全施工措施进行审查时，不得收取费用。

5.建设工程安全生产监督管理部门的权限

《建设工程安全生产管理条例》第四十三条规定，县级以上人民政府负有建设工程安全生产监督管理职责的部门在各自的职责范围内履行安全监督检查职责时，有权采取下列措施：

(1)要求被检查单位提供有关建设工程安全生产的文件和资料。

(2)进入被检查单位施工现场进行检查。

(3)纠正施工中违反安全生产要求的行为。

(4)对检查中发现的安全事故隐患，责令立即排除；重大安全事故隐患排除前或者排除过程中无法保证安全的，责令从危险区域内撤出作业人员或者暂时停止施工。

6.监督检查委托实施

《建设工程安全生产管理条例》第四十四条规定，建设行政主管部门或者其他有关部门可以将施工现场的监督检查委托给建设工程安全监督机构具体实施。

7.对严重危及施工安全的工艺、设备、材料实行淘汰制度

《建设工程安全生产管理条例》第四十五条规定，国家对严重危及施工安全的工艺、设备、材料实行淘汰制度。具体目录由国务院建设行政主管部门会同国务院其他有关部门制定并公布。

8.建设工程的社会监督

《建设工程安全生产管理条例》第四十六条规定，县级以上人民政府建设行政主管部门和其他有关部门应当及时受理对建设工程生产安全事故及安全事故隐患的检举、控告和投诉。

第二节　项目安全管理子系统功能规划

一、高速公路工程建设安全管理体系

高速公路建设项目安全管理模式从传统的事后型管理转变为现代的预防型管理，也体现了“安全第一、预防为主”的方针。高速公路建设由于参建单位多、人员构成复杂、交叉施工、特种作业多等特点，对安全生产管理有很高的要求。在工程建设过程中，安全管理体系的建设是

关键和基础，没有健全的安全管理体系，项目安全管理是很难保证的。为此，建立一套科学的、可靠的、全面而有层次的安全管理体系是项目工程建设的必要条件和基本保证；安全控制是最终实现安全生产的根本。安全控制的原则包括：闭环控制、分层控制、分级控制、动态控制、等同控制以及反馈原则。另外，能量控制理论也是预防事故的重要理论，因为事故的本质是能量的不正常释放或转移。因此，安全生产管理体系构建是按照体系完善、控制可靠的方针来进行的。

1. 安全管理体系的建设目标

安全管理体系的建设目标是通过建立起完整的安全管理体系并加以实施与保持，实现动态的、系统的、全员参与的、制度化的、以预防为主的安全管理模式，从而在管理上确保全方位、多层次、快速有效的工程建设安全。

2. 安全管理体系的建设内容

安全管理体系主要包括安全管理机构、安全管理制度、安全管理技术和安全教育培训等方面。

通过组建完整的安全管理机构、设置安全管理人员、规划安全策略、确定安全管理机制、明确安全管理原则和完善管理措施，制定严格的安全管理制度，合理地协调法律、技术和管理三者关系，实现对系统安全管理的科学化、系统化、法制化和规范化，达到保障工程安全的目的。

1)安全管理机构建设

按照统一领导和分级管理的原则，安全管理必须设立专门的管理机构，配备相应的安全管理人员，并实行“一把手”责任制，明确主管领导，落实部门责任，各尽其职。其主要内容包括：各级管理机构的建立；各级管理机构的职能、权限划分；人员岗位、数量、职责的确定。

2)安全管理制度建设

安全管理制度是保证安全生产的基础，需要通过一系列规章制度的实施，来确保各类人员按照规定的职责行事，做到各行其职、各负其责，避免责任事故的发生和防止恶意侵犯。

3)安全管理技术

利用先进的安全管理技术实现对系统安全管理的科学化、系统化、法制化和规范化，使安全规章制度通过安全管理技术强制实施。

4)安全教育和培训

根据用户的不同层次制订相应的教育培训计划及培训方案。为了将安全隐患减少到最低，不仅需要对安全管理员进行专业性的安全技术培训，还需要加强对一般办公人员的信息安全教育，普及信息安全基本知识；通过对用户的不断教育和培训，增强全体工作人员的信息安全意识、法制观念和技术防范水平，确保网络系统的安全运行。

3. 建设工程安全管理的实施程序

(1)建设工程安全生产管理策划。

(2)编制建设工程安全生产管理计划。

(3)建设工程安全生产管理计划的实施。

(4)安全检查。

(5)建设工程安全生产管理计划验证与持续改进。

二、安全管理系统模块规划

现代安全管理的趋势是从传统的事故管理转变为现代的事件分析与隐患处理(变事后型管理为预防型管理),从传统的纵向单因素安全管理转变为现代的横向综合安全管理,从传统的被动的安全管理对象转变为现代的主动的安全管理动力,从传统的静态安全管理转变为现代的动态安全管理,从传统的被动、辅助、滞后的安全管理程式转变为现代的主动、主导、超前的安全管理程式,从传统的外迫型的安全指标管理转变为内激型的安全目标管理,从过去企业只顾生产经济效益的安全辅助管理转变为现代的效益、环境、安全与卫生的综合效果管理等。因此,安全生产管理的模块也是按此指导进行安全生产管理规划和动态管理系统规划,见表 10-1。

安全管理子系统规划　　表 10-1

阶　段	安全管理内容	构建模块
事前控制	梳理安全生产管理法律法规	安全生产法规、安全生产条件、安全管理措施
	梳理公路工程建设的安全生产重大风险源	
	评估本项目安全生产风险(包括部分工程项目安全论证)	
	制定本项目安全生产管理办法	
	施工前的安全生产许可	
事中控制	落实安全制度	安全生产教育、隐患排查治理、安全整改督查
	施工过程中的隐患排查治理	
	检查特种作业、设备安全管理	
	各级安全生产监督管理	
	检查安全生产管理台账	
事后控制	根据施工进度计划,及时组织有关部门进行分项施工及隐蔽工程的验收	事故及调查处理信息
	定期整理有关施工进度的资料,汇总编目,建立相应的档案	
	加强工程项目竣工验收管理	

第三节　项目安全管理子系统实现

安全生产专栏共享安全生产法规、政策、管理措施,公示安全生产组织机构,安全管理的奖罚措施,明确各级管理阶层责任人,落实各级部门的安全教育培训,从意识抓起,使安全管理措施真正得到实行,减少安全事故的发生。

安全生产专栏分为安全生产法规、安全生产条件、安全生产教育、隐患排查治理、安全管理措施等。

一、安全生产条件

安全生产条件分为项目建设基本条件、安全生产管理体系、安全生产制度、项目建设安全施工组织计划、特殊工种持证、机械设备检测检验、安全专项方案七部分内容，安全生产条件模块首页如图 10-1 所示。

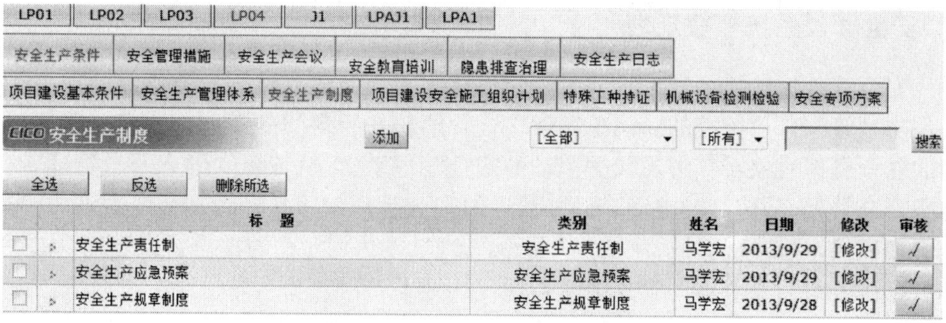

图 10-1　安全生产条件模块首页

【项目建设基本条件】要求上传内容分别是“有关单位批复该工程的文件”、“安全生产合同”、“施工单位安全生产许可证”。前两项由指挥部上传，后一项由施工单位上传。

【安全生产管理体系】各施工单位上传安全生产管理体系和安全生产管理人员及资质。

【安全生产制度】包括安全生产责任制、安全生产规章制度、安全生产应急预案。分别由指挥部、监理办、项目部上传。

【项目建设安全施工组织计划】包括建设项目计划进度安排、监理单位安全工作计划、安全文明生产施工组织计划。分别由指挥部、监理办、项目部上传。

具体操作：指挥部操作，进入【后台管理】→【工程建设管理】→【安全生产】→【安全生产条件】，再选择子目录后点击【添加】上传。

监理单位操作，进入【后台管理】→【工程建设管理】→【土建监理】→【监理标段】→【安全生产】→【安全生产条件】，再选择子目录后点击【添加】上传。

施工单位操作，进入【后台管理】→【工程建设管理】→【土建施工】→【施工标段】→【安全生产】→【安全生产条件】，再选择子目录后点击【添加】上传。

二、安全生产教育

安全生产教育主要公示施工项目经理部的安全教育记录，要求项目部、工区、施工班组、农民工均要参加安全教育，并把每次的教育记录上传。

具体操作：进入【后台管理】→【工程建设管理】→【土建施工】→【安全生产】→【安全教育培训】，再选择子目录后点击【添加】上传，如图 10-2 所示。

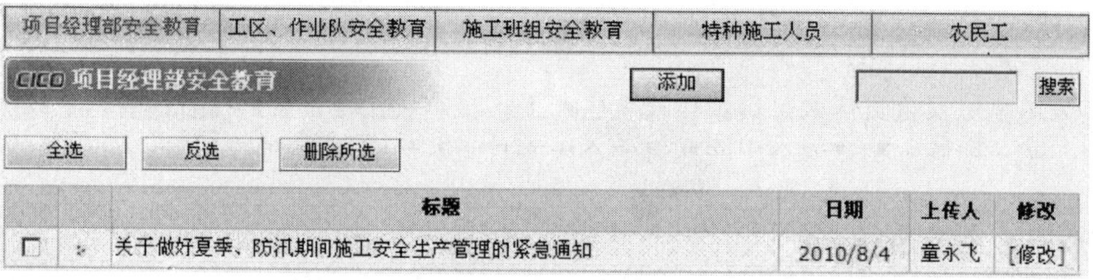

图 10-2　项目经理部安全教育文件公示

三、隐患排查治理

要求施工单位、监理办、指挥部分别上传施工现场隐患排查治理、施工现场重大危险源管控、隐患整改通知及反馈、复核、危险性较大工程安全专项施工方案编制审查及论证、安全生产事故隐患和违法行为举报奖励制度。

具体操作：指挥部操作，进入【后台管理】→【工程建设管理】→【安全生产】→【隐患排查治理】→【添加】，再选择类别后上传。

监理单位操作，进入【后台管理】→【工程建设管理】→【土建监理】→【监理标段】→【安全生产】→【隐患排查治理】→【添加】，再选择类别后上传。

施工单位操作，进入【后台管理】→【工程建设管理】→【土建施工】→【施工标段】→【安全生产】→【隐患排查治理】→【添加】，再选择类别后上传。如图 10-3 所示。

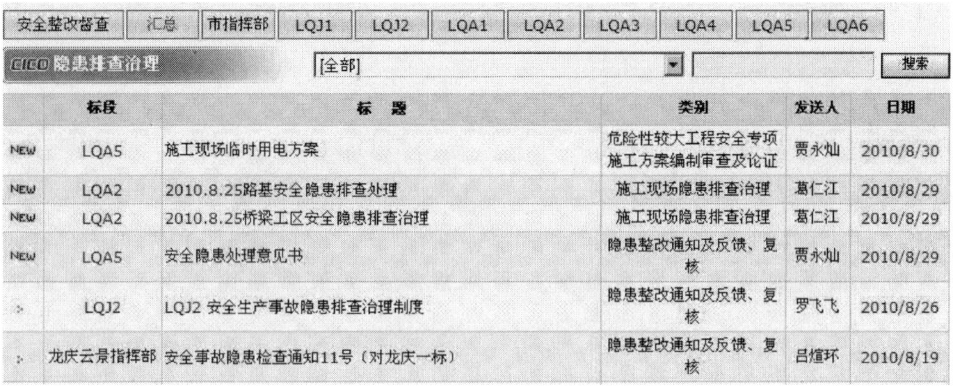

	标段	标　题	类别	发送人	日期
NEW	LQA5	施工现场临时用电方案	危险性较大工程安全专项施工方案编制审查及论证	贾永灿	2010/8/30
NEW	LQA2	2010.8.25路基安全隐患排查处理	施工现场隐患排查治理	葛仁江	2010/8/29
NEW	LQA2	2010.8.25桥梁工区安全隐患排查治理	施工现场隐患排查治理	葛仁江	2010/8/29
NEW	LQA5	安全隐患处理意见书	隐患整改通知及反馈、复核	贾永灿	2010/8/29
	LQJ2	LQJ2 安全生产事故隐患排查治理制度	隐患整改通知及反馈、复核	罗飞飞	2010/8/26
	龙庆云景指挥部	安全事故隐患检查通知11号（对龙庆一标）	隐患整改通知及反馈、复核	吕煊环	2010/8/19

图 10-3　隐患排查治理公示

“隐患整改通知及反馈、复核”除将最终文件上传外，还应在【安全整改督查】中添加记录整改过程，进入【首页】→【快速通道】/【工程建设管理】→【安全管理】→【隐患排查治理】→【整改督查】，具体操作请参照“质量整改督查”。

四、安全管理措施

要求施工单位、监理办、指挥部分别上传安全管理措施，由指挥部审核是否对外网公开。进入【后台管理】→【工程建设管理】→【土建施工】→【安全生产】→【安全管理措施】→【添加】，再选择类别后上传。具体操作请参照“隐患排查治理具体操作”。

五、安全生产日志

由施工单位安全责任人每日填写安全生产工作日志，进入【首页】→【后台管理】→【工程建设管理】→【土建施工】→【安全生产】→【安全生产日志】，如图 10-4 所示。

六、安全生产会议

由施工单位、监理办、指挥部分别上传会议资料，指挥部审核。

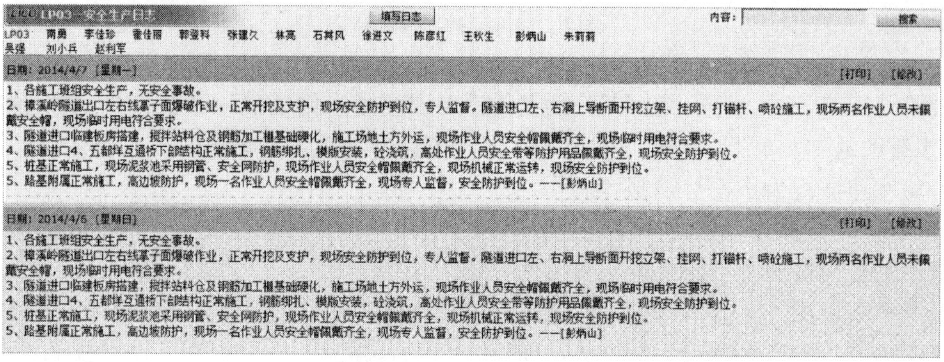

图 10-4 安全生产日志

进入【首页】→【后台管理】→【工程建设管理】→【土建施工】→【安全生产】→【安全生产会议】，如图 10-5 所示。

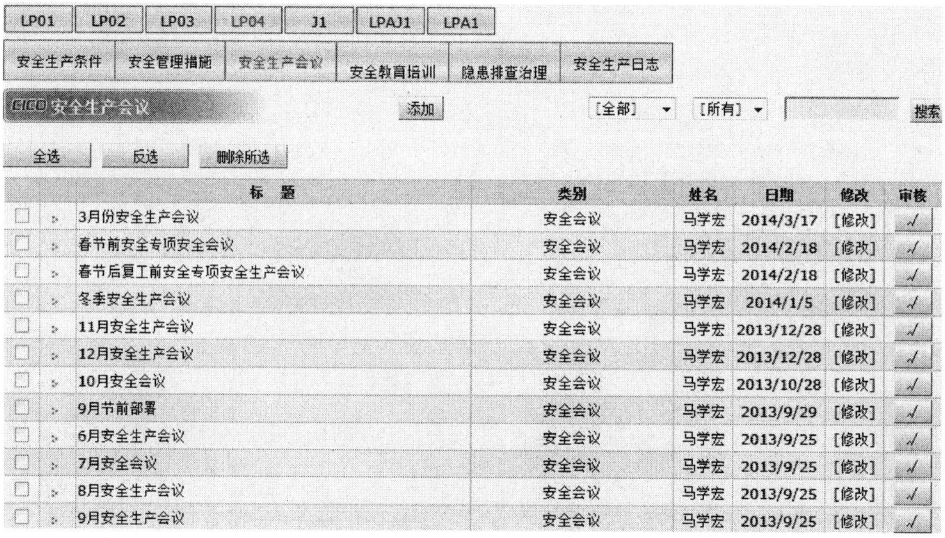

图 10-5 安全生产会议列表

第十一章　内部综合管理子系统构建

高速公路建设单位的内部管理对工程建设控制起主导作用，是工程建设的指挥、决策系统，是项目管理组织的核心。内部管理的应用信息管理系统已有许多成熟的软件。因此，构建内部综合管理子系统就是将已有的成熟的管理软件集成到高速公路建设项目动态管理系统中。

第一节　内部综合管理概述

一、企业内部综合管理概念

内部综合管理是形成一系列具有控制职能的方法、措施、程序，并予以规范化和系统化，使之成为一个严密的、较为完整的体系。企业内部综合管理是以专业管理制度为基础，以防范风险、有效监管为目的，通过全方位建立过程控制体系、描述关键控制点和以流程形式直观表达生产经营业务过程而形成的管理规范。

二、企业内部综合管理原则

1. 全面性原则

贯穿决策、执行和监督的全过程，覆盖企业及其所属单位各种业务和事项，实现全过程、全员性控制，不存在内部控制空白点。

2. 重要性原则

在兼顾全面的基础上，关注重要业务事项和高风险领域，并采取更为严格的控制措施，确保不存在重大缺陷。

3. 制衡性原则

应当在治理结构、机构设置及权责分配、业务流程等方面形成相互制约、相互监督的机制，并兼顾运营效率。它要求企业完成某项工作必须经过互不隶属的两个基本点或两个以上的岗位和环节；同时，还要求履行内部控制监督职责的机构或人员具有良好的独立性。

4. 适应性原则

应当与企业经营规模、业务范围、竞争状况和风险水平等相适应，并随着情况的变化加以调整。要求企业建立与实施内部控制应当具有前瞻性，对内部控制系统进行评估，发现可能存在的问题，并及时采取措施补救。

5. 成本效益原则

应当权衡实施成本与预期效益，以适当的成本实现有效控制。要求企业内部控制建设必须统筹考虑投入成本和产出效益之比。

三、企业内部综合管理目标

1. 保证企业经营活动合规合法

守法和诚信是企业健康发展的基石，逾越法律的短期发展终将付出沉重代价。企业内部控制要求企业必须将发展置于国家法律法规允许的基本框架之下，在守法的基础上实现自身的发展。

2. 维护资产安全

资产安全是投资者、债权人和其他利益相关者普遍关注的重大问题，是企业可持续发展的物质基础。良好的企业内部控制，应当为资产安全提供扎实的制度保障。

3. 提高财务报告及相关信息报告质量

可靠及时的信息报告能够为企业提供准确而完整的信息，支持企业经营管理决策和对营运活动及业绩的监控；同时，保证对外披露的信息报告的真实、完整，有利于提升企业的诚信度和公信力，维护企业良好的声誉和形象。

4. 提高经营效率和效果

它要求企业结合自身所处的特定的内外部环境，通过建立健全有效的企业内部控制，不断提高经营活动的盈利能力和管理效率。

5. 促进企业实现发展战略

这是企业发展的终极目标。它要求企业将近期利益和长远利益结合起来，在企业经营管理中努力做出符合战略要求、有利于提升可持续发展能力和创造长久价值的策略选择。

四、企业内部综合管理要素

1. 内部环境

内部环境是影响、制约企业内部控制制度建立与执行的各种内部因素的总称，是实施内部控制的基础。内部环境主要包括治理结构、组织机构设置与权责分配、企业文化、内部审计机制、人力资源政策、企业文化、反舞弊机制等内容。

2. 风险评估

风险评估是及时识别、科学分析影响企业战略和经营管理目标实现的各种不确定因素并采取应对策略的过程，是实施内部控制的重要环节和内容。风险评估主要包括目标设定、风险识别、风险分析和风险应对。

3. 控制措施

控制措施是根据风险评估结果、结合风险应对策略所采取的确保企业内部控制目标得以实现的方法和手段，是实施内部控制的具体方式和载体。控制措施结合企业具体业务和事项的特点与要求制订，主要包括职责分工控制、授权控制、审核批准控制、预算控制、财产保护控制、会计系统控制、内部报告控制、经济活动分析控制、绩效考评控制、信息技术控制等。

4. 信息与沟通

信息与沟通是及时、准确、完整地收集与企业经营管理相关的各种信息，并使这些信息以适当的方式在企业有关层级之间进行及时传递、有效沟通和正确应用的过程，是实施内部控制的重要条件。信息与沟通主要包括信息的收集机制及在企业内部和与企业外部有关方面的沟通机制等。

5. 监督检查

监督检查是企业对其内部控制制度的健全性、合理性和有效性进行监督检查与评估，形成书面报告并做出相应处理的过程，是实施内部控制的重要保证。监督检查主要包括对建立并执行内部控制制度的整体情况进行持续性监督检查，对内部控制的某一方面或者某些方面进行专项监督检查，以及提交相应的检查报告、提出有针对性的改进措施等。企业内部控制自我评估是内部控制监督检查工作中的一项重要内容。

第二节　内部综合管理子系统组成

内部综合管理子系统主要通过建立 RTX 即时通信系统、短信平台、高级商务多媒体通信系统和公文交换箱、公文处理等功能模块，实现项目建设单位及各参建单位之间信息快速沟通，解决因信息反馈不及时而出现的各种管理问题。

一、RTX 即时通信系统

RTX 是用于解决网络视频会议、文本会话、语音/视频交流、手机短信、文件传输、IP 电话，以及应用程序共享、电子白板等远程协作的工具。

软件的安装及设置指南：

(1)双击【CLT. exe】运行安装程序，出现【下一步】默认安装即可。

(2)普通登录：点击【文件】→【系统设置】→【服务器设置】将服务器地址设置为：218. 74. 116. 130，端口设置为 8000，如图 11-1 所示。

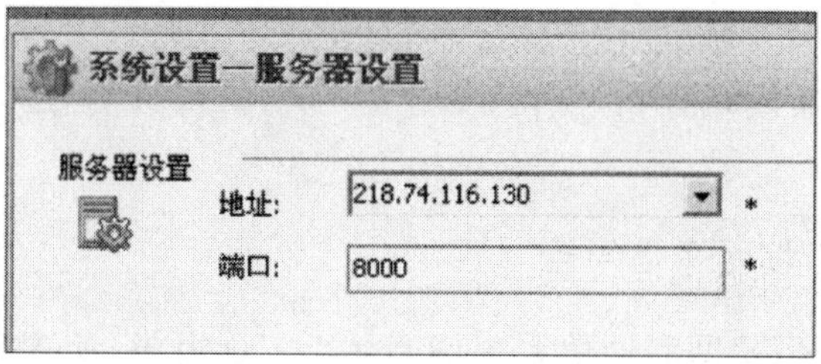

图 11-1　系统设置

(3)账号位置输入自己的姓名，密码位置输入由动态管理项目组提供的初始密码，点击登录，如图 11-2 所示。

(4)登录后点击【文件】→【个人设置】→【修改密码】，如图 11-3 所示，将初始密码修改为自己熟悉的密码并牢记(密码忘记，及时联系动态管理项目组进行恢复)，同时在联系方式中核对更新自己的手机号码。

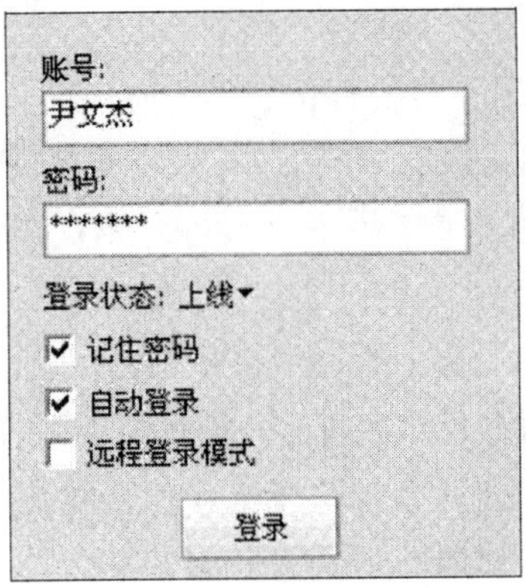

图 11-2　系统登录

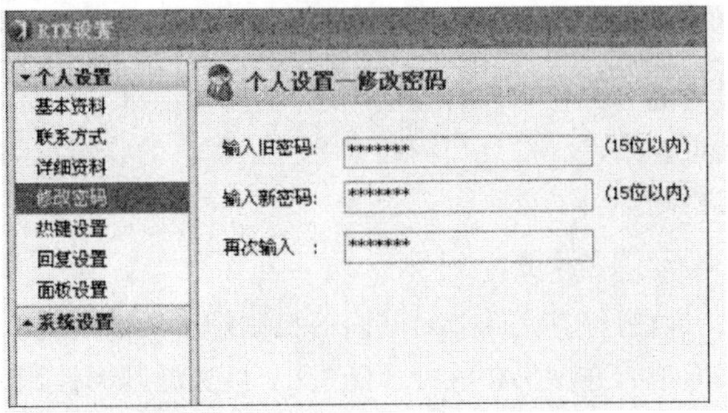

图 11-3　密码修改

(5)基本设置:点击【文件】→【系统设置】→【基本设置】,消息设置中选择【弹出提示】和【自动弹出信息】,如图 11-4 所示。

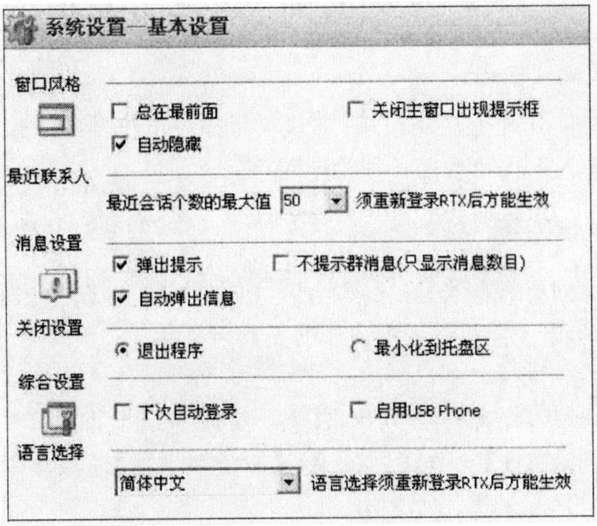

图 11-4　基本设置

(6)如果登录后没有组织架构,点击【操作】→【刷新组织架构】,提示刷新进度,最后点确定。

二、浙江交通投资集团短信平台

短信平台通过在 RTX 即时通信系统的基础上二次开发,实现最简单的短信发送操作功能。

具体操作:

(1)在 RTX 组织架构中选择需要发送的人员,点击右键选择【发送短信】,如图 11-5 所示。

(2)弹出短信发送窗口,编辑文字后,点击【发送】就可以了,如图 11-6 所示。

短信平台的开通主要为了各参建单位工作方便,及时传递信息,目前是对所有工作人员开放。

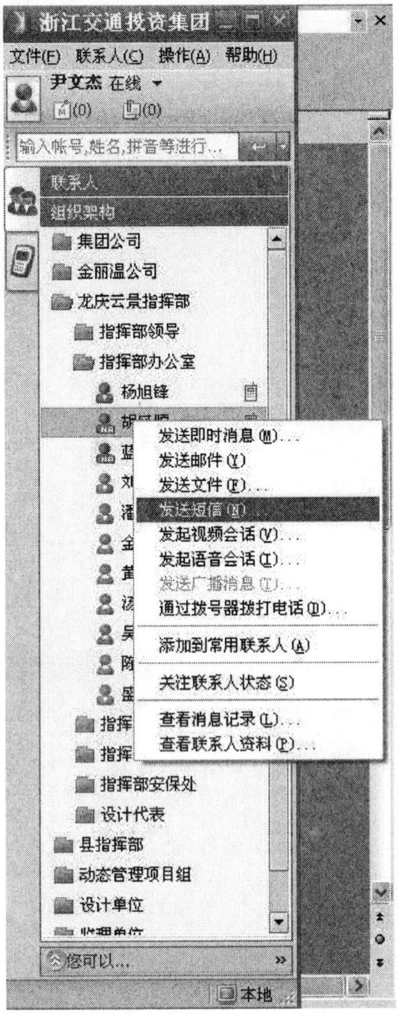

图 11-5　短信发送界面

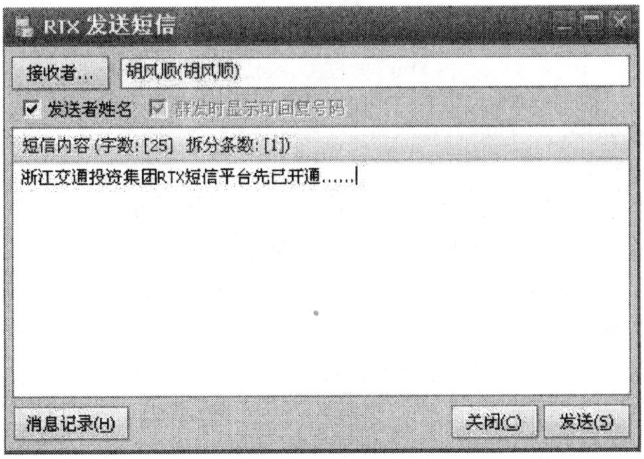

图 11-6 短信编辑界面

三、高级商务多媒体通信系统

高级商务多媒体通信系统的建立，实现各参建单位之间不受时间地点的约束，召开在线视频会议。也可通过此系统邀请外地的领导、专家解决工程技术难题等，节省大量来回奔波的时间，方便快捷。该系统具有录音录像功能，可以制作音像档案，根据录音录像整理会议纪要等。

操作说明：

登录系统后，找到高级商务多媒体通信系统，如图 11-7 所示，点击【1 号会议室】，系统将弹出网页，点击【运行加载项】，如图 11-8 所示，弹出窗口后提示，是否运行 ActiveX 控件？点击【运行】，系统自动加载进入会议室。

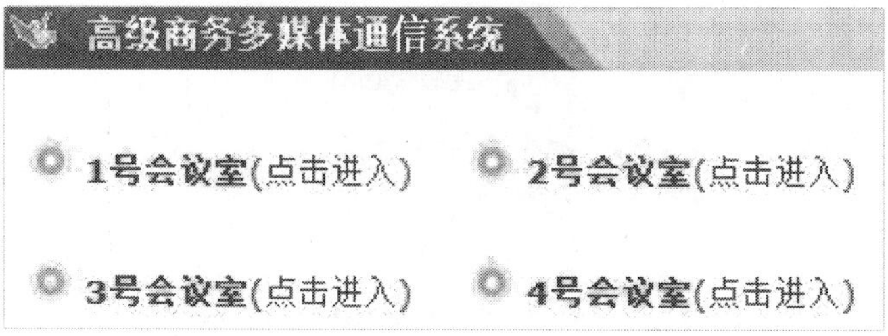

图 11-7　高级商务多媒体通信系统

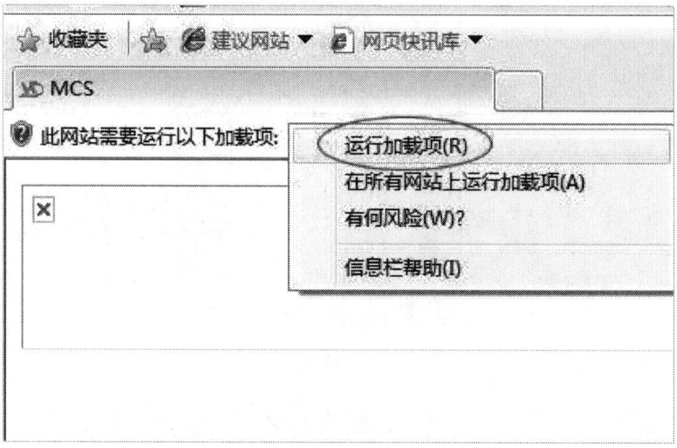

图 11-8　运行 ActiveX 加载项

四、公文交换系统

高速公路建设项目动态管理系统上设置的公文交换箱类似于 E-mail 邮箱，是项目的专用邮箱，各参建单位均可通过公文交换箱进行点对点的信息传递与文件交换，点对面的电子文件批量的公文发送，对未下载的文件，系统会自动提醒，非常便利。只有被赋予权限的人员才可以打开公文交换箱下载文件，同时还对下载的人员信息予以准确地记录，包括下载人用户姓名、下载时间、下载次数等。利用交换箱功能可以将大量公文在第一时间传递到主送单位，显著提高公文传递效率。

操作说明：

文件投递，登录系统，点击【办公系统】，找到公文交换箱，选择对应各单位信箱，点击【投递】，填写文件标题，浏览本机文件，点击【确定】，提示投递成功。点击【批量投递】，选择需要投递的单位，可同时投递多个单位，一次可以同时投递 5 个文件，限制投递不大于 30M 的文件。

收取文件，点击【开箱】，右键点击【下载】，目标另存为保存本机，完成操作。点击【点击查看下载记录】，能查看信箱中文件下载的全部记录。

根据权限会设置不同的功能，【历史发文查询】可对自己所发的文件进行查找；【开箱人员分配】可分配开箱人权限；【交换台账】可查询所有文件的交换情况。交换箱上的数字代表未下载的文件数，如图 11-9 所示。

图 11-9 公文交换箱

五、文件管理系统

文件管理是针对个人文件处理开发的功能，可以在线进行文件保存、共享，共分四个模块：我的文件柜、他人共享文件、空间管理、文件监控。“他人共享文件”是用户专门查看共享文件的地方；“空间管理”、“文件监控”是网站管理部门根据权限要求，分配空间大小，监控上传文件的地方，不对用户开放。“我的文件柜”顾名思义是保存文件的地方，相当于一个 100M 的网络 U 盘，可以随时建立自己的文档库，并分配权限给需要共享的人员。文件管理界面如图 11-10 所示。

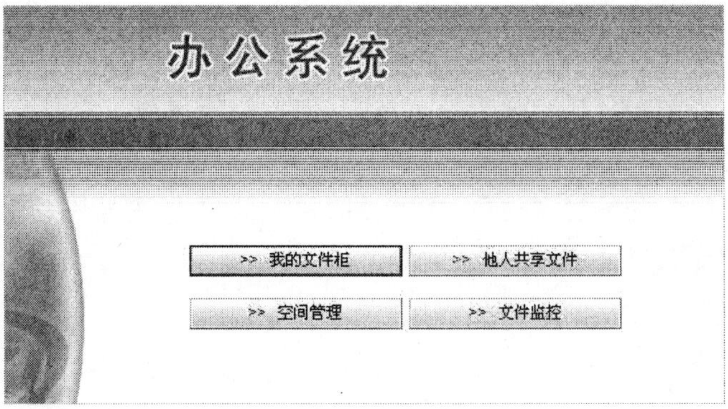

图 11-10　文件管理

操作说明：

第一步：进入“我的文件柜”。

【首页】→【办公系统】→【文件管理】→【我的文件柜】，如图 11-11 所示。

图 11-11　进入我的文件柜

第二步：添加文件。

点击【添加文件】，上传文件，并选择共享人员，共享人员可以在“他人共享文件”中查看到共享文件，如图 11-12 所示。

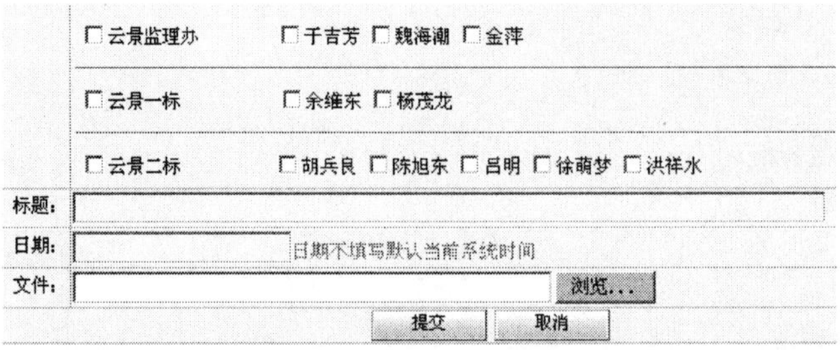

图 11-12　添加文件

第三步:对多个文件分配共享权限,点击【批量分配】。

六、管理系统工作督办

为顺利推动高速公路建设项目动态管理系统的使用,保证各模块积极、有效地为各部门服务,建立工作督办专栏,按系统模块划分,责任到人。由指挥部或集团公司添加及修改相关内容。

进入【办公系统】→【管理系统工作督办】→【添加】/【修改】模块信息,如图 11-13 所示。

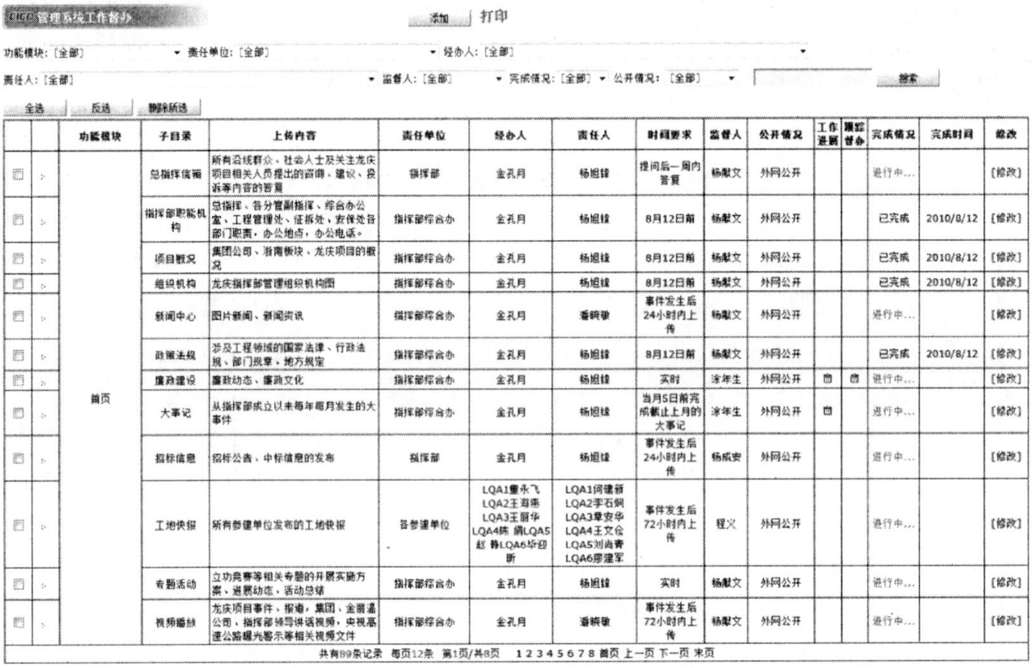

		功能模块	子目录	上传内容	责任单位	经办人	责任人	时间要求	监督人	公开情况	工作进展	跟踪督办	完成情况	完成时间	修改
		首页	总指挥信箱	所有沿线群众、社会人士及关注龙庆项目相关人员提出的咨询、建议、投诉等内容的答复	指挥部	金孔月	杨旭锋	提问后一周内答复	杨献文	外网公开			进行中…		[修改]
			指挥部职能机构	总指挥、各分管副指挥、综合办公室、工程管理处、征拆处、安保处各部门职责,办公地点,办公电话。	指挥部综合办	金孔月	杨旭锋	8月12日前	杨献文	外网公开			已完成	2010/8/12	[修改]
			项目概况	集团公司、浙南板块、龙庆项目的概况	指挥部综合办	金孔月	杨旭锋	8月12日前	杨献文	外网公开			已完成	2010/8/12	[修改]
			组织机构	龙庆指挥部管理组织机构图	指挥部综合办	金孔月	杨旭锋	8月12日前	杨献文	外网公开			已完成	2010/8/12	[修改]
			新闻中心	图片新闻、新闻资讯	指挥部综合办	金孔月	潘晓敏	事件发生后24小时内上传	杨献文	外网公开			进行中…		[修改]
			政策法规	涉及工程领域的国家法律、行政法规、部门规章、地方规定	指挥部综合办	金孔月	杨旭锋	8月12日前	杨献文	外网公开			已完成	2010/8/12	[修改]
			廉政建设	廉政动态、廉政文化	指挥部综合办	金孔月	杨旭锋	实时	涂年生	外网公开			进行中…		[修改]
			大事记	从指挥部成立以来每年每月发生的大事件	指挥部综合办	金孔月	杨旭锋	当月5日前完成截止上月的大事记	涂年生	外网公开			进行中…		[修改]
			招标信息	招标公告、中标信息的发布	指挥部	金孔月	杨旭锋	事件发生后24小时内上传	杨威安	外网公开			进行中…		[修改]
			工地快报	所有参建单位发布的工地快报	各参建单位	LQA1董永飞 LQA2王海燕 LQA3王丽华 LQA4陈 娟LQA5赵 静LQA6毕迎昕	LQA1何建新 LQA2李石桐 LQA3章安华 LQA4王文俭 LQA5刘尚青 LQA6廖建军	事件发生后72小时内上传	程义	外网公开			进行中…		[修改]
			专题活动	立功竞赛等相关专题的开展实施方案、进展动态、活动总结	指挥部综合办	金孔月	杨旭锋	实时	杨献文	外网公开			进行中…		[修改]
			视频播放	龙庆项目事件、报道,集团、金丽温公司、指挥部领导讲话视频,央视高速公路曝光警示等相关视频文件	指挥部综合办	金孔月	潘晓敏	事件发生后72小时内上传	杨献文	外网公开			进行中…		[修改]

共有89条记录　每页12条　第1页/共8页　1 2 3 4 5 6 7 8 首页 上一页 下一页 末页

图 11-13　管理系统工作督办

第十二章　龙庆高速公路建设“阳光工程”

让权力在阳光下运行，让资金在监督中流转，从制度上规范流程运作，从源头上防治贪污腐败，提升项目建设管理品质。浙江省交通投资集团有限公司（以下简称“省交通集团”）将龙庆项目作为“阳光工程”建设试点，项目建设历时三年，已于 2013 年 6 月份建成通车，“阳光工程”在提高建设管理效能和工程建设领域防止腐败滋生方面取得了明显成效。

第一节　龙庆高速公路基本情况

龙庆高速公路是《浙江省公路水运交通建设规划（2003—2020）》中“两纵两横十八连三绕三通道”干线公路网规划中的“十八连”之一。起自龙泉市城关镇大猫亭，接丽龙高速公路，止于庆元县新窑（浙闽界），接福建省在建的松溪（浙闽界）至建瓯高速公路，路线全长 54.764km。设计行车速度为 100km/h，主线双向四车道。项目批准概算 40.19 亿元，其中建安费 27.73 亿元。龙庆高速公路于 2010 年 5 月 28 日开工建设，计划工期 36 个月。主要工程量有：路基挖方 1093 万 m^3，路基填方 1177 万 m^3，高液限土处理 147 万 m^3，大桥 9738m/36 座，中小桥 814m/14 座，通道涵洞 218 道，隧道 12050m/10 座，互通 5 个，服务区 2 个。

根据浙江省政府安排，龙庆高速公路由省交通集团与丽水市地方政府共同负责投资，其中省交通集团控股比例为 90%。根据国家发改委批复，龙庆高速公路为政府还贷项目。龙庆高速公路具体由省交通集团子公司浙江金丽温高速公路有限公司（以下简称“金丽温公司”）负责建设及运营管理。金丽温公司与丽水市政府联合组建龙庆高速公路建设指挥部（以下简称“龙庆指挥部”），实行“政府保障、专业管理”的建设管理模式。省交通集团主要负责项目建设的监督、指导，重大问题协调，资本金出资及项目融资管理等工作；金丽温公司负责项目融资、组建指挥部、审定建设目标，负责收费报批等工作；龙庆指挥部全面负责项目建设与管理，确保工程进度、质量、安全、投资、廉政等建设目标的实现；丽水市及龙泉、庆元两级地方政府负责政策处理工作，征迁费用按概算进行包干。

第二节　龙庆高速公路动态管理系统特点

龙庆高速公路动态管理系统是以运行过程公开化、建设管理规范化、项目管理信息化为主要要求，以建设管理过程中的主动公开、明确责任、强化监督为抓手，接受社会公众、行业部门和项目内部的全方位监督，促使建设项目通过“一控三监督一保证”（控制投资，监督进度、质量、安全，保证廉政建设），实现高速公路建设项目管理高效廉洁、运作科学规范、施工安全文明、质量优质耐久的目标。

一、运行过程公开化

对国家、部、省及项目管理各项制度执行运行的过程，通过动态管理系统向全社会和行业、项目范围内公开，使得建设单位、监理、施工单位以及设计单位、政策处理单位的行为全过程、全方位处于监督之下。对于高速公路建设中十二个主要方面的工作内容，按照“阳光工程十二公开”的要求，在建设依据、招标工作、廉洁从业、设计管理、工程进展、工程质量、安全生产、征地拆迁、履约行为、文明施工、立功竞赛、监督服务十二个环节，分别落实公开主体、公开内容、公开方式、公开范围、公开时间、公开监督检查部门等六项公开内容，主要在集团动态管理系统网站上面向社会公开，接受公众监督。

二、建设管理规范化

对部、省以及项目管理有关规章制度和管理措施全部进行流程化设置，通过动态管理系统在网上公开操作执行，制度执行不再是以建设单位封闭操作为主的模式，避免人为因素的影响。在工程进度、工程质量、安全生产、廉政建设、建设环境、文明施工、投资控制七个方面，通过实行阳光工程，对以往的管理制度及执行流程进一步深化、完善和改革，推进高速公路建设项目在规范化的管理机制下，建设、监理、施工、设计等项目建设各方建立新的、规范化的和公平公开的工作机制和管理关系。

三、项目管理信息化

构建集团高速公路建设项目动态管理系统，作为阳光工程的主要载体和规范管理的工作平台，通过现场数据、图像、视频等的实时采集，实时上传，实时按权限审批，对项目管理的日常办公、设计管理、计量支付、地方征迁，以及工程进度、质量、安全等各环节通过网络工作平台，进行信息化管理，对工作流程及结果进行公开。一方面，接受广泛监督，督促存在问题的及时整改；另一方面，督促建设各工作环节和有关人员切实提高工作效率，并加强对项目进展的全面掌控和科学决策。

第三节　龙庆高速公路动态管理系统应用成效

龙庆高速公路通过试行动态管理系统，基本实现了高速公路建设“管理高效廉洁、运作科学规范、施工安全文明、质量优质耐久”的预期目标。龙庆项目没有出现一起当事人认为招标不公正的投诉，没有一起吃拿卡要的投诉信访，没有发生一起群众上访告状事件，没有一起违法违纪案件发生，分项工程质量合格率100%，工程计量100%实现网上流转、签认，工程设计变更100%实现网上公开，项目投资相比概算节省约2亿元。具体体现在以下几个方面。

一、廉洁从业氛围良好

在内外两个方面全方位公开监督下，建设项目廉洁从业氛围良好。工程进度、质量掌握及时全面；工程计量、变更设计、征地拆迁等以前“难办”的事，办事规章明确，审批责任清晰，审批中不用拉关系，整个廉洁从业氛围良好。在动态管理系统中，每个人的责、权、利都规定得清清楚楚，该具备的条件、该走的程序也明确无误，杜绝了“说人情话、办人情事”的可能。没有了“潜规则”，不用请客吃饭拉关系，参建单位之间的关系简单了很多；减少了不必要的程序，少了东奔西走的人为消耗，所有参建单位都能更集中精力扑在项目上。

二、管理制度真正落实

各项管理制度和合同规定在动态管理系统中都进行了流程化设置，在各项制度得到落实的同时，把每个人的行为、权利都定在有限的范围之内，避免随意操作和人为因素的干预，减少了腐败问题发生的几率，同时促进了项目建设管理的规范化。突破了以往工程管理“行政化、一把抓、事后管”的机制，通过信息化手段，使工程建设的方方面面都实现了模块化、信息化和系统化，监管责任明确，制度清晰，潜在的问题也能动态掌握，工程管理更加高效。

三、工作效率逐步提高

通过公开办事流程和经办人员，各个办理环节紧密衔接，问题整改责任到人，办事拖拉大大减少。以往施工单位最头痛的计量工作，从申请到支付的十几个程序几乎都能在网上完成，只要具备支付条件，最快两三天，资金就能到位。指挥部里总是“人来人往”的情况已不复存在。

四、重点环节凸显重视

重点环节重点监督，对于招投标结果、征迁结果、设计变更、计量支付等关键环节进行重点公开监督，对廉洁从业和管理都起到很大促进。工程管理有了全新的抓手。隐蔽工程图片公示、节点工程视频监控、重点人员视频点名等措施，看似只是简单地将信息上传网络，事实上却有力地推动了指挥部对参建单位的协调管理能力和效率。

五、有效相互监督形成

通过公开各自行为，建设管理方、政策处理方、施工方合同关系不断明确，以合同和制度为衡量准绳，规范各自行为，自我优化、相互制约、相互监督的关系开始形成。参建单位的工作信息实时在网络上公开，哪个项目部做得好，哪个项目部有不足，大家都看得清清楚楚。工作做得好不好，不再是为了单纯应付指挥部管理，而是代表着企业自身的品牌和荣誉。在这样的氛围之下，各参建单位建设精品工程的主动性大大增强，从指挥部组织的立功竞赛活动中，反映到了每一天的动态管理系统中。高速公路建设项目从业主指挥部的事业，变成了参建单位和参建人员共同的事业。

六、建设队伍素质提高

通过实行“阳光工程”，参建人员和单位严格按流程办事，自身日常工作和责任公开接受监督，每天做了什么，做得怎么样，在网上都能查到，优劣立显，促进参建人员和队伍素质和要求不断提高。“阳光工程”公开的每一项内容，都相当于监管部门的“千里眼”和“顺风耳”，指挥部的管理可以由此变得更具有针对性、科学性和预见性。

第四节　高速公路建设管理系统推广情况

随着高速公路建设项目动态管理系统的推行，一切都在阳光下运行，变事后监督为流程监督，变组织监督为社会监督，变单项性监督为全方位全过程监督，在工程建设领域防止腐败滋生和提高管理效能发挥了建设性的作用，不啻为一项建设项目管理革命。省交通集团于 2011 年 5 月在龙泉召开“阳光工程”现场会，总结经验做法，全面部署推广“阳光工程”建设。于 2012 年 9 月在云和召开“阳光工程”动态管理系统实施座谈会，分析系统开发和应用当中存在的问题和困难，要求加强系统各方的联动，建立健全督办检查机制，进一步完善系统功能。在 2014 年初的年度会议上，要求进一步推广使用“阳光工程”动态管理系统，完善设计变更管理模块，严格落实设计变更网上公开和监督。

目前，高速公路建设项目动态管理系统已经在杭新景衢州段、杭金衢改扩建、龙浦高速、援疆代建等项目中得到全面推广应用。在龙庆项目“阳光工程”管理系统的基础上，杭新景衢州段项目对工程设计变更、地质勘察、施工现场监控、档案管理等管理模块进行了优化，完善了功能模块。杭金衢改扩建项目结合拓宽工程特点，设置了交通管理模块，及时反映道路通行情况和施工路段交通组织情况。援疆代建项目管理系统结合援疆项目特点，开发富有新疆特色的项目管理系统。省交通集团总部层面的建设项目动态管理系统也已经初步建立，对于进一步完善高速公路建设项目基础资料，及时掌握在建项目动态，规范建设管理程序起到积极的推动作用。

高速公路建设项目动态管理系统不仅在浙江省的重点工程建设中得到了推广应用，也逐步在国内其他省份得到应用。2014 年初，贵州省交通建设集团有限公司委托开发了适用于贵州省高速公路建设管理特点的管理系统，确认了系统十五大功能模块(办公系统、项目信息、合同管理、征拆协调、工程建设、计量支付、设计变更、进度控制、质量管控、安全生产、工程审计、档案资料、廉政建设、业务设置、系统管理)，同时确定对项目建设管理过程中的十个方面进行对外公开，分别是建设依据公开、廉洁从业公开、招标工作公开、设计管理公开、征地拆迁公开、工程进展公开、质量管理公开、安全管理公开、履约行为公开、立功竞赛公开。全方位展现了高速公路建设项目动态管理系统在提升项目建设品质上的功能作用。

高速公路建设项目动态管理系统的影响还在不断向外扩散，省内外 20 多家单位到龙庆项目学习考察，省交通集团应邀在全国交通运输廉政工作会议上做经验交流。浙江省纪委领导实地调研后指出，“阳光工程”不但具有从源头上遏制腐败的功能，又能极大推动项目建设，其所具有的独特的“反腐增效”的双重功能，具有大力推广的价值；交通运输部领导在看到媒体对“阳光工程”的相关报道后作出批示，认为浙江省交通集团针对高速公路建设当中容易发生问题的薄弱环节，积极实践探索出了阳光下的“十二公开”，严防权力寻租，实现了源头治理，反腐增效，是工程建设领域突出问题专项治理工作方面创造的新鲜经验。

参考文献

[1] Ben Kolosz, Susan Grant-Muller, Karim Djemame. Modelling uncertainty in the sustainability of Intelligent Transport Systems for highways using probabilistic data fusion[J]. Environmental Modelling&Software, 2013, 49:78-97.

[2] David Oloke, David J. Edwards, Bruce Wright, et al. A web-based information management system for predicting the breakdown of off-highway plant[J]. Journal of Engineering, Design and Technology, 2006, 4(1):29-45.

[3] Karen A. Forcht, Morey Oare. The Information Highway: The Interstate Highway System for Computer Networks[J]. Information Management & Computer Security, 1994, 2(5):4-8.

[4] Mehmet Emre Bayraktar, Makarand Hastak. A decision support system for selecting the optimal contracting strategy in highway work zone projects[J]. Automation in Construction, 2009, 18(6):834-843.

[5] Mireille G. Battikha. Quality management practice in highway construction[J]. International Journal of Quality & Reliability Management, 2003, 20(5):532-550.

[6] Sangyoon Chin, Kyungrai Kim, Yea-Sang Kim. A process-based quality management information system[J]. Automation in Construction, 2004, 13(2):241-259.

[7] Trefor P. Williams. Bidding ratios to predict highway project costs[J]. Engineering, Construction and Architectural Management, 2005, 12(1):38-51.

[8] Wichan Pewdum, Thammasak Rujirayanyong, Vanee Sooksatra. Forecasting final budget and duration of highway construction projects[J]. Engineering, Construction and Architectural Management, 2009, 16(6):544-557.

[9] Yelin Xu, Chengshuang Sun, Miroslaw J. Skibniewski, et al. System Dynamics (SD)-based concession pricing model for PPP highway projects[J]. International Journal of Project Management, 2012, 30(2):240-251.

[10] 德国高速公路通信信息系统的管理. http://wenku. baidu. com/view/feb3a1d280eb6294dd886ca6. html.

[11] Juval Löwy. Roger Sessions, COM and Net Component Services, 北京:中国电力出版社, 2001.

[12] M Tamer Ojsu, Patrick Valduriez. Principles of Distributed Database. Systems(2版). 北京:清华大学出版社, 2002.

[13] Pui Ming HO, Li ZHAO. Design and Construction Challenges of Keppel Road/Ayer Rajah Expressway Interchange in Singapore. Iabse Symposium Shanghai, 2004.

[14] Dong Pingm, Shu Zhiqiang, Chen Haiyun. et al. Research and Application on Traffic Share Information Platform for Beijing-Tianjin-Tanggu Expressway. World Engineers' Convention. 2004.

[15] Ray Brown, Wade Baron William, D Chadwick. Designing Solutions with COM+ Technologies, 北京：北京大学出版社, 2001.
[16] 艾剑峰. 项目管理系统计量支付平台在昌九高速公路技改项目建设中的应用[J]. 公路交通科技, 2008(11).
[17] 安德峰. 建设工程信息管理[M]. 北京：北京理工大学出版社, 2009.
[18] 程本浩. 公路工程项目管理系统设计与开发[D]成都：电子科技大学硕士学位论文, 2012.
[19] 程义. 高速公路建设项目动态管理系统研究[D]. 杭州：浙江大学硕士学位论文, 2012.
[20] 邓继平, 郑京杰, 孙威期. 山区高速公路工程质量控制与监督[J]. 湖南交通科技, 2005, 31(3).
[21] 丁祥海, 唐任仲. 项目管理中创新知识管理的研究[J]. 科研管理, 2002, 23(2).
[22] 付红. 建设工程项目动态管理的技术研究[D]. 长沙：湖南大学硕士学位论文, 2007.
[23] 付军妹, 邓志刚. 宝天高速公路项目信息管理平台实施系统[J]. 科技风, 2009(15).
[24] 古建宏. 浅谈高速公路项目管理的信息化平台建设[J]. 公路, 2006(8).
[25] 郝媛, 徐天东, 孙立军, 等. 高速公路设施管理信息系统的研究和开发[J]. 山东交通学院学报, 2005, 13(4).
[26] 侯波. 公路工程造价管理体系及确定方法与控制模式研究[D]. 西安：长安大学博士学位论文, 2010.
[27] 胡郁葱, 徐建闽, 钟慧玲, 等. 基于 GIS 的高速公路数据库系统设计与实现[J]. 公路, 2000(11).
[28] 黄鹏. 高速公路工程管理信息系统[D]. 成都：电子科技大学硕士学位论文, 2013.
[29] 惠先宝. 日本高速公路管理模式考察与借鉴[J]. 江苏交通科技, 2000(2).
[30] 陈金榜. 工程招标代理机构运作模式探析[J]. 工程建设, 2006(5).
[31] 向强. 政府工程采购的招标投标制度研究[D]. 成都：西南财经大学博士学位论文, 2005.
[32] 张风雪. 国内国际工程招投标的差异[J]. 产业经济与管理, 2004(136).
[33] 李慧. 高速公路投资项目代建制研究[D]. 成都：西南交通大学硕士学位论文, 2005.
[34] 霍鑫. 公路工程项目质量监督管理信息系统开发的研究[D]. 天津：河北工业大学硕士学位论文, 2006.
[35] 李昊, 余巧平. 基于公众出行服务的高速公路信息化建设研究. 铁道运输与经济, 2006(28).
[36] 金晓霞. 浅谈高速公路施工中的工程质量管理[J]. 甘肃科技, 2013, 29(2).
[37] 李军, 崔若春. 浅谈高速公路工程进度管理的方法与措施[J]. 公路, 2003(8).
[38] 李明安, 邓铁军, 杨卫东. 工程项目管理理论与实务[M]. 湖南：湖南大学出版社, 2012.
[39] 李利番, 陈昕, 于庆, 等. 高速公路设施管理信息系统的设计与实现[J]. 测绘科学, 2009, 34.
[40] 张凡. 山西省高速公路综合指挥调度系统方案研究[D]. 西安：长安大学硕士学位论文, 2009.
[41] 李骁. 高速公路项目建设管理信息化系统的设计与实现[D]. 成都：电子科技大学硕士学

位论文,2012.
[42] 李扬.欧美发达国家高速公路建设和管理的启示[J].交通世界,2004(7).
[43] 李正垣.高速公路信息化管理实施方案的探讨[J].科技致富向导,2012(30).
[44] 梁世连.工程项目管理[M].北京:人民邮电出版社,2002.
[45] 廖飞.基于组件的高速公路建设管理系统框架设计研究[D].长沙:长沙理工大学硕士学位论文,2012.
[46] 凌云.公路工程项目建设中计量与支付管理系统的应用研究[J].广东科技,2008(3).
[47] 陈仕中.美国建筑市场与招投标管理[J].建设监理,1996.
[48] 罗建华,高峰.政府投资建设项目运作中的委托代理问题分析[J].长沙理工大学学报(社会科学版),2003.
[49] 高峰.项目委托管理,政府管理建设项目的新模式[J].湘潭大学学报,2004(4).
[50] 严玲,等.政府投资项目双层多级委托代理链的分析[J].财经问题研究,2005(12).
[51] 黄霆,等.我国政府投资项目管理的现状分析[J].建筑经济,2005.
[52] 范成方,贾宏俊,等.非盈利性政府投资项目管理模式探析[J].山东科技大学报,2006(1).
[53] 张华平.代建制二改革政府投资项目管理[J].城市管理,2004(1).
[54] 王刚,傅晓明.代建制项目管理模式研究[J].深圳大学学报(理工版),2005(2).
[55] 刘海涛.动态管理平台在大广高速公路衡大段的应用[J].交通世界,2010(1).
[56] 刘辉.湖南高速公路信息化管理问题研究[D].长沙:湖南大学硕士学位论文,2012.
[57] 吕波,王森.项目管理中组织结构选择的指标评价体系研究[J].科技进步与对策,2007,24(7).
[58] 马宏威.谈高速公路施工中的环保监理[J].北方交通,2008(6).
[59] 米万国,任远.工程项目管理实务与操作[M].北京:中国经济出版社,2009.
[60] 彭兰梅.高速公路项目运营管理体制及其项目管理系统的研究[D].长沙:湖南大学硕士学位论文,2009.
[61] 邵培基.AHP方法综合评价管理信息系统[J].系统工程理论与实践,2000(10).
[62] 高严广.挖掘数字背后的秘密——珠三角区域联网收费高速公路信息化管理平台的构建[J].中国交通信息产业,2007(6).
[63] 王晓明,周凌云.高速公路养护企业信息化规划研究[J].科技信息(学术研究),2008(24).
[64] 唐毅.高速公路综合办公系统建设构想[J].办公自动化,2009(10).
[65] 陈书民.高速公路信息化管理的必要性[J].交通世界,2010(5).
[66] 申燕.对我国高速公路收费管制的几点思考[J].价格理论与实践,2008(9).
[67] 施青青.高速公路养护管理信息系统研究[D].南京:南京航空航天大学硕士学位论文,2010.
[68] 宋宗伟.动态管理在京台高速公路廊坊段的应用[J].交通世界,2013(8).
[69] 田林.优化高速公路建设管理措施研究[J].黑龙江高速公路建设管理措施研究,2007(11).

[70] 王春雷.高速公路并行工程项目管理模式研究[J].现代工业,2009(7).
[71] 曾晓文,陈振,谢雄彪.高速公路建设项目管理模式的模糊综合评价[J].统计与决策,2010(6).
[72] 杨献文,梁平安.高速公路建设项目管理评价体系构建方案的探讨[J].公路,2007(10).
[73] 张龙兴.高速公路工程项目管理绩效的模糊综合评价[J].公路交通科技(应用技术版),2007(5).
[74] 白应贤.高速公路项目管理要素分析及研究[D].陕西:长安大学硕士论文,2000.
[75] 王博.基于WEB的高速公路管理信息系统解决方案探讨[D].武汉:武汉理工大学硕士学位论文,2006.
[76] 王华斌,万庆.高速公路养护管理信息系统设计与开发[J].地球信息科学,2005(4).
[77] 王康臣,陈秉恒,林俊.充分利用计算机网络技术努力提高公路项目的管理水平——HCS公路项目建设管理系统的开发研究和应用[J].公路,2001(7).
[78] 王清洲.公路施工项目动态管理研究[D].西安:长安大学硕士学位论文,2006.
[79] 吴家旺.公路建设项目可视化管理平台的研究与开发[D].长沙:长沙理工大学硕士学位论文,2005.
[80] 惠静薇.运用模糊层次分析法选择合适的工程项目管理模式[J].工业技术经济,2004(10).
[81] 孙明荣,赵军.传统项目管理模式在某高速公路工程中的应用[J].水运工程,2006(7).
[82] 肖智芳,钱晓贤.基于GIS的项目级高速公路管理系统研究[J].科技资讯,2010(33).
[83] 徐磊.项目动态管理平台在公路建设中的应用[J].公路交通科技,2010(10).
[84] 徐磊.高速公路工程建设信息管理系统研究[D].长春:吉林大学硕士学位论文,2009.
[85] 徐绪松,曹平.项目管理知识体系的比较分析[J].南开管理评论,2004(4).
[86] 徐益丰,王候明,苏涛.高速公路建设管理的科学运行机制[J].公路交通技术,2004(6).
[87] 严立姝.浅议信息化在贵州高速建设管理中起到的作用[J].电脑知识与技术,2011(2).
[88] 杨东援,徐士伟,贾俊刚.高速公路管理信息系统中的共用信息平台[J].同济大学学报,2000(6).
[89] 施大庆.高速公路项目建设管理新思路和发展方向[J].公路,2005(8).
[90] 刘建生,杨荣华.高速公路建设项目集成化管理模式研究[J].基建优化,2005(3).
[91] 韩向东,何仁.基于并行工程的高速公路建设工程项目管理模式研究[J].中国公路学报,2001(12).
[92] 陈宽民,宋翔.基于动态规划理论的高速公路项目质量控制[J].长安大学学报(自然科学版),2005(1).
[93] 杨林,沙薇,盛业华,等.高速公路沿线设施管理信息系统[J].地球信息科学,2007(5).
[94] 袁阳.MS高速公路建设信息化整体解决方案研究及应用[D].西安:西安交通大学硕士学位论文,2012.
[95] 张睿.基于工作流技术的高速公路管理系统的设计与实现[D].济南:山东大学硕士学位论文,2006.
[96] 张少锦.公路建设规范化管理技术体系研究与应用[D].长沙:中南大学博士学位论

文,2011.
[97] 张镇鑫,桂岚,郑京杰,等.基于GIS的高速公路建设管理信息系统设计与开发[J].公路,2003(11).
[98] 张志强.公路工程设计过程的优化理论框架及关键技术研究[D].重庆:重庆大学博士学位论文,2012.
[99] 赵仲华.高速公路建设和养护一体化管理信息系统研究[D].天津:天津大学博士学位论文,2006.
[100] 赵仲华,赵黎明,郑江波.基于地理信息系统的公路管理信息系统[J].长安大学学报,2005(1).
[101] 周巍.HCS公路项目建设管理系统在保沧高速路上的应用[J].山西交通科技,2006(1).
[102] 周欣,薛宝仓.高速公路建设工程质量管理中的一种新思路[J].公路,2004(9).
[103] 朱定勤.高速公路项目管理模式评价[J].公路,2006(5).
[104] 曾晓文.大型高速公路建设项目管理模式研究[D].江西:南昌大学博士论文,2010.
[105] 陈赟,邓林.高速公路建设项目质量——安全卓越管理模式的框架设计[J].长沙理工大学学报(自然科学版),2011(12).
[106] 刘学.丹通高速公路建设工程项目管理研究[D].大连海事大学硕士学位论文,2013.
[107] 张巍.公路建设投资统计信息化管理理论与方法[D].长安大学博士学位论文,2011.
[108] 李振安.论施工准备阶段的质量监控[J].科技风,2009(14).
[109] 陈岫.浅谈中小企业ERP实施存在的问题[J].河南科技,2013(7).
[110] 朱龙梅.浅谈管理信息系统及其在现代企业管理和信息社会中的作用[J].价值工程,2012(24).
[111] 张明义.浅析现代信息技术在高速公路中的应用[J].科技致富向导,2011(11).
[112] 陈国伟.浅谈动态管理系统对高速公路的应用[J].科技与创业,2012(4).
[113] 李哲.谈项目业主建设工程投资全过程控制[J].中国科技信息,2012(16).
[114] 刘辉.湖南高速公路信息化管理问题研究[D].长沙:湖南大学硕士学位论文,2012.
[115] 张波.公路施工项目总监办标准化管理研究[D].长安:长安大学硕士学位论文,2012.
[116] 陆琳.建筑工程中环境管理的法律制度研究[D].大连:东北财经大学硕士学位论文,2006.
[117] 赵庆海.浅谈图书管理系统的意义及作用[J].黑龙江科技信息,2012(11).
[118] 娄策群,董敏.现代信息技术环境下的信息资源配置[J].华中师范大学学报(人文社会科学版),1998(06).
[119] 骆奋勇.铁路计算机通信网络管理的对策与实践[J],2013(01).
[120] 中国建筑业协会工程项目管理委员会.中国工程项目管理知识体系[M].2版.北京:中国建筑工业出版社,2011.
[121] 史子然,杨石峰,等.美国的高速公路管理体制[J].国外公路,2000(1).
[122] 杨润超.吉林省高速公路建设管理体制研究[D].长春:吉林大学硕士学位论文,2011.